JOURNAL

D'UN

OFFICIER D'ORDONNANCE

Paris. — Typ. G. Chamerot, 19, rue des Saints-Pères. — 17466.

JOURNAL

D'UN

OFFICIER D'ORDONNANCE

Juillet 1870 — Février 1871

PAR

LE COMTE D'HÉRISSON

QUARANTIÈME ÉDITION

PARIS

PAUL OLLENDORFF, ÉDITEUR

28 *bis*, RUE DE RICHELIEU, 28 *bis*

1885

Il a été tiré de cet ouvrage dix exemplaires sur papier de Hollande, numérotés à la presse (1 à 10).

PRÉFACE

DEUX DOCUMENTS

I

On lit dans le *Gouvernement de la Défense nationale,* par
Jules Favre :

« A quatre heures et demie je n'avais point
encore de réponse. La journée était brumeuse et
glaciale ; la nuit commençait ; la canonnade des
forts et des remparts retentissait plus furieuse que
jamais ; les obus pleuvaient sur la ville ; les ouvrages qui couvraient Saint-Denis, et Saint-Denis
lui-même, étaient écrasés de feux. Mille angoisses
me torturaient. Je ne savais à quoi attribuer cet
inexplicable retard, si ce n'est à la volonté du
chancelier de ne pas traiter avec nous à ce moment
décisif. Enfin, à cinq heures, la porte de mon

cabinet s'ouvrit, et mon parlementaire me remit une lettre de M. de Bismarck, qui m'attendait le lendemain matin, ou le soir même si je le préférais.

«Le jeune officier qui m'apportait cette dépêche, M. le capitaine d'Hérisson d'Irisson, appartenait à l'état-major du général Trochu, dans lequel il s'était fait remarquer par sa rare distinction, son courage et son intelligence. Doué d'une aptitude particulière pour l'étude des langues, il parlait l'anglais avec une grande perfection, l'allemand avec facilité, sans compter le chinois qu'il avait rapidement appris en suivant le général de Montauban dans sa brillante expédition. Quand la guerre de Prusse éclata, il se trouvait au fond de l'Amérique : il revint en toute hâte se mettre au service de son pays, et s'enfermer dans la ville qu'il croyait la plus menacée. Le gouverneur lui confiait volontiers des missions aventureuses : il s'en acquittait avec autant d'intrépidité que de sang-froid. Je l'avais demandé parce que j'étais sûr de rencontrer en lui les qualités dont j'avais besoin : il a été mon compagnon ferme, discret et fidèle, pendant ces longues et douloureuses négociations. Je suis heureux de lui témoigner ici ma reconnaissance pour le zèle affectueux qu'il n'a cessé de me montrer. »

II

Lettre adressée à l'auteur par le général Schmitz, commandant de corps d'armée :

« Je soussigné Schmitz (Pierre-Isidore), général de division, commandant en chef le 12ᵉ corps d'armée, grand officier de la Légion d'honneur, ancien chef d'état-major général des armées de la Défense nationale, certifie, pour rendre hommage à la vérité, que M. (Maurice) d'Irisson d'Hérisson a été attaché, en qualité de capitaine de la garde mobile, à l'état-major général du gouverneur de Paris pendant toute la durée du siège.

« Le gouverneur de Paris a exprimé dans plusieurs circonstances toute la satisfaction qu'il avait des services de M. d'Irisson, notamment aux affaires de l'Hay, Chevilly, Villiers, Champigny : cet officier a servi en effet avec un zèle et un dévouement absolus, et lorsque, à la fin du siège, des négociations ont été suivies entre M. Jules Favre et le comte de Bismarck, il a rendu d'éminents services : il a obtenu des Allemands que les drapeaux ne leur seraient pas livrés ; il a indiqué plusieurs points militaires à distraire de la convention.

« Profondément reconnaissant des services rendus par M. d'Irisson, le général chef d'état-major général aurait été heureux de lui faire conférer la croix d'officier de la Légion d'honneur, mais il appartenait de trop près au gouverneur pour recevoir cette récompense.

« Nous avions jugé les uns et les autres que nos services, dans d'aussi douloureuses circonstances, *devaient être gratuits.*

« Il n'a été dérogé à cette règle que pour le capitaine Thory, auquel le ministre de la guerre a fait conférer, à Bordeaux, la croix d'officier, après la dislocation des armées et la signature de la paix.

« Fait au quartier général à Limoges, le 1er décembre 1879.

« *Le général commandant le 12ᵉ corps d'armée,*

« SCHMITZ. »

L'officier qui accompagna Jules Favre et fut pour lui un compagnon discret, fidèle et dévoué, l'officier à qui le général Schmitz a fait l'honneur d'adresser l'attestation qu'on vient de lire, entreprend de raconter au public ses impressions de juillet 1870 à février 1871.

Cet officier n'est point un historien. Il essaye d'être un narrateur. L'histoire est un grand procès toujours pendant. L'historien est une sorte de président qui résume les débats. Le narrateur est un témoin qui raconte ce qu'il a vu.

A l'historien, comme au président, on demande avant tout l'impartialité et la classification raisonnée des faits.

Du narrateur et du témoin on réclame la franchise du témoignage et la sincérité des impressions.

Je vais donc décrire, avec sincérité et franchise, non pas tout ce qui s'est passé, mais tout ce que j'ai vu, en ces jours terribles pleins de catastrophes dont la France n'a pas encore pu se relever.

Comte D'HÉRISSON.

Paris, janvier 1885.

JOURNAL

D'UN

OFFICIER D'ORDONNANCE

CHAPITRE PREMIER

DE NEW-YORK A PARIS

Prévost-Paradol. — Son découragement. — Son suicide. — Les
Allemands en Amérique. — Irlandais et Anglais. — Le traité
de Tien-Tsin. — En France ! — La *Marseillaise !* — Chez le
ministre de la guerre. — En route pour Châlons.

Le 10 juillet 1870, j'étais à Washington, et je faisais
demander un moment d'entretien à Prévost-Paradol,
nommé récemment ministre plénipotentiaire de France
aux États-Unis. Chargé par le ministre du commerce
d'une mission officielle dans l'Amérique du Nord, je
dépendais, en somme, un peu du nouvel ambassadeur,
et il était convenable que je lui rendisse visite.

Avant de quitter la France, j'avais été présenté au
brillant écrivain, rallié de la veille au régime impérial, trophée de César devenu parlementaire. Il

habitait rue Saint-Georges un modeste appartement;
lors de notre première entrevue, il venait seulement
de recevoir sa nomination diplomatique, et suppor-
tait sans broncher les colères et les sarcasmes par
lesquels ses anciens amis accueillaient ce qu'ils appelaient son apostasie. Il m'avait paru plein de confiance
dans son avenir personnel et dans l'étoile de l'Empire
libéral.

A Washington je ne retrouvai plus le même homme.
Amaigri, vieilli en quelques jours, triste, indécis, et
comme écrasé par le sentiment d'une faute irréparable, de ce que le boulevard, en son style imagé,
appelle « une boulette », tel m'apparut le journaliste
mordant, le causeur spirituel, le diplomate bon enfant, heureux d'étrenner ses broderies et de s'entendre appeler Excellence, que j'avais vu un mois
auparavant.

— Ah! mon ami, me dit-il en m'abordant, quel
malheur, quel irréparable malheur!

— Quoi! quel malheur? répondis-je, étonné.

— Hé bien, mais... cette guerre.

— Quelle guerre?

— La guerre avec l'Allemagne.

— Où prenez-vous la guerre avec l'Allemagne?

Et je me disais : Est-ce qu'il est devenu fou?
Est-ce qu'il subirait déjà la *jettatura* de la Maison-
Blanche? Il faut savoir qu'à Washington,— ville mor-
tellement ennuyeuse, puisqu'elle ne contient qu'un
Parlement, une Présidence et des Ministères, toutes
institutions éminemment splénétiques,— une légende

court, qui affirme que la Maison-Blanche, palais modeste du Président, porte malheur à ceux qui y pé-
nètrent pour la première fois.

Il saisit ma pensée dans mes yeux, et tristement :

— Non, je ne suis pas fou. C'est vous qui ne savez
rien de ce qui se passe. Apprenez donc que le général
Prim s'est avisé, il y a quatre jours, d'offrir la couronne d'Espagne à un prince Antoine de Hohenzollern,
de la famille royale de Prusse; que la France a protesté avec la dernière énergie contre ce qu'elle appelle
la résurrection de l'Empire de Charles-Quint; que les
notes les plus aigres et les plus hautaines s'échangent
en ce moment entre Saint-Cloud et Ems, où se trouvent le roi et M. de Bismarck, — et que de tout cela il
sortira fatalement la guerre, dans huit jours, demain,
tout à l'heure.

— Vous verrez que tout s'arrangera, comme pour
le Luxembourg.

— Rien ne s'arrangera, et pour deux raisons. La
première, c'est que la Prusse veut nous faire la guerre.
Elle s'y prépare indirectement depuis soixante ans, et
directement depuis quatre ans. Son armée a besoin
de se battre comme les locomotives ont besoin de
rouler, sous peine de devenir du vieux fer. Voilà la
première raison. Elle est péremptoire. Et cependant
le roi et M. de Bismarck sont tellement sages qu'ils
reculeraient encore, peut-être, s'ils n'avaient pas peur
de voir surgir en France un général plus heureux que
Niel, qui force la Chambre à voter une réorganisation
sérieuse de notre armée, sur le modèle de la leur.

Mais la seconde raison, hélas ! est plus absolue.
L'Empire a besoin de la guerre, il la veut, il la fera.

Et baissant le ton, avec accablement il ajouta :

— Il y a eu quinze cent mille *Non* au plébiscite.

— Hé bien, on fera la guerre. Et je vous remercie
de me prévenir. Je vais planter là mes chiffres et mes
rapports. La France n'a plus besoin de statisticiens ;
elle a besoin de soldats. Je suis capitaine de mobiles.
Est-il temps de faire mes malles ? Je ne serais pas
fâché, après tout, d'aller faire un tour en Allemagne.
Je parle allemand comme feu Arminius. J'irai visiter
les bibliothèques des villes conquises.

Le ministre m'arrêta net.

— Que c'est beau d'être jeune et de croire ! me
dit-il. Mais, malheureux enfant, non seulement vous
n'irez pas en Allemagne, mais vous serez écrasés en
France. Croyez-moi : je connais les Prussiens. Nous
n'avons rien de ce qu'il faut pour lutter avec eux. Il
nous manque des généraux, des hommes et du matériel. Nous serons broyés.

Puis, comme se parlant à lui-même, oubliant que
j'étais là, il ajouta :

— La France sera en révolution avant six mois.
L'Empire par terre. Ah ! j'avais bien besoin...

Il n'acheva pas ; mais je compris que, dans les
catastrophes qu'il prévoyait, il ne s'oubliait pas tout
à fait.

— Êtes-vous content au moins, lui demandai-je, de
la réception qu'on vous a faite ici ?

— Médiocrement. Ces gens-là ne nous aiment pas,

répondit-il. Ils ne nous ont pas pardonné notre tentative du Mexique. Et en ce qui me concerne personnellement, j'ai saisi, — pourquoi ne pas l'avouer entre nous ? — des nuances d'étonnement qui vont jusqu'à la désapprobation de ma nouvelle attitude. L'Amérique est allemande jusque dans ses moelles, et comment en serait-il autrement ? Il y a certainement ici plus d'Allemands que d'Anglais, et aucun d'eux, en se donnant une nouvelle patrie, n'a oublié l'ancienne. Tenez, depuis qu'on parle d'une rivalité entre la France et l'Allemagne, des gens qui habitent l'Amérique depuis trois générations commencent à regarder de travers les Français, et soyez certain que beaucoup d'entre eux abandonneront leur commerce, leur industrie, leur situation, pour aller guerroyer contre nous, alors qu'ils pourraient rester tranquillement ici. La Patrie ! Le *Vaterland,* comme ils disent... Avec cela, on va au bout du monde. S'il faut tout vous dire, je suis découragé, éteint, annihilé. Décidément, j'ai mal fait de quitter Paris et de poser ma plume.

Puis il s'excusa de ne pas me retenir à dîner. Il n'était pas installé. Il était encore comme l'oiseau sur la branche. Plus tard...

Je le quittai bouleversé, mais me refusant cependant à partager ses désillusions et ses craintes. La France battue, l'Empire disparu... Quelle folie ! Il suffit donc, me disais-je, d'affubler un homme d'esprit d'un costume officiel pour en faire un trembleur !

Le lendemain matin, je descendais de ma chambre

pour déjeuner, lorsque je m'entends interpeller par un compagnon de table d'hôte.

— Monsieur, monsieur, vous êtes Français?

— Oui. Après?

— Vous savez la nouvelle?

— Non. Nous avons la guerre?

— Votre ambassadeur s'est tué cette nuit.

Je cours chez Prévost-Paradol. On me refuse la porte. Le domestique qui me repousse a les yeux gros de larmes. Je le bouscule, je monte. Sur son lit, j'aperçois le ministre encore tout vêtu, avec une grande tache de sang sur le plastron troué de sa chemise. Les policiers dressaient leur procès-verbal.

Pendant la nuit, Prévost-Paradol s'était placé devant sa glace, et, tâtant de la main gauche l'endroit où battait son cœur, il s'était, de la main droite, tiré un coup de pistolet en pleine poitrine.

Son valet de chambre, accouru au bruit, l'avait trouvé debout, les deux coudes sur la cheminée et la tête dans ses mains.

— As-tu entendu? lui avait dit son maître.

— Oui, Monsieur. J'ai cru que vous étiez tombé. Si vous êtes mal, il faut vous coucher.

Et il avait expiré pour ainsi dire dans les bras du domestique.

J'offris mes services pour ramener les enfants de ce malheureux homme. Un ami de la famille se chargea de leur rapatriement. On sait qu'une sorte de fatalité a pesé sur les pauvres orphelins. Le fils a suivi le père. Une fille, je crois, est devenue folle, et la dernière est

enfermée dans un couvent, où elle prie ce Dieu qui
s'est montré si cruel pour eux tous.

Nous eûmes toutes les peines du monde à obtenir
pour le suicidé les prières de l'Église catholique. Le
curé de l'église Saint-Mathews n'ouvrit au cadavre les
portes de la paroisse qu'avec l'autorisation expresse du
grand-vicaire de Baltimore, suppléant son évêque alors
à Rome pour le Concile. Il prononça sur le cercueil
une touchante oraison funèbre, dont le passage suivant fut très remarqué et très reproduit :

« Quelque extraordinaire, quelque peu chrétienne
et même antichrétienne que paraisse la manière dont
cette existence terrestre a été terminée, quelles que
puissent être les diverses opinions du monde à cet
égard, et particulièrement à l'égard des sentiments
moraux et religieux du défunt au moment terrible
où a fini sa vie, souvenons-nous qu'il ne nous appartient pas de porter un jugement sur cette affaire.

« Nul homme et nulle classe d'hommes n'ont le
droit de juger leur semblable après qu'il a quitté cette
vie.

« L'Église elle-même, choisie par le Christ pour
expliquer ses doctrines et ses préceptes, pour veiller
sur ses institutions sacrées, ne prend pas sur elle de
condamner une âme qui a pris son vol vers un autre
monde, — parce que son autorité ministérielle ne
s'étend pas au delà de la tombe. »

Le lendemain des obsèques, les journaux annonçaient la déclaration officielle de guerre entre la
France et l'Allemagne. Je n'avais plus rien à faire en

Amérique et je courus à New-York retenir une cabine sur le premier paquebot en partance. Il appartenait à la Compagnie Cunard.

Pendant les quelques heures qui précédèrent le départ, je pus constater que Prévost-Paradol n'avait pas exagéré les sentiments antifrançais du peuple américain. Dans les bars, dans les rues, sur les places, dans les maisons de commerce, partout des manifestations éclataient en faveur de l'Allemagne. Il fallait se tenir à quatre pour ne pas faire le coup de poing, et je me souviens que, furieux, exaspéré, je passai dans la solitude de ma cabine les derniers moments de mon séjour aux États-Unis. Hélas, je retrouvai sur le paquebot les mêmes dispositions morales. Toutes les places étaient encombrées d'Allemands qui regagnaient l'armée. J'avais des démangeaisons de commencer les hostilités à moi tout seul, et ces dix jours de mer n'ont été qu'un long énervement. Nous avions à bord un général américain, M. Burnside, qui se rendait à l'état-major allemand afin de suivre les opérations militaires, en curieux, en amateur, pour s'instruire et voir la grande guerre. Il avait lui-même une certaine réputation militaire acquise pendant la guerre de Sécession. Il y avait encore le major Kodolisch, un Autrichien qui, plus tard, devait attirer l'attention publique en France, comme attaché militaire à l'ambassade de son pays.

Par exemple, en arrivant en Irlande, le spectacle changea et j'eus le ravissement de trouver enfin des gens qui aimaient la France. A Queenstown d'abord, à Cork ensuite, on m'arrêtait sans façon dans les rues, dans les hôtels, partout.

— Vous êtes Français, Monsieur?

— Oui, oui.

— Ah! tant mieux! Bonne chance, bon courage!

Et des poignées de main, et des coups de chapeau, et des regards attendris. C'était délicieux.

De braves gens qui s'imaginaient qu'en ma qualité de Français je devais causer familièrement avec l'Empereur, m'attiraient dans les coins pour me faire tout bas des confidences de ce genre :

— Dites bien à votre Empereur que dès qu'il aura remporté les premières victoires nous nous soulèverons ici. Et qu'il ne nous oublie pas, surtout, en revenant de Berlin!

Dans les principales villes d'Irlande, nos premiers succès si fugitifs et si insignifiants furent accueillis comme des victoires nationales. On pavoisa, on illumina. Cet enthousiasme alla jusqu'à effaroucher le gouvernement anglais, et les inquiétudes qu'il fit naître dans les régions officielles ne furent pas sans influence sur l'attitude sournoisement hostile que l'Angleterre conserva envers la France pendant toute la durée de la guerre.

A la fin du siège elle nous envoya des fromages, c'est incontestable. La leçon les valait. Nous n'étions plus à craindre, et elle pouvait sans danger étaler sa commisération gastronomique envers un peuple qu'un peu de commisération diplomatique eût peut-être sauvé.

Je n'aime pas l'Anglais, je le confesse. Je reconnais ses grandes qualités de peuple, sa ténacité, son esprit d'initiative et de magnifique solidarité. Mais tout cela me semble gâté par un égoïsme à la fois monstrueux et peu scrupuleux sur le choix des procédés. Que les nations soient égoïstes, d'accord : c'est, dit-on, leur devoir. L'égoïsme n'est peut-être qu'une forme du patriotisme. Mais qu'elles soient honnêtement égoïstes. L'honnêteté ne gâte rien, pas même le patriotisme.

Et à ce propos je demande au lecteur la permission de lui conter, en guise d'exemple, un souvenir personnel, une anecdote absolument inconnue, inédite, et dont j'affirme l'authenticité.

C'était en Chine. On avait, après les premières opérations conduites par le général de Montauban, conclu un traité à Tien-Tsin ; seulement, cette fois, ce n'était pas un capitaine de frégate qui avait signé : c'étaient, pour l'Angleterre lord Elgin, et pour la France le baron Gros.

Le traité paraphé et fait en double expédition, — un exemplaire anglais et un exemplaire français, — fut confié au mandarin qui l'avait discuté et... on n'entendit plus jamais parler de ce papier.

Quand on vit que la Chine n'exécutait pas le traité, on s'informa de ce qu'il était devenu, et je me souviens encore des rires du commandant en chef et des quolibets de l'état-major, lorsqu'il nous fut répondu avec tranquillité et bonhomie que le mandarin avec lequel nous avions négocié n'avait pas de pouvoirs, n'était chargé d'aucune mission ; que c'était un amateur, un simple particulier qui passait par là, et qui s'était amusé à traiter de but en blanc avec nous, pour passer le temps.

Nous allâmes à Pali-Kao, puis au Palais d'Été, où nous arrivâmes par hasard, sans savoir, comme nous serions allés ailleurs. Car il n'y avait dans l'état-major que des cartes informes, sur lesquelles aucun signe n'indiquait la situation de la fameuse résidence. Ce qui n'a pas empêché les badauds parisiens de prétendre que Montauban était un malin et qu'il savait où se trouvait le magot du Fils du Ciel.

En arrivant à cette somptueuse demeure, agglomération de palais magnifiques, nous fûmes reçus par six coups de canon tirés à travers la porte, et nous trouvâmes le palais déjà à moitié pillé par les populations du voisinage, enchantées de traiter en ennemie la race conquérante, la dynastie mongole.

Les soldats se répandirent un peu partout, et un sergent de la ligne apporta bientôt au général de Montauban des papiers qu'il avait pris dans l'appartement privé de l'Empereur. C'étaient nos fameux traités de Tien-Tsin. Le général me fit appeler, et, par curiosité, fidèle d'ailleurs à ses habitudes d'extrême ponctualité, il prit l'exemplaire français, me donnant à traduire l'exemplaire anglais. Nous collationnâmes, comme on dit en style de basoche. Bientôt il m'arrêta dans ma lecture :

— D'Hérisson, il n'y a pas cela.

— Si fait, mon général.

— Vous êtes sûr?

— Très sûr.

— C'est étrange. Continuez.

Bref, le traité anglais ne ressemblait pas au traité français ; il n'en était pas la traduction littérale.

Les Anglais avaient stipulé pour eux seuls toutes sortes d'avantages particuliers, déclarant que nous étions des mercenaires à leur solde et qu'ils s'arrangeraient toujours avec nous.

Ces deux curieux papiers doivent se trouver quelque part dans des archives publiques ou privées. En tout cas, je les ai tenus dans mes mains. Je l'affirme, et je passe outre sans plus amples commentaires.

La traversée du bras de mer qui sépare l'Irlande de l'Angleterre, le canal Saint-Georges, suffit à me replonger en pleine Amérique. En Angleterre, on faisait des vœux non dissimulés pour le succès des armes allemandes.

Un jour viendra, j'en ai la conviction et l'espérance, où les Anglais regretteront d'avoir laissé écraser des rivaux, depuis si longtemps résignés au rôle ingrat d'alliés de la Grande-Bretagne. Mais il ne faut pas demander aux nations de la perspicacité, et, en ce mois d'août 1870, — c'est un fait, — les sujets de la reine Victoria n'avaient qu'une peur, c'était de nous voir à Berlin. Ils ont dû être vite rassurés.

Enfin, me voici en France. Il me semble qu'en touchant la terre natale je vais trouver un peuple debout, silencieux, calme, ayant conscience de cette grande chose qui s'appelle une guerre continentale, maîtrisant ses impressions et tout entier tendu au suprême effort. Hélas! il me faut déchanter.

A peine en chemin de fer, dès les premières stations de la ligne du Nord, je ne vois autour de moi qu'excitation maladive, confusion inexprimable. Les troupiers qui regagnent leurs corps chantent la *Marseillaise*. Les populations qui leur font escorte se livrent à des manifestations enfantines. On crie : A Berlin! On se grise de paroles et de vin. Je m'attendais à un autre spectacle. A côté de moi, les gens sérieux, posés, réfléchis, se regardent dans les yeux, pour échanger en ce langage muet les réflexions attristantes qu'ils n'osent exprimer. Ce n'est pas ainsi que sont parties en guerre les grandes armées d'antan, qui ont couronné de tant de victoires nos glorieux drapeaux. Pour me servir d'un terme de troupier : Ça sent mauvais. Je me raisonne cependant, je songe aux nerfs du peuple français, je me dis que cette surexcitation est peut-être une bonne chose, que cet entrain fera des prodiges. Et je pousse un soupir de soulagement et de confiance en sentant sous mes pieds le pavé de Paris, ce bon pavé qui semble vivre sous la semelle de vos bottes, et qui paraît à la fois élastique et sûr.

Je ne suis pas un historien. Ce titre ne convient ni à mes allures ni à ma compétence. Je n'ai pas entrepris de raconter la guerre franco-allemande, ni même le siège de Paris. Des impressions fidèles, voilà ce que j'ai promis au lecteur, voilà ce que je m'efforce de lui donner. Je n'ai donc pas à dire pourquoi ni comment le petit succès de Sarrebruck se continua par l'échec de Wissembourg et par le désastre de

Reichshoffen; pourquoi ni comment Bazaine, aux acclamations de la gauche de la Chambre, venait d'être nommé généralissime; pourquoi ni comment la gauche de la Chambre, dès nos premiers insuccès, avait commencé contre la dynastie impériale une lutte qui allait aboutir, grâce au désastre de Sedan, à la révolution de Septembre; pourquoi ni comment le ministère Ollivier était tombé sous le poids des premières calamités amenées par sa guerre; pourquoi ni comment l'Empereur, sans commandement et sans prestige, repoussé de Paris par la régente et de la frontière par la Prusse, errait, pâle fantôme de César déjà à moitié découronné, entre sa capitale et les avant-gardes ennemies; pourquoi ni comment enfin le général Palikao avait accepté la mission difficile, patriotique, de former un cabinet, et jouissait même auprès de la gauche d'une certaine popularité.

Je n'ai rien vu de tout cela, et je ne raconte que ce que j'ai vu.

Une heure après mon arrivée à Paris, c'était le 13 août, j'étais chez le général comte de Palikao, ministre de la guerre, président du conseil. J'avais consciencieusement employé cette heure à me procurer un uniforme, à m'équiper de pied en cap, à me transformer en un mot en troupier présentable.

A ceux qui s'étonneraient de voir un simple capitaine de mobiles frapper avec assurance à la porte du cabinet du ministre, je rappellerai que, pendant la campagne de Chine, il s'était établi entre le général et moi des relations faites de condescendance quasi

paternelle de sa part, et de dévouement tout à fait
filial de la mienne. Je rappellerai encore que le général avait poussé la bienveillance jusqu'à m'envoyer
en courrier après la conquête, auprès de l'Empereur,
pour porter ses lettres et ses rapports, et entre autres
un document assez singulier.

Le général avait été averti officiellement que l'Empereur désirait lui accorder un titre rappelant ses
victoires, et une dotation récompensant ses services.
La Chambre, on s'en souvient, refusa la dotation, et
l'Empereur y suppléa par un don personnel de cinq
cent mille francs sur sa cassette. Quant au titre, une
idée tracassait le général. Il avait peur que l'Empereur
ne le fît duc de Pékin. « Duc de Pékin, répétait-il,
moitié sérieux, moitié jovial, cela sonnerait mal
pour un militaire. » Il fut fait simplement comte de
Palikao.

On comprendra, par ces quelques mots d'explication, qu'en somme, étant hors cadres, je ne faisais pas
une chose tellement inouïe en allant demander une
compagnie à mon ancien chef, qui avait bien voulu
rester mon protecteur et mon ami.

Je me promettais d'ailleurs de ne pas l'arracher
longtemps à ses immenses travaux.

— Attendez le général; il va vous emmener avec
lui en voiture à la Chambre, me dit-on après un assez
court séjour dans l'antichambre. Et en effet, quelques
minutes plus tard, le ministre sortait en habits bourgeois, son portefeuille sous le bras, me poussait dans
son coupé, et s'y installait avec moi.

— Ah ! mon cher enfant, me dit-il aussitôt, que venez-vous faire dans cette galère ?

— Mon général, je suis capitaine de mobiles hors cadres. Je voudrais une compagnie.

— Allez-vous-en à Châlons. Toute la mobile y est.

Il griffonna trois mots au crayon sur un agenda, et poursuivit :

— Vous donnerez cela à Berthaut, qui commande là-bas ; et s'il n'y a pas de compagnie disponible, on vous en formera une.

Puis, pendant que le cheval trottait rapidement, il se plongea dans ses vieux souvenirs, et ajouta en me regardant :

— La Chine, c'était le bon temps !... Maintenant, que voulez-vous que je fasse ? Je m'escrime de mon mieux ; mais il est bien tard pour accomplir quelque chose de propre. Nous n'avons été ni heureux ni habiles. Je ressemble à un cuisinier qui attendrait, pour faire son marché et commencer son dîner, que ses maîtres fussent à table. C'est une besogne terrible et sans gloire. Enfin, je fais ce que je peux.

Et désignant de la tête le Palais-Bourbon, qui avait l'air de sortir du pont de la Concorde où nous courions.

— Ils ont encore été heureux de me trouver, ceux-là, qui se sont si mal conduits envers moi, jadis. Ah ! je vous assure que ce n'est pas pour eux que je travaille, mais pour la France d'abord, à qui il faut songer avant tout, et aussi pour cette pauvre Impératrice qui est à la fois énergique et touchante.

Nous étions arrivés.

— Voulez-vous assister à la séance? me dit le général. Non, n'est-ce pas? Vous avez bien raison. Ils passent leur temps et me font perdre le mien à me mettre continuellement sur la sellette, à m'accabler de questions saugrenues, inutiles, et à se gargariser de grands mots qui ne signifient rien. Enfin!

Il disparut et je ne l'ai plus revu de toute la guerre. Muni de mon chiffon de papier griffonné, je courus à la gare pour chercher un train à destination de Châlons.

Très tard, le soir seulement, je pus me loger dans un compartiment d'un train immense, remorqué par deux locomotives, bondé de troupes de toutes armes, officiers et soldats expédiés par petits détachements, et traînant en outre je ne sais combien de wagons chargés de matériel.

CHAPITRE II

LE CAMP DE CHALONS

Trente heures de route. — Un train militaire. — Jadis et aujourd'hui. — Les isolés de Mac-Mahon. — Mon frère. — Au théâtre. — L'Empereur et la mobile. — Une dépêche. — Le général Schmitz. — L'état-major du 12ᵉ corps. — Le chocolat de l'Empereur. — Des chevaux. — Le fidèle Joseph et les selles anglaises. — Le général Trochu gouverneur de Paris. — Un mot malheureux. — La mobile en voyage.

Nous mîmes trente heures à franchir la distance qui sépare Paris de Châlons, et qu'un train express dévore en trois heures et demie.

Je dois confesser que la tenue des troupes qu'emportait le train était déplorable. Il était impossible d'obtenir des soldats qu'ils se tinssent tranquilles à leur place. Surexcités par les libations absorbées au départ et continuées au moyen d'un approvisionnement sérieux de litres de rechange, par l'impatience assez naturelle d'ailleurs chez des voyageurs qu'on fait stationner partout interminablement, et qu'emportent des voitures mal commodes et allant à une allure de limaçon, ils couraient de côté et d'autre, s'empilaient dans le même compartiment, faisaient des expéditions sur les wagons de bagages, le long des marchepieds, se battaient, déchiraient leurs effets, hurlaient cette agaçante *Marseillaise* qui a plané en 1870 sur toutes nos défaites et toutes nos hontes, et que je ne puis plus entendre sans haut-le-cœur.

Les officiers n'osaient rien dire, ou s'ils commandaient, c'était avec cette timidité qui indique une armée battue et démoralisée, des chefs qui ont perdu leur prestige et qui en sont réduits à essayer de se faire pardonner par leurs inférieurs, à force de platitude, les fatigues inutilement supportées et les combats déplorablement livrés. C'était navrant.

Et cependant, quelles fêtes leur faisaient les populations que nous traversions! A chaque gare, à chaque halte, les châtelaines suivies de leurs domestiques en livrée, les bourgeoises accompagnées de leur bonne, ou les femmes du peuple venues seules, rivalisaient de gâteries et de générosité. C'étaient des paniers de victuailles, des monceaux de fruits, des litres, toujours des litres, des liqueurs versées à profusion, et, mieux que toute cette victuaille démoralisante, c'étaient de bonnes poignées de main, des embrassades charmantes à la fois de pudeur féminine et d'entrain viril. Toutes ces effusions sympathiques me mettaient les larmes aux yeux, et je me refusais absolument à voir par la pensée, derrière cette bonne, cette aimable population, le fourmillement des casques à pointes qui allait se répandre comme un noir torrent au milieu d'elle, et exiger de la terreur ce que l'amour fraternel répandait alors à profusion.

Nous arrivâmes à Mourmelon le 15 août au matin. Quel Quinze août ! Jadis, au milieu de ce gai paysage militaire, les régiments alignaient leurs files et faisaient étinceler leurs baïonnettes au soleil de la parade pour la fête du souverain, et, à travers les tentes blanches et joyeuses, les soldats passaient en grande tenue, astiqués, propres, coquets, tandis que les salves joyeuses de l'artillerie saluaient la Saint-Napoléon, que les généraux et les états-majors, dorés comme des archanges de maître-autel, se rendaient mutuellement visite, et se félicitaient des faveurs accordées et annoncées le matin par le *Moniteur*.

À la place de cet ordre, le désordre dans ce camp, qui semblait voué au pillage. Tous les petits ouvrages, jardinets, bustes, statues, jets d'eau, bosquets où s'égayait la fantaisie du troupier, — ravagés, détruits, renversés. A la place des généraux brodés, des chefs à l'uniforme maculé, qui semblaient avoir peur de se montrer à leurs hommes. A la place des beaux régiments d'autrefois, ce ramas d'êtres sans discipline, sans cohésion et sans rang, ce grouillement de soldats boueux et sans armes qui s'appellent : les isolés.

Là, en dehors des tentes et des baraquements où il n'y avait pas de place pour eux, accroupis ou couchés autour de feux de bivouac, sans distributions régulières, sans armes, l'uniforme en lambeaux, se tenaient les isolés du corps de Mac-Mahon, les échappés de Reichshoffen, les débris des régiments foudroyés et éparpillés par la défaite : lignards sans fusil et sans giberne, zouaves en caleçon, turcos sans

turban, dragons sans casque, cuirassiers sans cui-
rasse, hussards sans sabretache. Monde inerte, ne
vivant plus que de la vie végétative, se remuant à peine
quand on le foulait aux pieds, et grognant d'être
dérangé dans sa somnolence fatiguée. La plus grande
partie de ces isolés était composée de zouaves et de
turcos. Ceux-ci surtout avaient souffert.

Et enfin, à la place des salves joyeuses d'artillerie
d'autrefois, le silence, la houle de la foule qui murmure ; et d'ailleurs, si on avait à cette heure entendu le
canon, c'eût été le canon de Gravelotte, qui emportait
des pelotons entiers de la garde impériale.

Dans l'intérieur du camp, même désordre. Les
bataillons de mobiles parisiens s'étaient logés où ils
avaient pu, au hasard de l'arrivée, et quand on demandait aux soldats errants où se trouvait telle compagnie,
ils affectaient de ne rien savoir et se donnaient le plaisir de vous envoyer... à l'ours, comme ils disaient.

Je voulais, au camp de Châlons, voir d'abord le
général Berthaut, puis mon frère, secrétaire d'ambassade en rupture de diplomatie, pour cause de guerre,
et officier d'ordonnance de ce général. Comme avec
une bonne langue et des bottes solides on arrive
toujours où l'on va, je finis par trouver le général. Je
lui remis le mot du ministre, et il promit de s'occuper
de moi. Quant à mon frère, je le dénichai dans une
baraque où il dormait du sommeil du juste, avec
une paire de pistolets chargés et armés au chevet de
sa couchette. Tous les officiers en faisaient autant.

Je commençai par lui prendre ses pistolets, puis je

le réveillai en lui démontrant *ex professo* l'inutilité de cette précaution militaire, puisque tout le monde aurait pu faire comme moi et le désarmer pendant son sommeil.

Il rit et nous passâmes la journée ensemble. Le soir nous allâmes au théâtre. Car, le croirait-on? dans ce camp en désordre, au milieu de ces hommes accablés par la défaite, la vieille gaîté française avait encore des soubresauts de vie. Il y avait un théâtre au camp; on y jouait la comédie et l'opéra-comique. On y entendait, entre autres artistes, Baretti de l'Opéra-Comique, et un garçon qui s'appelait Augé et qui avait remporté, cette année même, un premier prix au Conservatoire. Dire que le spectacle était bien ordonné, par exemple, serait s'aventurer. On y escaladait la rampe. Chacun chantait ce qu'il savait. On inventait des pièces, on improvisait les répliques, et on daubait le Prussien. Puis, de temps en temps, on reprenait l'odieuse *Marseillaise*. Ah! qu'il faudra de victoires remportées aux refrains de cet hymne pour lui faire pardonnner toutes les défaites auxquelles il a servi de prélude et d'accompagnement!

Le lendemain, mardi 16 août, vers le soir, l'Empereur arriva sans tambours ni trompettes, et se logea dans son pavillon, sans que personne, en dehors de l'État-major, eût appris d'avance son arrivée.

Le lendemain matin seulement on sut qu'il était là, en voyant l'animation du quartier général, les factionnaires devant leurs guérites, et les grands laquais verts galonnés d'or, sur les portes.

Certes, je ne m'attendais pas à ce que sa personne excitât cet enthousiasme que son oncle sut inspirer, même aux jours où il ne possédait pour ainsi dire plus de la terre de France que ce qu'en couvraient les sabots de son cheval ; mais je ne m'attendais pas non plus à ce que certaines insultes lui fussent prodiguées.

J'ai été là témoin de faits dont le récit me laisserait incrédule si je ne les avais pas vus et entendus.

Les mobiles étaient de corvée par détachements d'environ mille hommes à la fois.

Quand un détachement côtoyait le quartier impérial, voici ce qui se passait.

Un loustic criait sur un ton suraigu :

— Vive l'Empereur !

Et le détachement entier, avec ensemble, comptait : Une, deux, trois ! et répondait :

— M....! Ici le mot de Cambronne. Les officiers n'osaient rien dire !

Ce qui n'empêchait pas que le surlendemain on publiât à Paris la dépêche suivante :

Camp de Châlons, 20 août, 6 heures du soir.

L'Empereur a visité hier à cheval plusieurs corps d'armée. Partout les troupes l'ont entouré en lui demandant de marcher en avant.

Pour copie conforme,

Le ministre de l'intérieur,

HENRI CHEVREAU.

Croyez encore aux dépêches !

Donc, ce matin-là, je me promenais mélancoli-

quement devant le quartier impérial, encore tout
ému de ces stupides manifestations auxquelles je
venais d'assister, pensant avec tristesse que probablement le général Berthaut avait tout à fait oublié le
petit mobile qui lui avait apporté un billet du ministre,
lesté d'un maigre dîner pris la veille, ne sachant pas
où je déjeunerais, car les vivres étaient rares et les
cabarets entièrement dévalisés, lorsque je m'entendis
héler par un officier général.

— Qu'est-ce que vous faites ici, mon pauvre d'Hérisson?

C'était le général Schmitz, celui qui devait mettre
au bas de tant de documents pendant le siège son
nom précédé des deux lettres P. O., initiales du sa-
cramentel : *Par ordre*, — ce qui a fait dire aux
Parisiens que ses deux noms de baptême étaient
Paul et Oscar. Le général Schmitz était allé en Chine
comme colonel, chef d'état-major du général de Montauban. C'était une vieille connaissance. Il est resté
mon meilleur ami, si cette qualification peut servir à
exprimer les relations cordiales établies entre un
homme de mon âge, simple particulier, et un général aussi distingué et aussi éminent que lui.

— Mon général, je suis venu chercher une compagnie de mobiles, et je n'en trouve pas facilement.

— Tant mieux, j'ai besoin de vous. Je suis chef d'état-
major du 12e corps, commandé par le général Trochu.
Je vais vous faire attacher à l'état-major du général en
chef. D'ailleurs, nous étions destinés tous les deux à
servir avec Trochu, car vous savez que c'était lui qui

devait primitivement commander l'expédition de
Chine. Il a refusé, et l'Empereur a nommé Montauban.
C'est dit ? Je vais faire libeller et signer votre nomination. Attendez-moi là : je suis à vous dans trois
minutes.

Et je repris ma promenade, l'estomac toujours creux,
mais les idées singulièrement rassérénées.

A ce moment, je vis sortir du pavillon central un
grand laquais vert ; il portait avec majesté sur un
plateau d'argent des récipients qui fumaient au milieu
de piles de rôties beurrées. Comme il passait à côté
de moi de l'autre côté du grillage, je lui adressai ces
simples mots :

— Vingt francs ?

— C'est le chocolat de l'Empereur, me dit-il : Sa
Majesté a refusé de déjeuner. Elle n'a pas faim.

J'avais tiré mon louis de mon gousset, et le bon serviteur aussitôt m'ouvrit une petite porte, me dit :
Entrez là, et m'installa dans une office où je bus je ne
sais combien de tasses de chocolat, agrémentées de
rôties, de sandwiches, de petits fours. Je fis, on peut le
dire, un déjeuner impérial que le général Schmitz,
égayé par mon aventure, et me voyant par la fenêtre
installé chez l'Empereur, vint couronner avec ma nomination signée : « Trochu. » J'étais attaché en qualité
d'officier d'ordonnance du général en chef au 12ᵉ corps
d'armée. J'avais le droit d'agrémenter mon uniforme
d'aiguillettes d'or.

— Ce n'est pas tout, me dit le général Schmitz. Il ne
s'agit pas de s'endormir dans les délices de Capoue.

Avez-vous des chevaux? Il vous en faudrait deux. Filez sur Paris pour en acheter.

— Je n'ai pas besoin de partir, mon général, je vais envoyer mon domestique en acheter deux.

— Ah! vous avez un domestique, vous !

Mon Dieu, oui, j'avais un domestique, et, qui plus est, un domestique anglais, qui ne joue d'ailleurs qu'un intermède dans ces souvenirs. Je lui pardonnais sa nationalité en faveur de sa fidélité, et je ne l'appelais jamais que le fidèle Joseph. C'était une manière de jockey, âgé d'une cinquantaine d'années et qui paraissait en avoir quinze. Petit, maigre, nerveux, blond, sans un poil de barbe, il connaissait la cuisine aussi bien que le pansage ; c'était un trésor.

— Vous lui direz, me recommanda le général Schmitz, d'apporter en même temps deux selles anglaises pour moi. Je n'en ai pas assez pour faire campagne.

Voilà donc le fidèle Joseph promu au grade d'officier de remonte. Je l'expédie à la gare, muni de tout ce qu'il faut pour acheter des chevaux et des selles, et je continue ma promenade.

Deux heures plus tard, je vois de loin un groupe de soldats bousculant un être qui ressemblait à un gamin. Je m'approche, et dans la victime je reconnais avec stupeur mon fidèle Joseph.

Le malheureux, en attendant le train à la gare, avait eu le malheur de causer avec les allants et venants, parlant de sa mission dont il était tout fier, et écorchant consciencieusement notre langage avec son horrible accent anglais.

Il n'en avait pas fallu davantage; on l'avait pris pour un espion prussien. A ses supplications, à l'affirmation de sa nationalité neutre, on avait répondu invariablement: « Ne fais donc pas le malin. Si tu parles anglais, c'est que tu es Prussien. »

Et il s'en allait houspillé, frappé, maltraité, pieds nus, et tenant, —je n'ai jamais su pourquoi —une de ses bottes à chaque main. Je crois, Dieu me pardonne, qu'on allait le fusiller sommairement dans un coin, sans conseil de guerre et sans aumônier.

Faire entendre raison à ces soldats excités, me servir de mon autorité d'officier pour les forcer à lâcher leur proie, il n'y fallait pas songer. Je pris un autre système. Je me mis à jurer comme un templier, à boxer comme un Londonien, et je distribuai à droite et à gauche de fortes taloches dans le peloton. Ce fut suffisant. On relâcha mon Joseph. Il ne m'a jamais pardonné cette mésaventure.

J'étais en train de le consoler, lorsque le général Schmitz survint encore une fois.

— Cher ami, me cria-t-il de loin, plus de chevaux, plus de selles anglaises; télégraphiez à votre domestique qu'il n'achète rien. — Comme cela se trouvait!

— Nous rentrons à Paris. Le général Trochu est nommé gouverneur de Paris, il m'emmène comme chef d'état-major. Le décret est signé.

Et il me montra un papier sur lequel je lus :

« Napoléon, etc.

« ARTICLE PREMIER. — Le général Trochu est nommé gouverneur de Paris et commandant en chef de toutes les forces chargées de pourvoir à la défense de la capitale.

« ART. 2. — Notre ministre de la guerre est chargé de l'exécution du présent décret.

« Fait à Châlons, le 17 août 1870.

« NAPOLÉON.

« Par l'Empereur :

« *Le ministre de la guerre,*

« Comte DE PALIKAO. »

— Eh bien! et moi?

— Vous venez avec nous très probablement. En attendant, je vais vous donner une mission. Le général Trochu renvoie la mobile à Paris. Rendez-vous à Reims. Entendez-vous avec l'administration du chemin de fer pour l'organisation des trains nécessaires, et prenez le commandement du premier de ces trains. Venez me voir, dès que vous aurez accompli votre tâche, à Paris.

Le premier acte du nouveau gouverneur avait été, en effet, de rappeler la mobile à Paris. Et dans la proclamation qu'il adressa à ces jeunes gens pour leur annoncer leur retour, il y avait un mot qui fit dresser certaines oreilles : « Vous avez, disait le général, le droit de défendre vos foyers. » Au sein des désastres qui commençaient à nous accabler, au milieu des grands troubles matériels et moraux enfantés par nos catastrophes, bien des gens, et j'en étais, pensaient

que la moindre atteinte portée à une discipline déjà
trop ébranlée était un véritable malheur national. Or,
c'était porter atteinte à cette discipline que de parler
de ses droits à une troupe turbulente, déjà trop portée
à oublier ses devoirs. Le soldat n'a pas le droit d'être
ici plutôt que là. Il a le devoir d'aller où on l'envoie.
Admettre que la mobile parisienne avait le droit d'être
à Paris, c'était admettre que la mobile de l'Ardèche
avait le droit d'être à Privas. Faites donc une armée
avec de pareilles théories! Il est juste néanmoins de
dire, à la décharge du gouverneur, dont la parole souvent valut moins que la pensée, que le retour de la
mobile et le désir de la flatter faisaient partie d'un
plan concerté avec l'Empereur, plan qui explique la
conduite du général jusqu'au 4 septembre inclusive-
ment, et sur lequel je donnerai des détails que je crois
curieux et inédits.

Je partis sur-le-champ en carriole pour Reims, et,
le lendemain au matin, un train formé par les agents
de la Compagnie du chemin de fer attendait le premier détachement de la mobile parisienne, qui arriva
à pied du camp de Châlons. L'embarquement et le
départ s'effectuèrent sans encombre. Mais le voyage
fut sans agrément pour moi. Les soldats détachés
dont la tenue m'avait scandalisé de Paris à Châlons
étaient de petits saints, comparés à ces diables de
mobiles. Le train était une fourmilière en désordre.
Courir sur les toits des wagons au risque de se faire
décapiter au passage des ponts, circuler sur les
marchepieds au risque de se faire écraser par les

poteaux ou les trains montants, n'étaient qu'un jeu
d'enfants. Ils envahissaient jusqu'au tender et jusqu'à
la locomotive. A la moindre halte, — et on s'arrêtait
souvent, — ils s'éparpillaient dans les champs, cou-
paient les légumes, arrachaient les palissades, brisaient
les vitres des maisons, se livraient à toutes les folies
imaginables. J'avais emporté de mon passage dans
l'armée active des habitudes de sévérité qui cadraient
mal avec le désordre des soldats et la résignation de
leurs officiers, et, à un certain moment, exaspéré de
voir méconnaître mon autorité, je tirai tranquillement mon sabre avec l'intention bien arrêtée d'en
jouer, dussé-je être écharpé. La démonstration suffit
heureusement, et tout rentra à peu près dans l'ordre
jusqu'à Paris, où je remis avec plaisir aux intendants
et aux officiers de place, qui attendaient à la gare, le
soin de diriger ces enragés sur le camp de Saint-Maur.

Il ne faudrait pas croire, en lisant mes apprécia-
tions sur les mobiles parisiens, que je méconnaisse
les qualités spéciales dont cette troupe fit preuve, ou
plutôt les qualités qui étaient en elle à l'état embryon-
naire et qu'on aurait pu développer. Il y avait dans
la mobile parisienne des éléments excellents, des gens
dévoués, débrouillards, de charmants petits soldats, et
même des héros modestes. Mais ces bataillons improvisés n'étaient ni fondus, ni amalgamés, ni régula-
risés. Ils ne soupçonnaient même pas ce que c'est
que la discipline militaire, et n'avaient pas eu le
temps de contracter cette habitude de la patience, de
l'abnégation, du renoncement individuel, sans laquelle

il n'y a pas d'armée. Leurs chefs, braves jeunes gens, pour la plupart étrangers au service, en avaient peur, et n'osaient ni réprimer le débraillé de leurs hommes, ni en exiger *mordicus* les marques extérieures du respect. Pour savoir si une troupe est bonne, il n'est pas besoin de la soumettre aux épreuves du combat: l'expérience coûterait trop cher. Il est certains signes extérieurs, certains menus détails qui ne trompent point. Si vous voyez des soldats qui aient souci de la propreté de leur uniforme, du brillant de leurs armes, et qui saluent respectueusement leurs officiers, vous pouvez hardiment vous mettre à leur tête et les mener n'importe où. Ce sont de bons soldats. On peut dire que la propreté et le respect sont les signes infaillibles de la santé militaire. Seulement cette propreté, ce goût de l'astiquage, ces gestes respectueux, ne s'obtiennent pas en une heure ni en quelques jours. Ils sont le fruit de l'éducation, et les mobiles n'avaient pas eu le temps de faire leur éducation. Était-ce bien leur faute ? N'était-ce pas plutôt la faute des hommes d'opposition, dont les criailleries incessantes empêchèrent l'organisation sérieuse de cette jeune troupe, et qui, arrivés au pouvoir, n'eurent pour opposer à un ennemi aguerri, discipliné, que des soldats dont ils avaient pour ainsi dire par avance détérioré le tempérament. Je me souviens que la première fois que Gambetta parla à la Chambre, ce fut pour prendre la défense de deux soldats de la ligne envoyés dans des compagnies de discipline parce qu'ils avaient pris part à une réunion publique où l'on avait discuté l'assassinat de l'Empereur. Je m'imagine qu'il aurait bien voulu rattraper et étouffer ce premier discours, lorsqu'à Tours il approuvait la juste sévérité de D'Aurelles faisant fusiller chaque matin, pour l'exemple, des douzaines de mauvais soldats.

Que de leçons, perdues, hélas! pour la plupart, a contenues cette guerre maudite! Que de spectacles instructifs! Que de retours de la réalité des choses contre les sophismes humains! Et ne fut-il point, par exemple, extraordinaire de voir ceux-là mêmes qui avaient protesté contre l'armement général de la nation, qui avaient crié qu'on voulait faire de la France une caserne, obligés de transformer d'abord de leurs propres mains la Patrie en un camp, et plus tard de voter le service militaire obligatoire?

CHAPITRE III

A TRAVERS PARIS

Je n'avais garde d'oublier les bonnes promesses du général Schmitz, et à peine le nouveau gouverneur de Paris fut-il arrivé, précédant, disait-il, dans sa proclamation, l'Empereur, — qui, lui, ne devait jamais revoir Paris, — je me rendis au Louvre, qu'il habitait avec son chef d'état-major. J'en sortis porteur de ma nomination d'officier d'ordonnance attaché à l'état-major général du gouverneur. Je pris immédiatement mon service.

Le général Trochu s'était établi dans les locaux occupés aujourd'hui au Louvre par le ministère des finances. On y accédait par la rue de Rivoli. Après avoir pénétré dans la grande cour intérieure on franchissait un perron de quelques marches, et on se trouvait dans les bureaux de l'état-major général. Il n'y avait pas de sortie sur la place du Carrousel. Et comme il faut tout prévoir, comme un bon général doit toujours avoir une ligne de retraite assurée, comme les prédictions sinistres ne nous avaient pas manqué, comme on nous avait annoncé qu'un jour nous ne sortirions peut-être pas de chez nous par les portes, les fenêtres, autrefois condamnées, qui donnent sur l'intérieur du Carrousel, avaient été rouvertes.

Pour arriver au cabinet du gouverneur, il fallait franchir, outre une antichambre spacieuse, le salon des officiers d'ordonnance, appelé salon vert à cause de la nuance de ses tentures et de son mobilier. Sur le salon vert s'ouvrait le cabinet du général Schmitz. Le chef d'état-major passait sa vie assis, presque nuit et jour, derrière son bureau chargé de rapports, de dépêches, expédiant les ordres les plus divers dans toutes les directions, faisant face à toutes les éventualités, rédigeant ses instructions avec cette justesse d'appréciation, cette clarté et cette netteté d'expression qui ne lui firent pas défaut un seul jour pendant toute la durée du siège, qui excitaient alors l'admiration de ses subordonnés, et qu'apprécient encore aujourd'hui les officiers de son corps d'armée.

Quoique très nombreux, les officiers d'ordonnance du gouverneur avaient un service des plus fatigants. Il y en avait constamment deux de service dans le salon vert, et ils étaient chargés d'opérer un premier triage parmi les innombrables personnes qui demandaient à parler au général Trochu, qui voulaient lui soumettre leurs doléances, leurs observations, leurs critiques, leurs plans et leurs inventions. Ils éconduisaient les moins sérieux, et introduisaient les autres chez le chef d'état-major, qui, à son tour, servait de dernier crible entre le public et le gouverneur.

Je ne surprendrai personne en disant que les propositions les plus diverses, les plus inattendues, et quelquefois les plus saugrenues, nous étaient journellement soumises. J'ai, pour ma part, reçu et écouté plus de cent cinquante inventeurs de systèmes aussi infaillibles que différents pour la direction des ballons, des inventeurs de bombes explosibles, asphyxiantes, sternutatoires, des inventeurs de cuirasses invraisemblables, de torpilles fantastiques, de feu grégeois, par centaines. Je ne compte ni les hommes dévoués qui se proposaient pour tuer le roi de Prusse ou M. de Bismarck, ni les fous authentiques, ni les pauvres mères qui venaient chercher des nouvelles de leurs fils, ni les citoyens généreux qui apportaient des dons, ni les simples discoureurs qui venaient là passer leur temps et nous faire gaspiller le nôtre. Tous ces colloques étaient interrompus par des députations à recevoir, à haranguer; heureux encore quand il ne nous fallait pas laisser tout là, courir à une des fenêtres donnant sur le Carrousel et parler à la foule. Nous avons vécu dans cette Babel, comme dans un rêve, pendant plus de cinq mois. Et nos seuls instants de distraction et de récréation, en temps de service, étaient des promenades à cheval derrière le gouverneur. J'eus cependant plus tard, lorsque l'investissement fut complet, à causer plus souvent et de plus près, en qualité d'interprète et de parlementaire, avec les Prussiens qu'avec mes concitoyens.

Je mis, pendant les premiers jours, à profit les quelques moments de répit que me laissait le service, en parcourant un peu Paris pour mon compte personnel, flânant, notant, observant, lisant les journaux, faisant causer les passants.

Paris avait plutôt l'air de préparer une révolution qu'une défense régulière. Il était en proie à une surexcitation extraordinaire et qui se manifestait sous les formes les plus diverses : à la Chambre, par des questions continuelles adressées aux ministres, par des demandes incessantes d'armement de la garde nationale, par des attaques continuelles contre la dynastie malheureuse; dans les centres, les carrefours, la Bourse, par des attroupements sans motifs, et des poussées, des cris, des disputes. Le jour, la place de la Bourse était noire de têtes. La Rente exécutait des bonds fantastiques, les spéculateurs criaient les uns contre les autres, le public criait contre les spéculateurs. Le soir, les boulevards étincelaient de lumières et les cafés regorgeaient de consommateurs. De temps en temps, on acclamait quelqu'un, sans savoir qui. On huait un personnage parfaitement inconnu et ahuri. On acclamait des troupes, des francs-tireurs, des ambulanciers. On acclamait Marie Sass, qu'on forçait à chanter la *Marseillaise;* on acclamait Capoul, qui devait lui aussi faire concurrence à Marie Sass. A l'Opéra, même entrain : tantôt Marie Sass, en déesse de la Liberté, tantôt Devoyod, en zouave, entonnaient le chant patriotique.

On s'arrachait les journaux, qui publiaient édition sur édition, et dont les correspondants, répandus au hasard au milieu des armées, racontaient leurs impressions et leurs aventures.

Et au milieu de ces foules nerveuses les dépêches se succédaient, obscures, distillant goutte à goutte nos désastres, puis, tout à coup, plus claires, parlant d'un petit succès, des pertes immenses des Allemands, de leurs cruautés, de leurs exactions. Tantôt on se réjouissait, on courait aux fenêtres pour y planter des drapeaux, y allumer des lampions. Une demi-heure plus tard, nouvelle dépêche. On arrachait les drapeaux, on soufflait sur les lampions. Il régnait, à la suite de ces soubresauts continuels, une fièvre, une névrose, un épouvantable désordre intellectuel au milieu de cette population impressionnable comme une femme. — Les Prussiens n'avancent plus. On respire. — Nancy a été pris par quatre uhlans. On tressaille et on s'indigne. — Les cuirassiers blancs ont été exterminés à Borny ; il n'en reste plus un. Hélas ! il en restait encore beaucoup. — Trente mille Prussiens ont été engloutis dans les carrières de Jaumont, où ils ont été poussés par Canrobert. Toutes les têtes sont en l'air.

Personne n'a jamais entendu parler de ces carrières.

Vérification faite, elles n'existent pas. — Le prince Albert de Prusse a été tué, son cercueil couvert de velours noir lamé d'argent traverse les lignes prussiennes. Encore un conte. Enfin, la veille du jour où elles devaient publier la nouvelle de la catastrophe de Sedan, les feuilles parisiennes annonçaient avec satisfaction que le roi de Prusse était devenu fou. Comment ne pas devenir absolument épileptique dans des conditions pareilles ? Ce qu'il y eut d'étonnant, c'est que quelques-uns conservaient encore leur bon sens en ces jours terribles.

Et ce n'était pas seulement dans les classes populaires que se manifestait une fâcheuse effervescence. Les classes élevées, éclairées, n'étaient pas exemptes de ce mal nerveux. On entendait des hommes graves, bien posés, riches, intelligents, déclarer que nos défaites sur le Rhin étaient en quelque sorte providentielles, en ce qu'elles attiraient chez nous toutes les armées prussiennes, qui trouveraient en France leur tombeau. Et aux dépêches annonçant ici quatre-vingt mille, là cent cinquante mille, plus loin deux cent mille Allemands, ils répondaient imperturbablement : « Tant mieux, tant mieux ! Plus il en entre, moins il en sortira. » Girardin pariait vingt mille francs contre un colonel prussien, Von Holstein, que les Prussiens n'entreraient pas à Paris. Et le colonel lui adressait une lettre où il semblait que retentît déjà le glas de la défaite finale.

« Nous vaincrons, disait le Prussien : 1° parce que nous avons l'appui moral de l'Europe ; 2° à cause de la supériorité de notre artillerie ; 3° parce que nous voulons l'Unité germanique : l'idée des annexions vient de votre Empereur, qui a eu pour imitateurs MM. de Cavour et de Bismarck ; 4° parce que nos soldats sont bien commandés, et que nous n'avons pas chez nous de divisions d'intérêts, de principes, et point d'insubordination comme vos mobiles, que nous craignons moins que des collégiens ; chacun de nos soldats a l'instruction d'un de vos officiers ; 5° parce que nous combattons pour la civilisation, c'est-à-dire pour l'émancipation de l'homme par l'instruction. »

Il faut rendre cette justice aux Allemands que dès les premiers jours ils savaient ce qu'ils voulaient, où ils allaient. Tandis que Berlin, contrastant avec Paris, s'enveloppait dans un calme austère, dans la sévérité anxieuse d'une mère dont les fils jouent leur vie sur les champs de bataille, la presse aussi bien que les officiers non seulement déclaraient tout haut que l'Allemagne ne poserait les armes qu'après avoir conquis l'Alsace et la Lorraine, mais encore faisaient preuve d'une perspicacité étrange sur notre situation matérielle et morale, affirmant que nous n'étions pas prêts, que nous manquions de tout, et que nos discussions politiques seraient pour l'armée allemande presque aussi profitables que des victoires.

On sentait instinctivement que, des deux souverains qui poussaient des bataillons dans les grandes mêlées, celui qui connaissait le mieux la France n'était peut-être pas l'Empereur des Français. On se sentait enveloppé, surveillé, dénoncé, espionné en un mot.

Aussi l'exaspération contre les espions allemands s'éveilla-t-elle dans l'esprit des Parisiens avec la rapidité d'une traînée de poudre. Y avait-il des espions allemands ? Incontestablement. La Prusse entretenait à Paris et en France des gens dont le métier était l'espionnage, et je n'apprendrai rien à personne en rappelant que l'un d'eux, atteint et convaincu, mourut la tête haute en criant devant le peloton d'exécution : « Pour la patrie ! »

En outre, l'armée allemande fourmillait d'espions inconscients, ou plutôt de soldats et d'officiers qui connaissaient notre pays mieux que nous, qui l'avaient habité, étudié, et qui, rappelés chez eux par les exigences du service militaire, se servaient naturellement des connaissances acquises. Il n'y a peut-être pas trois cents personnes en France qui sauraient se diriger à travers Berlin, sans s'égarer. Je mets en fait qu'il y avait dans l'armée allemande deux cent mille hommes qui connaissaient Paris aussi bien que nous, pour y avoir séjourné ou vécu. Le Français voyage peu, et quand il voyage, entravé par son ignorance des langues étrangères, il ne peut presque rien observer. L'Allemand se déplace volontiers, et, quand il se déplace, c'est pour apprendre autant que pour vivre. En Allemagne, tout le monde, à partir d'un certain niveau social, recherche comme une bonne fortune la conversation d'un Français. On lui parle, on l'interroge, jamais en Allemand, toujours en Français : Comment dites-vous ça ? Il sert de répétiteur inconscient et gratuit. En France, on considère comme une corvée l'obligation de causer avec un Allemand qui ne parle pas proprement notre langue. En somme, tous les généraux allemands, tous les. officiers d'état-major parlaient français, et dans notre état-major général il n'y avait peut-être pas dix officiers en tout capables de se faire comprendre d'un Allemand. Cette ignorance a une excuse, je le sais. La langue française étant admise comme langue diplomatique, pratiquée par tous ceux qui aspirent à gouverner leur pays, et considérée comme le complément nécessaire de toute éducation aristocratique, le Français a été longtemps, jusqu'à un certain point, excusable de négliger d'apprendre la langue de gens qui s'empressaient d'étudier la sienne. Seulement, la disparition de notre suprématie militaire et même intellectuelle aurait dû nous obliger à travailler les langues étrangères. On commence seulement à le comprendre. En 1870, on l'ignorait encore.

Donc, on se mit à suspecter tout homme qui ne parlait pas purement le français, la foule étant d'ailleurs incapable de discerner les différents langages étrangers entre eux. On arrêta des Anglais, comme mon fidèle Joseph, des Américains, des Suédois, des Espagnols, des Alsaciens. On arrêta encore tous ceux qui offraient dans leur tenue, dans leur allure, quelque chose d'insolite. On arrêta des bègues parce qu'ils voulaient parler trop vite. On arrêta des sourds-muets parce qu'ils ne parlaient pas, des sourds parce qu'ils n'avaient pas l'air de comprendre. On arrêta des égoutiers qui sortaient de leurs égouts, parce qu'ils parlaient piémontais.

Et les espions allemands étaient encore assez nombreux pour que l'on tombât quelquefois juste, en pêchant pour ainsi dire au hasard. Par exemple, on s'empara de deux espions déguisés en sœurs de charité; d'un autre, déguisé en mendiant, qui croquait les fortifications dans son chapeau, et tendait piteusement la main quand quelqu'un passait devant lui. Un d'eux, costumé en lieutenant de vaisseau, muni d'une permission régulière du ministre de la guerre, visitait, dans les plus grands détails, le Mont-Valérien. Lorsqu'on transmit télégraphiquement l'ordre de l'arrêter, il avait disparu. Mais, à côté de ces arrestations méritées, que de déplorables erreurs! Tantôt c'est un malheureux prêtre qu'on manque d'écharper, parce que, désigné comme aumônier militaire, il a eu la maladresse de laisser partir un coup de son revolver dans le fiacre qui l'emmenait; tantôt c'est un limonadier dont le nom a une consonance allemande, et dont on veut saccager la boutique; tantôt c'est un passant inoffensif que désigne un gamin facétieux, et qu'on roue de coups.

Que de fois, à l'État-major, on nous a amené de pauvres diables dont on demandait le supplice immédiat, et qui ne savaient même pas pourquoi on les maltraitait, des provinciaux égarés, des étrangers ayant perdu le chemin de leur hôtel ! Il se passa même sous nos yeux et dans les bureaux de l'État-major un fait bizarre, inexpliqué, dont le souvenir m'a longtemps poursuivi comme une énigme.

C'était dans les derniers jours d'août, le général Trochu venait de recevoir une députation de la garde nationale qui demandait à être armée, et l'avait renvoyée ravie de sa réception, lorsqu'un vacarme épouvantable éclata sous nos fenêtres. Nous les ouvrîmes, et nous aperçûmes une foule furieuse entourant une pauvre vieille, munie d'un cabas et à moitié assommée déjà. Elle était là, sur le bord d'un trottoir, regardant un bataillon de garde nationale qui faisait l'exercice, lorsqu'un homme s'était écrié : « Voilà un espion prussien ! » En une minute, la malheureuse avait été giflée à tour de bras par tous ceux qui l'entouraient. On l'aurait écharpée, lorsque l'un de nous eut l'idée de crier par la fenêtre : « Amenez votre espion ici : nous allons l'interroger. » Quelques secondes plus tard, elle roulait comme un paquet dans notre fameux salon vert et commençait à protester de son innocence en pleurant. Tout à coup, elle poussa un cri terrible, un de ses persécuteurs avait glissé la main sous ses jupons et s'écriait triomphant : « Quand je vous disais que c'était un homme ! » Et c'était bien un homme. Nous le confiâmes aux soins de M. Pollet, un intelligent collaborateur que le préfet de police avait mis à notre disposition, et qui nous servait en quelque sorte de prévôt civil. Le vieux bonhomme donna son adresse, on fit venir ses voisins ; et tous l'appelant d'ailleurs « la mère une telle », déclarèrent que ce bonhomme était une bonne vieille femme connue depuis plus de quarante ans dans son quartier, où elle vivait comme une petite rentière. On relâcha l'homme habillé en femme. Pourquoi ce petit bourgeois avait-il eu l'idée aussi singulière que persistante de vivre sous un sexe d'emprunt? On ne put jamais le lui faire dire. Je m'étais promis d'éclaircir ce mystère un jour que j'aurais le temps. Mais, lorsque je demandai son adresse à M. Pollet, il m'apprit que le pauvre bonhomme n'avait survécu que deux jours à la scène que je viens de raconter et qu'il était mort de saisissement. J'imagine que les gifles reçues n'ont pas été étrangères à ce triste dénouement.

Un spectacle bien fait pour nous consoler de toutes les misères que nous voyions de si près, et de toutes les scènes, ridicules comme celles que je viens de raconter, ou sanglantes comme l'attaque criminelle de la caserne des pompiers de la Villette, était celui que présentaient les bureaux où l'on recevait les engagements. Les bourgeois les plus inoffensifs se faisaient inscrire avec un entrain, un ensemble, merveilleux et sincères. La bonne volonté, le désir de se sacrifier, éclataient dans leur tenue, dans leur langage. C'était touchant. Je me souviens qu'on refusa d'inscrire l'engagement du marquis Lafond de Caudaval, âgé de quatre-vingt-sept ans, qui voulait rejoindre son fils à l'armée du Rhin, comme simple soldat de la ligne [1].

Parallèlement se formèrent et s'équipèrent, en cette

---

1. Le capitaine Dancourt, âgé de 78 ans, maire de Montargis, fut plus heureux et put partir pour l'armée. Un médaillé de Sainte-Hélène, nommé Siméon Guillot, né en 1798, s'engagea au 20e de ligne.

seconde moitié d'août, de nombreux corps francs. Je
le déclare en toute sincérité, je n'aime pas les corps
francs et je ne comprends pas leur rôle en temps de
guerre. Généralement,—il y eut d'honorables excep-
tions, et si je ne les cite pas c'est pour n'avoir pas
l'air de ranger dans la catégorie incriminée ceux que
je pourrais oublier;—généralement, le personnage qui
lève un corps franc est un irrégulier de la vie civile,
incapable de se plier aux saintes exigences de la discipline militaire, un ambitieux qui veut jouer au général, — quand ce n'est pas un chevalier d'industrie qui
aspire à manier les fonds d'une caisse bien garnie. Il
s'entoure naturellement d'irréguliers comme lui, les
équipe, les harnache plus ou moins élégamment, et
se lance avec eux dans les aventures, heureux de vivre
de cette vie libre du trappeur du Nouveau Monde, au
milieu d'une vieille nation bouleversée, réquisition-
nant à tort et à travers, plus exigeant que le vainqueur,
et plus dangereux pour l'armée de son pays que pour
l'ennemi. Ces corsaires de terre ferme m'inspirent une
répugnance invincible. Quand on veut sincèrement
être utile à son pays, le servir, lui donner sa vie, on
ne fait pas tant de simagrées. On s'en va tranquillement à sa mairie et on s'engage dans l'armée
active; on devient soldat, soldat véritable, et non soldat de fantaisie, soldat amateur. Il fallait être absolument fou pour rêver de faire le moindre mal aux
masses prussiennes avec des corps francs, avec des
francs-tireurs, avec des éclaireurs dont elles n'avaient
d'ailleurs aucun souci, et qui ne furent préjudiciables

3.

qu'aux paysans français. De deux choses l'une : ou les
francs-tireurs sont capables d'être de bons soldats, et
alors ils énervent par leur absence l'armée active ; ou
ils en sont incapables, et alors ils feraient mieux de
rester chez eux, de ne pas encombrer les routes et de
ne pas épuiser les ressources précieuses du pays.
Dussé-je paraître féroce, culotte de peau même, si on
veut, je déclare — et c'est l'avis de tous les hommes de
guerre que j'ai fréquentés — que, si j'étais général, si
je pénétrais en Prusse, je ferais absolument comme
firent les Prussiens, et je passerais par les armes tous
les irréguliers qui me tomberaient sous la main. Il
n'y a pas d'autre moyen de faire la guerre proprement, c'est-à-dire humainement, aussi humainement
que le comporte, veux-je dire, l'oubli momentané, et
réglé par le droit des gens, des règles ordinaires de
l'humanité.

J'en dirais presque autant des ambulances libres,
quoique les inconvénients qu'elles présentent soient
bien moins considérables. Si vous voulez organiser
une ambulance, allez verser vos fonds à la caisse de
l'armée, engagez-vous parmi les médecins militaires,
les infirmiers militaires, dans les troupes de l'administration et de l'intendance. Vous aurez fait votre
devoir strictement, simplement ; c'est ensuite au gouvernement de faire le sien, en utilisant vos ressources
et votre bonne volonté, pratiquement, méthodique-
ment, comme tout doit se faire à la guerre. Autrement, les chefs, affolés par toutes ces initiatives militaires ou bienfaisantes, perdent la tête, ne savent plus

sur qui compter, et c'est ainsi que les désastres arrivent. Si le gouvernement est incapable, si l'administration supérieure est inhabile, c'est tant pis pour vous, citoyens, qui avez fait ce gouvernement et rendu possible cette administration. Mais dès que le mot « guerre » est prononcé, vous n'avez pas le droit, simples particuliers, de substituer votre action privée à l'action publique ; et si vous le faites, les catastrophes inévitables vous en punissent, quelles que soient la pureté et la droiture de vos intentions.

En Allemagne, en pleine paix, le gouvernement sait, numérote et collationne tous les efforts, tous les sacrifices que les particuliers sont disposés à faire en temps de guerre. Et dans les villes susceptibles de soutenir un siège, il y a la conscription des lits disponibles, des médecins et des infirmiers ou infirmières bénévoles, comme il y a la conscription des chevaux qui doivent quitter la charrue ou le carrosse pour traîner l'artillerie, le coupé ou la victoria du riche pour servir de monture à la cavalerie.

La première condition de la guerre c'est l'ordre, et tout ce qui est imprévu est désordre. Le jour où ces vérités sévères seront comprises par tous les Français, ce pays redeviendra quand il le voudra le maître militaire du monde.

Pendant qu'on imprimait ce livre, je suis allé plus d'une fois m'asseoir à la table des correcteurs et à côté des compositeurs qui levaient la lettre ; je voyais leurs doigts agiles choisir, presque aussi rapides que la pensée, les lettres dans les petites cases qui les contiennent, les aligner l'une à côté de l'autre dans le composteur, et reproduire avec leurs petits signes de plomb les mots tracés sur la copie par ma plume. Si leur travail est possible, c'est que chaque lettre est dans son trou, là où elle doit être, et si leur établi était renversé, si les lettres se mélangeaient, il leur serait impossib'e de composer. « Que feriez-vous, demandai-je un jour à l'un d'eux, si on brouillait vos caractères? — Monsieur, répondit-il, lorsque les caractères sont brouillés, mélangés, on dit qu'ils sont tombés en pâte. Alors on les donne à la fonte. Il est inutile de les trier : cela ne rapporterait pas ce que cela coûterait. » Eh bien, en ces jours que je décris, la France, pourrait-on dire en empruntant à mon typographe son expression spéciale et pittoresque, la France était tombée en pâte. Tous les caractères, c'est-à-dire tous les citoyens, étaient brouillés. Il était impossible de rien composer, de rien faire avec eux. Il a fallu mettre à la fonte la malheureuse nation. L'a-t-on refondue, au moins? Hélas!

Une idée plus ingénieuse que pratique, et plus artistique qu'utile, fut encore celle d'appeler à Paris tous les pompiers de France. Elle avait pour auteur l'aimable homme qui s'appelait Janvier de La Motte, le plus populaire de tous les préfets de l'Empire, celui qu'on avait nommé plaisamment le père des pompiers, et qui est mort récemment, après une brillante carrière parlementaire succédant à une brillante carrière administrative, pleuré de tous, même de ses adversaires politiques. A sa voix, on vit accourir de tous les points de la France les pompiers. Pompiers de ville, corrects et élégants, pompiers de village accoutrés comme dans les bals publics, avec des casques invraisemblables qu'on eût dit empruntés aux modèles de David, le peintre des Grecs et des Romains. Quelques-uns de ces braves gens, partis sans trop savoir pourquoi, demandaient en arrivant à Paris : « Où est le feu? » On les logea dans les lycées. On dépensa quelque argent pour les nourrir et les solder, puis ils se dispersèrent, et on n'en entendit plus parler. Puisque je parle d'argent, je note pour mémoire le succès de l'emprunt de 750 millions, et celui de la souscription patriotique de la presse française, ouverte sur l'initiative du *Gaulois,* qui, en quelques jours, atteignit 1,500,000 francs.

Cependant Paris commençait à comprendre qu'il lui faudrait soutenir un siège. Quant à en calculer la durée, personne ne s'y hasardait. Les plus optimistes ne pouvaient penser que la capitale tiendrait aussi longtemps qu'elle le fit, et les plus pessimistes qu'elle tiendrait aussi inutilement. Malgré l'espoir placé sur la tête de Bazaine, que tout le monde à ce moment regardait comme un héros, comme un grand général, et dont, depuis Gravelotte, on n'entendait presque plus parler ; malgré la confiance qu'inspirait encore Mac-Mahon même après Reichschoffen, il fallait s'outiller en vue d'un investissement possible. Les offres affluaient à l'État-major, et souvent je fus chargé de mener au ministre du commerce chargé du ravitaillement, Clément Duvernois, des marchands de grains ou de bestiaux qui s'étaient adressés au gouverneur. On sait que Clément Duvernois mena en homme de génie cette entreprise immense et compliquée. Chose étrange, trois fois j'allai chez lui, et trois fois j'y rencontrai M. Thiers. M. Thiers n'avait pas encore cette popularité que lui donnèrent nos défaites prévues par lui, sa tournée diplomatique à travers l'Europe, et surtout ce fait qu'au milieu des membres du gouvernement de la Défense nationale, il semblait, avec son passé gouvernemental, la seule épave des régimes réguliers qui surnageât encore. Mais il s'agitait comme un véritable écureuil en cage. Muet à la Chambre, il se rattrapait en courant les cabinets ministériels, prodiguant les conseils et les recommandations, en fréquentant les ambassades où il avait ses entrées et où il était écouté, interrogeant les diplomates, sondant les dispositions des gouvernements, actif, affairé. Il était partout. On ne voyait que lui. Deux autres personnages, étrangers ceux-là, passaient également leur existence à courir. Je veux parler de MM. de Metternich et Nigra, qui représentaient à Paris, l'un l'Autriche, l'autre l'Italie, et sur le rôle desquels je serai amené à donner quelques explications lorsque j'aborderai le récit de ce que je vis de la journée du 4 septembre. D'ailleurs, toutes ces allées et venues diplomatiques ne produisaient pas grand résultat. On savait déjà que la reine d'Angleterre avait écrit à l'Impératrice qu'elle ne pouvait intervenir dans le conflit franco-prussien. On ne comptait guère sur l'Autriche. Quant à l'Italie, le bruit courut un jour que cent mille de ses soldats franchissaient les Alpes pour venir à notre secours.

Nous le crûmes un instant. Mais l'Italie ne pensait guère à ceux qui l'avaient faite. Elle armait pour conquérir Rome.

Nous étions livrés à nos propres forces, et petit à petit les soldats de l'armée active encore casernés à Paris s'acheminaient vers le Nord. On n'osait pas confier leur service d'ordre à la mobile, toujours campée à Saint-Maur. Le général passa en revue cette jeune troupe le 25 août, au milieu d'un grand enthousiasme. Les bataillons défilèrent pendant deux heures devant lui en criant : « Vive Trochu ! » Il saluait et souriait. Il me sembla pourtant qu'il se contraignait pour être aimable, et qu'il eût préféré voir marcher devant lui des troupes silencieuses. Tous ces cris sentaient l'émeute.

En revenant, nous croisâmes, presque à la porte du Louvre, une civière sur laquelle on transportait un vieux général qui nous sembla d'une pâleur mortelle.

— Allez, me dit le gouverneur, vous informer de son nom et savoir à quelle affaire il a été blessé.

Je pique des deux, je rejoins la civière, je mets le képi à la main, et j'interroge. Le pauvre général m'avoua en balbutiant, avec embarras, qu'il était tombé de cheval. Trochu haussa les épaules et rentra chez lui.

L'éventualité du siège, les préparatifs de ravitaillement, avaient amené un mouvement extraordinaire. Un double courant traversait Paris : les uns partaient, les autres arrivaient. Le gouverneur avait signé un arrêté expulsant les gens sans moyens d'existence ou dangereux pour la sécurité : il resta lettre morte. Un

certain nombre de personnes très bien portantes, parfaitement en état de faire un service de rempart et
même de participer aux futures sorties, s'éparpillèrent
au gré de leur fantaisie, qui vers l'Italie, qui vers
l'Espagne, qui vers la Belgique, qui vers l'Angleterre ;
mais la masse des gens qu'on pouvait appeler bouches
inutiles, vieillards, femmes, enfants, n'ayant ni ressources ni établissement en province, fut bien forcée
de rester à Paris. On eût dû, à ce moment-là, prendre
une grande résolution et exporter tout ce monde dans
le Midi. On n'y pensa même pas. Quant aux gens sans
aveu, dangereux, le 31 octobre et la Commune prou-
vèrent qu'ils avaient préféré rester à Paris, où ils
étaient admirablement enfouis dans le désordre universel. Par contre, on faisait le vide autour de Paris.
On ramassait à la hâte les récoltes, on les empilait
sur les charrettes, et par chaque porte s'engouffraient
des lignes interminables de voitures chargées de victuailles, pendant que les chalands sur la Seine et les
trains de chemins de fer apportaient le charbon, le
vin, le grain, les bestiaux. Les paysans et leurs familles
accompagnaient leurs récoltes. C'était un spectacle
inénarrable que celui de ces milliers de véhicules
amenant mobiliers, femmes et enfants, pêle-mêle
avec la batterie de cuisine et les sacs de blé ou de
pommes de terre, et remorquant une vache, un veau.
Il y avait des armoires pleines de lapins, des lits
convertis en poulaillers. Tout cela arrivait avec des
beuglements de bétail, des bêlements de chèvres et
d'agneaux, des cris affolés de canards, des appels de

coqs, des gloussements de poules, des piaillements d'enfants et des jurons d'hommes. Les petits bourgeois qui ont parsemé les environs de Paris de ces milliers de petites boîtes étroites qu'ils appellent des villas, voulaient, eux aussi, mettre à l'abri leurs provisions et leurs mobiliers d'été. Les moyens de transport manquaient. Une voiture de déménagement attelée de deux chevaux coûtait 500 francs par jour; j'ai vu des intrigants qui avaient réussi, je ne sais par quel stratagème, à se procurer des voitures des Pompes funèbres, et qui déménageaient joyeusement dans un corbillard.

Ce qu'il y a de particulier, c'est que, dès cette époque, les Allemands comptaient, même avant Sedan, s'établir autour de Paris, et on me raconta, je m'en souviens, que M. Eugène Clicquot avait reçu une lettre l'invitant à préparer son château de Courcelles pour le prince royal de Saxe. Le nom seul de Clicquot devait d'ailleurs éveiller en Prusse des souvenirs joyeux. En 1815, les alliés installés chez ce grand fabricant de vins de Champagne y consommèrent des multitude de bouteilles, qu'ils oublièrent totalement de payer. Seulement, rentrés chez eux et gardant un bon souvenir du nectar français, ils adressèrent à la maison Clicquot des commandes considérables. Il en vint de tous les points d'où étaient partis les régiments envahisseurs, c'est-à-dire de tous les coins de l'Europe, et la légende ajoute qu'ainsi commença la grande fortune de la célèbre veuve.

Paris n'étant point précisément accommodé à l'installation d'un bétail nombreux, on parqua toutes ces bêtes dans le bois de Boulogne, le bois de Vincennes et les squares. L'herbe des pelouses ne fit pas long feu. En même temps que les bestiaux rentraient, le gouverneur décidait l'expulsion de tous les étrangers, bouches essentiellement inutiles. La mesure, à la veille d'un siège possible, était légitime et prudente, Elle fut approuvée et exécutée.

Je m'aperçois que jusqu'ici j'ai à peine parlé de la Chambre des députés, qui tenait cependant de continuelles et orageuses séances, et de l'Impératrice régente. J'avoue que mon service ne me conduisant pas à la Chambre, mon goût ne m'y portait point non plus aux rares heures de désœuvrement. Je n'ai jamais pu comprendre l'utilité des Chambres en de semblables circonstances, et il me semble que lorsque le canon parle, c'est bien le moins que les avocats se taisent. D'ailleurs l'obligation pour les ministres d'aller passer de longues heures sous le feu des attaques de l'opposition, les trouble, leur fait perdre le sang-froid, et les empêche de travailler. Quant à l'Impératrice régente, j'expliquerai tout à l'heure quelle fut son attitude vis-à-vis du gouverneur imposé à l'Empereur par l'opinion publique, et nommé par lui avec la secrète et assez compréhensible arrière-pensée de profiter de sa popularité momentanée, et on comprendra qu'entre le Louvre, où logeait le général Trochu, et les Tuileries, il y avait un fossé rarement franchi par le général, et, en tout cas, à contre-cœur, par devoir, sans entraînement.

A **Paris**, le métier d'idole comporte bien des
chômages, et déjà, vers les derniers jours d'août, se
glissaient de timides critiques dans le concert encore
général d'éloges et d'adulations qui avait accueilli le
gouverneur. Dévoué à mon chef, fier de lui appartenir,
de défendre sa porte et de caracoler derrière lui, je
m'en indignais, et je m'en indignais d'autant plus que
j'aurais voulu que les dénigrants eussent moins raison. On lui reprochait de trop parler, de trop écrire.
On commençait à l'appeler : « Monsieur Trochu » et
même : « Monsieur Trop lu. »

Il est certain qu'ici-bas il n'y a point d'hommes
parfaits, et que la doublure des grandes qualités se
compose souvent d'un tas de petits défauts, qui tiennent à ces qualités comme le point d'envers tient au
point d'endroit. Le général était un homme d'études.
Il écrivait bien, et il aimait à écrire. Il parlait bien,
quoique, à mon humble sens, ses phrases fussent
toujours trop longues, et il aimait à parler. Comme
les savants, il avait un faible pour les glossaires, et il
avait cru, au moyen d'une lettre écrite à un journal,
donner la glose de sa proclamation aux Parisiens.
C'était une faute, et une faute d'autant plus lourde
que cette glose était un peu inattendue. Le gouverneur
s'y proclamait grand partisan de la force morale ; il
voulait gouverner avec la force morale. Il est bien
certain que les pouvoirs nés de la force brutale, et
uniquement soutenus par elle, sont voués aux décrépi-
tudes rapides et aux chutes inévitables. Il est bien
certain que la plus grande des forces est la force

morale. Mais on est habitué, en France et ailleurs, à chercher ces belles pensées dans les livres des philosophes, non dans les proclamations des généraux. Et autant on pardonnerait peu à qui porte un sabre de se déclarer l'apôtre du sabre, autant on s'étonne de l'entendre chanter les beautés de la persuasion et de la force morale. Entre le soudard et le prédicateur, il me semble que la marge est assez large pour qu'un homme de talent et d'esprit, comme était le général Trochu, pût y évoluer à l'aise. Pourquoi avait-il une tendance à s'approcher toujours davantage de la chaire que de la selle de bataille? Quelques-uns s'en montraient surpris, d'autres s'en montraient inquiets. Les surpris et les inquiets ne formaient du reste qu'une minorité encore imperceptible, et s'ils étaient accueillis avec faveur aux Tuileries, ils subissaient par contre les rebuffades du comte de Palikao. Ce ministre, avec une entière loyauté, soutenait le gouverneur, et il avait répondu sèchement aux premières critiques :

— Il parle, en effet, mais il agit.

Ce fut vers la fin de ce mois si rempli d'événements, d'émotions et de fièvre, le 29 août, que le premier conseil de guerre jugea les deux principaux auteurs de l'abominable attentat commis, le 15 août, contre la caserne de pompiers de la Villette. Une bande de forcenés, dans lesquels l'opinion s'obstina à voir des complices, conscients ou non, de la Prusse, assaillit le poste de garde des pompiers, exigeant les fusils de la caserne pour marcher sur le Corps législatif et proclamer la République. Les pompiers résistèrent. Les

émeutiers firent feu de leurs revolvers. Un pompier
fut tué. Un agent fut blessé et achevé par eux à coups
de botte. Une petite fille fut tuée d'une balle perdue.
Eudes et Brideau, les chefs de ce joli monde, défendus
par M° Gatineau, furent condamnés à la peine de mort.
Ils devaient être exécutés le 5 septembre au matin.
La révolution du 4 septembre leur sauva la vie.

Cet attentat n'avait pas empêché d'ailleurs, à la
Chambre, MM. Ferry et Favre de réclamer l'armement
général des citoyens, avec une persistance et un entô-
tement qui devaient, chez ces hommes d'État, survivre
aux douleurs du siège, et qui nous valurent la Commune.

Me voici à cette date fatale : le 4 septembre.

C'était un samedi. Depuis la veille, le bruit courait
vaguement que Mac-Mahon avait subi un nouveau
revers. De Belgique on avait reçu des dépêches disant
que la bataille devait être furieuse, car de toutes les
villes frontières on télégraphiait qu'on entendait sans
cesse une canonnade épouvantable ; et depuis quarante-huit heures déjà les destinées de la France
étaient réglées par le sort des armes.

A trois heures et demie, le général de Palikao montait à la tribune de la Chambre et, sans préciser, annonçait qu'une grande bataille avait eu lieu entre Sedan
et Mézières, qu'elle avait donné lieu à des succès et à
des revers ; que Bazaine, sorti de Metz pour faire sa
jonction avec Mac-Mahon, avait été obligé d'y rentrer
après huit heures de combat ; que le mouvement avait
échoué, et que la situation était grave.

Jules Favre aussitôt montait à la tribune, et, en termes voilés, proposait de confier une sorte de dictature militaire au général Trochu. Le général de Palikao répondait qu'il avait trop de confiance dans le gouverneur pour croire qu'il accepterait, au mépris de son serment, la position qu'on voulait lui faire.

Les députés restent dans leurs bureaux. La grille a été fermée. Gambetta, dans la soirée, harangue la foule massée sur les quais, supplie les citoyens d'attendre, et annonce une séance de nuit. Puis les sergents de ville et la garde de Paris font évacuer les abords du Palais-Bourbon.

A cinq heures, l'Impératrice a reçu le récit succinct télégraphique de la catastrophe de Sedan. Elle s'est enfermée seule pour pleurer.

Dans la nuit, à une heure vingt minutes, le général de Palikao remonte à la tribune. Il annonce que les nouvelles officieuses sont devenues officielles, et en quelques mots brefs, qui tombent comme des coups de marteau sur les têtes des députés immobiles et gardant un silence solennel, il raconte le désastre : Mac-Mahon blessé, la capitulation, l'Empereur prisonnier.

Puis il demande à la Chambre, dans ces circonstances exceptionnelles, de remettre la séance au lendemain dimanche, midi.

Jules Favre apparaît; il dépose la proposition de déchéance, et, acceptant le rendez-vous du ministre, il s'engage à exposer le lendemain les raisons qui ont dicté cette motion.

Cette séance, à laquelle j'ai assisté, a duré dix minutes.

Au bout du pont de la Concorde, sur la place, j'aperçois, en rentrant au Louvre pour rendre au gouverneur compte de ce que j'ai vu, la tête blanche de M. Thiers penché à la portière de sa voiture entourée par la foule. Il raconte Sedan. On l'acclame.

Paris s'endort sous un ciel superbe, et là-bas, dans le fond, derrière les tours de Notre-Dame, derrière la flèche de la Sainte-Chapelle, derrière les clochetons du Palais de Justice, dans l'azur plein d'étoiles glisse doucement la lune, dont le masque informe me paraît regarder à la fois la capitale endormie dans l'ignorance du malheur qui la frappe, et là-bas, dans le Nord, nos pauvres soldats, parqués sans pain, sans souliers et sans armes, entre les lances des uhlans.

En traversant le Carrousel, je jette un regard sur les Tuileries. Au-dessus du grand vestibule éclairé, et du corps de garde dont les lumières font scintiller les baïonnettes des sentinelles, une lueur voilée brillant à une fenêtre marque l'endroit où correspondent les appartements de l'Impératrice. Et je songe, le cœur serré, à la pauvre femme qui, loin de son mari prisonnier, loin de son fils isolé, pleure et veille sa dernière nuit de royauté.

Demain, tout à l'heure, me dis-je, qui sait? Cette femme, cette impératrice, sera peut-être aussi abandonnée qu'elle fut entourée, aussi infortunée qu'elle fut heureuse, aussi oubliée qu'elle fut adulée. Elle en sera peut-être réduite à cet excès de solitude et d'abandon, de chercher, pour s'y appuyer, le bras d'un galant homme, du premier venu, d'un pauvre petit moblot comme toi.

Et je ne suis pas bien sûr de n'avoir pas rêvé cette nuit-là que je sauvais l'Impératrice.

On verra comment mon rôle auprès d'elle fut moins grandiose et moins romanesque.

CHAPITRE IV

LE 4 SEPTEMBRE

J'étais de service le dimanche 4 septembre, c'est-à-dire que j'avais été désigné dès la veille au soir pour suivre le gouverneur à cheval dans le cas où il aurait à sortir. Aussi, dans la nuit, rentrant de la Chambre et apprenant que le général était couché, au lieu de me rendre chez moi, je m'installai pour dormir sur un fauteuil du salon vert.

Au petit jour, les crieurs commencèrent dans la rue de Rivoli à réveiller la ville encore assoupie par ces mots terrifiants : « Napoléon III prisonnier! » Les journaux du matin commentaient et expliquaient la séance de nuit à la Chambre, et relataient assez exactement, d'après les feuilles belges, la catastrophe de Sedan, déjà vieille de trois jours. A huit heures l'im-

mense ruche humaine était en rumeur. De tous côtés
un mouvement se dessinait qui emportait vers le
centre de Paris les habitants des quartiers excen-
triques.

Sous nos fenêtres, la rue de Rivoli et la place du
Carrousel étaient noires de monde. Il faisait un temps
admirable, et chacun sait que les Parisiens sont tous
en l'air le dimanche. Les uns circulaient béatement
sous les arcades, le long des trottoirs ; les autres couraient fiévreusement vers le Palais-Bourbon, où ils
prévoyaient qu'il y aurait de la besogne ; d'autres
encore, massés dans les carrefours, sur les coins de
trottoirs, attendaient, regardaient, en buvant l'air tiède
d'une véritable journée d'été.

J'avais dit au général, qui d'ailleurs avait pu lire le
compte rendu de la séance de nuit dans le *Journal
officiel :*

— C'est à midi qu'ils se réunissent et discutent la
proposition de déchéance.

Les mesures à prendre pour sauvegarder la sûreté
du Corps législatif, le service de place, ne nous regardaient point. Le ministre de la guerre avait donné
directement les ordres nécessaires. Cependant, il était
assez naturel que le gouverneur de Paris s'occupât de
ce qui se passait dans son commandement, et, dès
onze heures et demie, le peloton d'escorte était rangé
dans la cour, derrière nos chevaux sellés et bridés.
Le général Trochu, fréquemment, ouvrait la porte de
son cabinet, pour aller jusqu'au cabinet de son chef
d'état-major, le général Schmitz, enfoncé dans la

rédaction de ses ordres, de ses dépêches, et dans l'annotation de ses rapports ; il traversait le salon vert, où nous attendions, et nous disait :

— Rien de nouveau ?

— Rien, mon général, — était notre réponse invariable. A une portée de fusil du Palais-Bourbon, nous ignorions absolument ce qui s'y passait. Tout le monde s'y dirigeait, personne n'en revenait, et aucun de nous n'avait mission d'aller s'enquérir.

Vers une heure, la séance annoncée pour midi était ouverte. Le général de Palikao avait déposé une proposition instituant un comité de défense de neuf membres, et attribuant au ministre lui-même les fonctions de lieutenant général de ce comité ; M. Thiers et quelques collègues avaient déposé une proposition à peu près semblable, mais annonçant la réunion d'une Constituante, dès que les circonstances le permettraient. Avec la proposition de déchéance déposée la veille par Jules Favre, cela faisait trois propositions parfaitement inconstitutionnelles et révolutionnaires, car aucune des trois ne mentionnait le gouvernement de la régente qui existait cependant. On votait l'urgence sur les trois propositions, et les députés se retiraient dans leurs bureaux pour les discuter, comme il est d'usage.

Cependant, peu à peu, la garde nationale se substituait à la troupe de ligne dans le service de défense organisé autour du Palais-Bourbon. Les bataillons réguliers s'en allaient, les bataillons bourgeois les remplaçaient. En même temps, les cordons de sergents de ville reculaient, les points gardés étaient abandonnés, et finalement, pêle-mêle avec la garde nationale, la foule, qui criait : « La déchéance ! » et « Vive la République ! » envahissait les tribunes, puis l'hémicycle de la Chambre. Gambetta et Jules Favre commençaient à pérorer. Le général de Palikao essayait de se faire entendre. Il était repoussé et disparaissait dans la bagarre. Sans être votée, la déchéance était accomplie. A trois heures, le président Schneider, constatant l'impossibilité de délibérer en paix, déclarait la séance levée.

A ce moment précis, le général Trochu, impatient, fiévreux, surexcité par ces longues heures d'attente, montait à cheval, nous disant : « Allons voir ce qui se passe là-bas. »

J'étais donc à cheval derrière le gouverneur, lorsque, débouchant par le guichet du Louvre, il commença à traverser la place du Carrousel. Ce qui me frappa tout d'abord, au milieu de cette foule qui se retournait et se groupait sur notre passage pour acclamer le général, ce fut de voir, suspendus ou accrochés aux grilles des Tuileries, un assez grand nombre de ces individus dépenaillés, à tête sinistre, qui surgissent on ne sait d'où, les jours d'émeute, et qui semblent avoir disparu quand les temps sont calmes et la vie nationale régulière. Ils regardaient silencieusement la demeure impériale, et, vue en masse, cette portion du peuple ressemblait assez à une sorte de gigantesque bête fauve repliée sur ses jarrets, et occupée à fasciner sa proie avant de s'élancer sur elle.

En arrivant sur le quai, après avoir passé sous la voûte au-dessus de laquelle le bas-relief de Napoléon III, en César romain, semblait regarder, lui aussi, le Corps législatif, nous tournâmes à droite, longeant la terrasse du bord de l'eau.

Débouchant du pont de la Concorde, une foule bruyante venait au-devant de nous, désordonnée, hurlant, suivant ou plutôt poussant un homme de taille élevée, qui, tête nue, ses longs cheveux gris épais et brouillés, semblait se débattre devant elle. C'était Jules Favre.

Dès qu'il aperçut le gouverneur, il vint à lui, et, le général ayant arrêté son cheval, ils échangèrent à très haute voix, afin de dominer les cris de ceux qui les entouraient, quelques paroles qui parvinrent très distinctement jusqu'à nous :

— Où allez-vous, général?

— A la Chambre.

— C'est inutile. La Chambre des députés n'existe plus. Elle a été envahie par le peuple. On a proclamé la déchéance, et si vous êtes soucieux d'assurer l'ordre, votre place est au Louvre, à votre quartier général, où vont venir vous trouver les députés de Paris, constitués en gouvernement de la Défense nationale.

— Ah ! dit le général, qui sans autre réflexion tourna bride et revint sur ses pas, au milieu d'une foule qui grossissait d'instant en instant. Lorsque, pour rentrer dans le Carrousel, nous tournâmes à gauche, Jules Favre continua sa marche, toujours entouré de ses braillards ; ceux-ci, longeant les quais, semblaient vouloir le conduire à l'Hôtel de Ville, où MM. Gambetta, Crémieux et de Kératry étaient déjà parvenus en voiture, et haranguaient le peuple répandu sur leurs pas dans les appartements publics et privés.

Le Carrousel était bondé de monde. Lorsque nous apparûmes, les cris de : « Vive la République ! A bas l'Empire ! » mêlés à ceux de : « Vive Trochu ! » éclatèrent avec une force extraordinaire.

Pendant près de vingt ans, Napoléon III avait inspiré aux Français en général et aux Parisiens en particulier, le sentiment de son énergie. Il avait vécu des souvenirs du coup d'État. Et instinctivement le peuple disait de lui : « Celui-là n'est point un pacifique qui se sauverait dans un fiacre comme le père Philippe. Il se ferait sauter plutôt que de se rendre. » Aussi, même après les faiblesses de ces dernières années, même après Baudin subi, les obsèques de Victor Noir acceptées, la presse démuselée et Rochefort toléré, il faisait encore peur. Et, absent, il pesait encore sur les faits et gestes de Paris. Les premières manifestations insurrectionnelles furent timides, et il était aisé de voir, à l'air un peu indécis de ceux qui les risquaient, qu'ils étaient comme effrayés et embarrassés de leur propre audace.

Mais à cette heure, alors qu'il était avéré que, depuis trois jours, l'empereur à grandes moustaches était prisonnier de guerre, qu'il ne reviendrait pas rendre du courage aux soldats ébranlés et de la vigueur aux sergents de ville décontenancés, la population parisienne avait la fougue joyeuse d'une bande de lycéens dont le pion a disparu. Fougue joyeuse! C'est que ces mots qui semblent blasphématoires ne sont pas trop forts. On était joyeux, c'est positif. Joyeux! et le Prussien, sans obstacles devant lui, avait déjà repris sa marche en avant! Joyeux, et l'une de nos deux armées était prisonnière! Joyeux! et, depuis des siècles, jamais nous n'avions subi pareille catastrophe militaire.

Les uns s'imaginaient de bonne foi que, Napoléon disparu, la paix se ferait le lendemain. Les autres, qui savaient à quoi s'en tenir, ne trouvaient point que ce fût trop payer d'un lambeau de la Patrie la chute du régime qu'ils abhorraient. Il y a, au moment où j'écris, dans les honneurs, dans les hauts emplois publics, un homme, un avocat, à qui j'ai entendu dire sur les marches du Palais de Justice: « La disparition de l'Empire vaut l'Alsace et la Lorraine. » Et, au fait, pourquoi ne l'aurait-il pas dit, cet homme, lorsqu'un de ses maîtres l'écrivait avec une cynique tranquillité, et le publiait?

Combien étions-nous ce jour-là qui, sans vouloir amnistier l'Empire, disposés même à faire effort pour lui infliger la punition de ses fautes après la paix, pensions toutefois qu'il eût été sage, patriotique, de le laisser ou poursuivre la guerre ou conclure la paix, quitte à régler nos comptes entre nous lorsque l'étranger serait parti? Nous n'étions pas nombreux, assurément, et nous étions emportés dans le courant du délire universel.

C'était extraordinaire. Les gens appartenant aux

classes les plus diverses, ceux mêmes qu'on eût pu croire, par leurs allures, leurs occupations ou leurs intérêts, les plus étrangers à la politique, étaient fanatisés. Les femmes, comme toujours, se faisaient remarquer par leurs manifestations enthousiastes, violentes, hystériques. Elles embrassaient nos chevaux. Elles embrassaient nos bottes. On eût dit que nous venions d'accomplir le plus glorieux fait d'armes, on eût dit que nous venions de sauver la Patrie. Nous venions simplement de faire une petite promenade d'un quart d'heure et d'échanger trois phrases avec un vieil avocat.

En rentrant, je jetai un coup d'œil vers les Tuileries. Une cinquantaine d'hommes en blouse avaient réussi, je ne sais comment, à pénétrer dans la cour du palais. D'autres venaient les rejoindre, les uns passant par-dessus la grille, d'autres forçant, au pas de course, les barrières du poste, dont les soldats n'osaient pas faire usage de leurs armes.

Pour ceux qui, comme moi, ont vu la révolution de 1848 et les jours d'émeute qui la suivirent, il était aisé de prévoir que lorsque cette bande encore inoffensive et simplement curieuse aurait grossi de quelques milliers d'hommes et de quelques centaines de mégères, c'en serait fait des Tuileries. Un pillage en règle, ou plutôt un pillage déréglé commencerait, et le trône de Napoléon III irait, comme celui de Louis-Philippe, se briser sur le pavé, en prenant le même chemin : les fenêtres.

Et l'Impératrice, que deviendrait-elle dans la bagarre? Pourrait-elle fuir? Serait-elle respectée?

Nous étions enfin rentrés au quartier général. Je me rendis immédiatement chez le chef d'état-major général afin de le mettre au courant de la situation. Absorbé dans ses travaux, toujours assis derrière son bureau, expédiant, cachetant des dépêches, le général Schmitz ignorait absolument ce qui se passait. Je lui dis en quelques mots ce qui était arrivé : la Chambre envahie, la déchéance accomplie, la démarche inutile du général Trochu, un gouvernement en formation à l'Hôtel de Ville, et le pillage probable des Tuileries dans la soirée, dans quelques instants; j'ajoutai que je croyais urgent de prendre les mesures les plus énergiques pour empêcher la population de s'avilir et de déshonorer le nouveau gouvernement qui allait succéder à l'Empire, en lui faisant endosser la responsabilité du pillage et des vols, et peut-être des crimes contre les personnes, qui en seraient la conséquence.

Le général me laissait parler, approuvant de la tête, mais ayant l'air hésitant d'un chef qui n'a personne sous la main. Je dis encore que mon uniforme de mobile était sympathique à la populace, qui voyait dans les mobiles les premiers insulteurs et les premiers adversaires déclarés de l'Empereur; que cet uniforme me mettrait probablement à même de protéger les Tuileries et la personne de l'Impératrice, provisoirement du moins, et jusqu'à ce que les mesures régulières fussent prises pour la sûreté de la malheureuse souveraine.

J'ajoutai encore qu'on disait dans les rues, dans

les groupes, qu'elle allait partir, qu'elle était partie; et que, dans le cas où elle voudrait quitter le palais ouvertement, au grand jour, je m'offrais à lui servir d'escorte et à défendre sa voiture.

Je m'imaginais, je l'avoue, que l'Impératrice, qui, d'ailleurs, n'était point détestée, et dont les malheurs frappaient déjà l'esprit du peuple, même dans l'enivrement de sa facile victoire, voudrait partir en reine. Et cette idée n'était point si romanesque, si artistique, car, à côté d'elle, une princesse, sa cousine, une fille de maison royale, la princesse Clotilde, refusa de se diminuer en quittant la capitale de la France d'une façon moins digne qu'elle n'y était entrée. Elle s'en alla en landau découvert et en équipage de gala. Le peuple, la voyant, en pleine révolution, partir calme, impassible, comme si elle se rendait au Bois de Boulogne, disait en son langage familier : « C'est une crâne femme, tout de même ! » Et tout le monde la saluait, quelques-uns en riant, mais d'un rire qui n'avait rien d'inconvenant, et qui paraissait plutôt la marque d'une approbation familière et bienveillante.

Ce n'était pas à sa naissance, c'était au hasard et à la puissance de ses charmes qu'Eugénie de Montijo avait dû de devenir la souveraine de la France; ce mariage sans alliances, la guerre d'Italie, la guerre du Mexique et le ministère Ollivier furent, avant la guerre de 1870, les quatre grandes fautes du règne de Napoléon III, et il faut bien avouer que, dans ces grandes fautes, l'Impératrice joua un *rôle* presque essentiel, presque prépondérant. Elle bénéficia de la première, conseilla les trois autres. Tout le monde sait enfin qu'elle contribua, au moins autant que le maréchal Lebœuf, à arracher la fatale déclaration de guerre de 1870 à l'Empereur hésitant, à l'Empereur qui n'avait pas confiance, à l'Empereur qui savait mieux que personne à quel ennemi formidable il allait se heurter, et ce qu'il avait d'hommes et de canons à aligner devant l'armée prussienne.

Si son influence avait expiré au seuil de la salle du Conseil, si elle se fût contentée d'être l'impératrice de la charité comme elle était l'impératrice de la beauté, il est probable que nous aurions encore l'Alsace et la Lorraine, une douzaine de milliards de plus dans les coffres de la France. Il est probable que le Prince impérial serait aujourd'hui sur le trône, avec une fille de la reine d'Angleterre à ses côtés.

Sans parti pris, sans vouloir faire de politique, on peut soutenir qu'au point de vue de la richesse intérieure et des alliances extérieures, cela vaudrait un peu mieux pour notre pays que le règne de M. et de Mme Grévy.

Pourtant, comme il faut être juste avant tout, je suis persuadé que, dans ces jours lamentables que je raconte, l'Impératrice aurait su se conduire en reine. Ainsi que l'infortunée Marie-Antoinette, qu'elle s'était, pendant les dernières années de son règne, imposée comme modèle et qu'elle avait choisie pour héroïne préférée, elle fût restée vaillamment aux Tuileries et eût au besoin, j'en ai la conviction, résolument fait face à l'émeute. Et peut-être, poussant la contrefaçon jusqu'à l'héroïsme, après avoir imité Marie-Antoinette dans ses plaisirs, l'eût-elle imitée dans son courage, dans sa fierté, dans son mépris de la souffrance et de la mort, dans son dédain sublime des insulteurs.

Qui sait enfin si cette Marie-Antoinette, en face de ce peuple de Paris impressionnable et mobile, ne fût pas devenue une Marie-Thérèse, pour laquelle on fût mort avec enthousiasme? Écoutez donc! On mourut bien pour M. Crémieux, qui était infiniment moins séduisant.

La Providence ne réservait point ces rôles sublimes et difficiles à l'impératrice Eugénie, et elle choisit pour instruments de sa volonté deux diplomates : le prince de Metternich et le chevalier Nigra. M. Jules Favre, dans le livre qu'il a consacré à l'histoire du gouvernement de la Défense nationale, affirme que lorsqu'il prit possession du ministère des affaires étrangères, après le 4 septembre, il ne trouva pas trace écrite des alliances qu'avait pu contracter la France, et qui devaient être révélées et utilisées au moment opportun. M. Jules Favre a dit sans doute la vérité. Mais je ferai remarquer que, dans les gouvernements monarchiques surtout, certaines négociations d'une gravité exceptionnelle et qui doivent, pour réussir, rester absolument secrètes, ne donnent point matière à protocole, ne sont point livrées aux bureaux, aux indiscrétions, à tout le monde. Si l'archichancellerie de l'empire d'Allemagne, si même le palais impérial de Berlin était envahi demain par des émeutiers triomphants, il est infiniment probable que ces derniers ne trouveraient pas trace des paroles données et reçues entre les trois Empereurs dans leur entrevue de l'an dernier. Et pourtant, il serait enfantin d'admettre que les souverains ne se sont réunis que pour tirer sur des chevreuils ou des faisans, ou pour changer réciproquement de costume.

Eh bien, il m'a été donné de causer avec des gens infiniment plus initiés que moi à ce qu'on peut appeler les dessous de la politique contemporaine, avec des gens qui ont leurs entrées dans les coulisses du grand théâtre européen de drame et de comédie, et qui peuvent voir les acteurs de dos. Aucun d'eux n'a jamais sérieusement contesté que l'Autriche et l'Italie eussent vis-à-vis de l'empereur Napoléon III certains engagements, au moins éventuels. Beaucoup me l'ont affirmé. Il est infiniment probable, sinon exactement démontré, que Napoléon III s'était entendu avec ces deux puissances. L'une avait tout intérêt à profiter du conflit franco-allemand pour ressaisir la suprématie, l'hégémonie allemande, que sa rivale lui avait ravies quatre années auparavant. L'autre était tenue par le souvenir de bienfaits oubliés depuis, mais dont elle eût été embarrassée certainement de refuser le prix à celui-là même à qui elle les devait.

Une victoire sur le Rhin, mais une victoire réelle, suivie d'une entrée en Allemagne, et non une parade insignifiante comme Sarrebruck, eût peut-être détaché de la Prusse les alliés hésitants qu'elle traînait derrière elle, que les succès groupèrent étroitement

sous ses étendards et asservirent plus tard. Certainement cette victoire eût fait sonner le rassemblement
aux clairons autrichiens et italiens. Cette éventualité
est même la seule excuse de la déclaration de guerre,
la seule explication plausible de ce qui nous paraît
encore aujourd'hui une folie sans motif. Quelques
fautes qu'ait commises Napoléon III, il est impossible d'admettre qu'il fût tout à fait un imbécile. Ce
serait se montrer trop cruel pour la France qu'il a
gouvernée vingt ans, qui vingt ans a cru en lui ; pour
l'Europe qu'il a dominée quinze ans, qui pendant
quinze ans a subi sa suprématie. Ce serait se montrer
injuste.

Cette considération, encore plus que certaines indiscrétions et que certaines affirmations, permet de
croire que l'Autriche et l'Italie devaient, à un moment
donné, intervenir utilement, et que ce moment donné
était celui d'un premier succès.

Au lieu d'un succès, nous eûmes des catastrophes,
mais des catastrophes telles que, après Reichsoffen
pour certains esprits, après Sedan pour tous les
hommes compétents, la partie était inévitablement
perdue.

Dès lors, le jeu des deux Puissances dont je parle
était bien simple et tout indiqué. En face de la
Prusse victorieuse, allant de l'avant et fortifiée par ses
premières victoires, il était tout à fait prudent, sinon
tout à fait honnête, d'abandonner la France à son
malheureux sort. Et comme c'était avec l'Empereur
que les paroles ou les écrits avaient été échangés,

ce qui pouvait arriver de plus heureux à ces alliés d'une heure, c'était la disparition de cet Empereur et la chute du gouvernement impérial. L'Empereur et son gouvernement disparus, emportés, personne n'avait plus qualité pour demander l'exécution de certaines promesses dont la divulgation, — et surtout la preuve, — eussent mis le gouvernement de François-Joseph et celui de Victor-Emmanuel vis-à-vis de la Prusse dans la situation, sinon d'ennemis déclarés, du moins de concurrents sans dignité et d'adversaires sans loyauté.

L'Empereur prisonnier à Sedan, l'Empereur refusant de traiter avec Guillaume de souverain à souverain, et se confinant dans son rôle de soldat vaincu et découragé, il ne restait plus, pour faire disparaître avec le gouvernement impérial les ennuis d'engagements pris à la légère, qu'à conseiller la fuite à l'Impératrice.

C'est la mission que se donnèrent les deux ambassadeurs d'Autriche et d'Italie, et en la remplissant avec succès, ils rendirent, on peut l'affirmer, un signalé service à leurs gouvernements respectifs.

Pendant les belles années de l'Empire, ces diplomates avaient joué le rôle fructueux et agréable d'ambassadeurs — esclaves perpétuellement et respectueusement en extase devant la femme, plus encore que devant la souveraine. Depuis le commencement de nos malheurs, ils ne quittaient pas les Tuileries, où ils dissimulaient leurs inquiétudes nationales derrière les anxiétés que semblait leur inspirer le sort de leur idole. Le dernier acte de cette petite comédie diplo-

matique ne fut pas difficile à enlever. Ils persuadèrent
à l'Impératrice que le peuple allait envahir les Tuileries, qu'elle y serait massacrée. Ils lui firent peur. Ils
ne lui laissèrent même pas le temps, comme on le
verra, de se munir des menus objets indispensables à
une femme en voyage. Ils la poussèrent affolée le long
des appartements des Tuileries, le long des galeries
du Louvre, au bas desquelles roulait le flot populaire
qui portait, sur son écume, Jules Favre à l'Hôtel de
Ville. Ils la firent déboucher par la colonnade en face
de Saint-Germain-l'Auxerrois, allèrent lui chercher
un fiacre, et la confièrent aux hasards de cette grande
ville bouleversée.

J'imagine que chacun d'eux, après cette expédition,
dut se frotter les mains. Napoléon pris, Eugénie dis-
parue : plus de gouvernement régulier, partant, plus
d'obligations envers lui. Plus de créancier, partant,
plus de dettes. C'était supérieurement manœuvré.

Me voilà bien loin du bureau-ministre du général
Schmitz, sur lequel je suis resté accoudé pendant que
renversé sur son fauteuil et jouant avec un crayon,
il écoute mon petit discours, mes projets et mes
demandes. Je le prie instamment de me donner
une lettre pour l'Impératrice dont je n'avais pas
l'honneur d'être connu, de lui écrire qu'elle peut
disposer entièrement de moi, de ma vie, si cela est
nécessaire pour sauver la sienne ; de lui dire qu'il faut
éviter à tout prix à notre pays la honte et l'infamie
d'un de ces grands crimes populaires que l'histoire
de France a dû, par malheur, trop souvent enregistrer.

Le général prit une plume, écrivit la lettre, me la remit en me disant de m'inspirer des événements, et de donner sur-le-champ les ordres les plus sévères pour que toute tentative de pillage fût réprimée.

Cette lettre est celle dont il fut parlé plus tard par M. Rouher au procès de Versailles, lorsqu'on voulut faire un crime au général Trochu de n'avoir pensé, pour sauver l'Impératrice, qu'à lui envoyer un petit capitaine de mobiles. Pauvre général Trochu ! Il apprit ce jour-là seulement qu'un de ses officiers d'ordonnance avait sollicité et obtenu l'honneur d'une pareille mission. Du petit capitaine de mobiles, il ne fut pas parlé, et la fameuse lettre du général Schmitz devint une arme entre les mains de ceux qui voulaient frapper le général Trochu.

J'établirai plus loin, à l'aide d'une pièce irréfutable, quelles furent les responsabilités du général vis-à-vis de l'Empereur et de l'Impératrice, et quelle fut sa conduite, qu'on a tant cherché à défigurer. Je dirai seulement pour l'instant et en passant : 1° que les paroles du général de Palikao, à la séance de la Chambre de ce même jour 4 septembre, prouvent que le ministre prenait lui-même les dispositions militaires nécessaires à la protection du gouvernement et des Chambres ; 2° que le gouverneur n'avait rien à faire, ce jour-là, auprès de l'Impératrice qui ne l'aimait pas et le lui montrait, et qu'il n'apprit son départ que lorsque les crieurs l'annoncèrent dans les rues, en même temps que la déchéance.

Dix minutes après avoir quitté le général Schmitz,

muni de la lettre, j'étais aux Tuileries. J'entrai par le guichet de la rue de Rivoli, sans que les sentinelles ahuries et les gardiens à la figure piteuse et décomposée pensassent même un instant à me barrer le passage, à me demander où j'allais.

Dans la cour, je retrouvai, encore timides et se tenant loin des bâtiments, en curieux, les citoyens que j'avais aperçus du haut de ma selle, en traversant le Carrousel derrière le général. Je ne m'en inquiétai pas et poussai droit à l'entrée principale, au pavillon de l'Horloge. Là, même abandon, même découragement des gardiens et des gens de service. Ce ne fut qu'au premier étage, presque à la porte des appartements de l'Impératrice, qu'un huissier, de noir vêtu, culotte courte, épée au côté, chaîne d'argent au cou, m'arrêta, me demandant ce que je voulais.

Je répondis que j'avais une lettre à remettre à Sa Majesté, et qu'il était important qu'elle lui parvînt sur l'heure.

— Sa Majesté est partie, me dit l'huissier.

— Partie? Où?

Il ne savait pas. Des femmes de chambre, dont la figure était baignée de larmes, descendaient le grand escalier, sur les paliers duquel les gens se bousculaient, les uns montant, les autres s'en allant. La domesticité circulait effarée dans les couloirs, cherchant des clefs pour fermer des armoires. Des portes étaient poussées bruyamment. C'était un désordre complet, un affolement général.

Je m'adressai encore à deux ou trois personnes qui

ne daignèrent pas me prêter la moindre attention, et continuèrent leurs allées et venues sans même me répondre. Enfin, une femme de chambre voulut bien m'écouter, au moment où j'allais sérieusement me fâcher, et consentit à porter ma lettre à Mme Aguado ; celle-ci me fit répondre aussitôt que l'Impératrice était partie, qu'on ignorait où elle était allée, qu'elle espérait toutefois lui faire parvenir ma lettre le jour même, d'une manière ou d'une autre, et que, s'il y avait une réponse, on me la ferait tenir chez le gouverneur

J'avoue qu'à ce moment je crus à un faux départ, et que je me figurai ma lettre déjà arrivée à destination, ou peu s'en fallait. J'étais dans l'erreur. L'Impératrice était bien réellement partie. On sait que la malheureuse souveraine, mettant de côté tout son orgueil, fit à M. Evans, son dentiste, l'honneur de lui demander aide et protection. C'est dans la voiture de ce praticien qu'elle put quitter Paris, et gagner Deauville, puis l'Angleterre.

Insister davantage eût été déplacé et inutile. Je redescendis donc, et trouvai, groupés au pied de l'escalier, deux hommes et trois femmes qui paraissaient en proie à une violente émotion. Les femmes pleuraient comme des Madeleines, car, sans parler du chagrin réel qu'elles éprouvaient du départ de leur maîtresse, l'incertitude de l'avenir, le fameux : « Qu'allons-nous devenir ? » leur tirait toutes les larmes de leur corps.

— Alors, c'est bien vrai ? dis-je à l'une d'elles. L'Impératrice est partie ?

— Hélas ! oui, Monsieur. Il y a un quart d'heure à peine, et sans emporter un mouchoir de poche !

Et ses sanglots redoublèrent. Il est à remarquer que souvent, au milieu des événements les plus considérables, des choses insignifiantes vous frappent et s'incrustent en quelque sorte dans votre cerveau pour n'en jamais sortir. Ainsi je me souviens qu'à ce moment les portes qui donnaient sur le Carrousel et celles qui donnaient sur le jardin réservé étant ouvertes, il régnait dans le vestibule un courant d'air épouvantable. Pour y échapper, je fis quelques pas dans le jardin réservé, sur ce terrain historique où l'infortuné fils de Marie-Antoinette jouait au jardinier, où le fils de la duchesse de Berry jouait au soldat avec ses petits camarades, où le petit prince impérial faisait rouler son vélocipède.

Là-bas, à l'entrée du jardin, la foule qui avait envahi le grand parc, en abattant les quatre aigles de la grille, était massée. Monté sur une chaise, le général Mellinet, gouverneur du palais, parlait en faisant de grands gestes. M. de Lesseps, à côté de lui, parlementait. En tête de ces envahisseurs, d'ailleurs assez pacifiques, je remarquai la tête déjà connue de Sardou, qui se démenait comme un diable. Son masque accentué de César étique me fit penser à Bonaparte venant pour la première fois s'installer aux Tuileries, et disant à Bourrienne qui l'accompagnait : « Maintenant que nous y sommes, il faut tâcher de n'en plus sortir. » Le Bourrienne de Sardou était un grand jeune homme au teint mat, aux longs cheveux noirs, que j'ai su depuis être M. Armand Gouzien.

La masse qui ondulait comme sous la houle, derrière eux, poussa tout à coup un *ah!* suivi du cri de « Vive la République! » et tous les bras se tendirent comme pour montrer quelque chose en l'air derrière moi. Je me retournai. On amenait le drapeau tricolore flottant au-dessus du pavillon de l'Horloge, quand le souverain habitait son palais des Tuileries.

« Partie sans un mouchoir! » avait dit la chambrière éplorée. Cette exclamation me donna l'idée de faire le nécessaire pour envoyer à l'Impératrice le linge, les vêtements, enfin tout ce dont la privation est une souffrance pour une femme en voyage, surtout pour une femme qui, comme la souveraine, n'était point précisément accoutumée aux ennuis matériels.

Je me la représentais voyageant comme une pauvresse, et, tout en convenant en moi-même que l'état-major du gouverneur n'était point expressément choisi pour emballer des jupons, je me promis de consacrer à ce sauvetage, si on me le permettait, tous mes instants de loisir.

Quelques soldats requis au poste suffirent pour faire évacuer la cour, et, en partant, je donnai l'ordre formel que personne, en dehors du service habituel du palais, ne pénétrât dans cette cour ou les pavillons, sous quelque prétexte que ce fût.

Cet acte d'énergie facile a été probablement le dernier qu'accomplirent les soldats de la garde impériale, car peu après ils furent relevés par la garde nationale, qui veilla pendant tout le siège sur les Tuileries.

De retour au Louvre, il me fallut jouer des coudes pour gagner le salon des officiers d'ordonnance. Dehors, dedans, dans la cour, dans les couloirs, foule compacte, bruyante et animée, qui refluait de l'Hôtel de Ville, où M. Gambetta venait de proclamer le gouvernement de la Défense nationale, composé de MM. E. Arago, Crémieux, Jules Favre, Ferry, Gambetta, Garnier-Pagès, Glais-Bizoin, Pelletan, Picard, Rochefort et Jules Simon. Cela n'avait pas été tout seul. Le travail se faisait en public, en pleine cohue, et chacun, suivant la tradition révolutionnaire, criait le nom de ses candidats. On s'en tint aux députés de Paris, et immédiatement surgit la question Rochefort. Rochefort était député, mais Rochefort était à Sainte-Pélagie, mais Rochefort paraissait à tous ces avocats un personnage un peu fantaisiste. Il n'y avait pas moyen pourtant de se passer de sa popularité, et l'opinion générale fut formulée par M. Picard, je crois : « Il vaut mieux l'avoir dedans que dehors. » On le mit dedans. Une foule l'avait arraché à la prison et l'amenait en triomphe.

Quant au général Trochu, il n'y avait pas eu d'objection, et, d'un commun accord, on lui avait décerné la présidence du gouvernement. C'était cette nouvelle situation qui faisait refluer tant de monde au Louvre. Comme tous les gouvernements qui naissent, le pouvoir nouveau, et surtout celui qui semblait le dominer et le personnifier, avait déjà ses courtisans et ses flatteurs. On se poussait auprès de lui, on se pressait, on se faisait voir. Je crois, Dieu me pardonne, que

comme Leporello, j'aurais pu offrir aussi ma protection, car tout ce qui touchait au gouverneur avait l'air
de participer à sa puissance nouvelle.

Lorsque nous étions rentrés au Louvre, au moment
où je me rendais, comme je viens de le dire, chez le
général Schmitz, il était quatre heures moins un
quart. Le général Trochu, à peine descendu de cheval,
s'était retiré dans ses appartements, avait quitté son
uniforme et revêtu des habits civils. Alors seulement
j'appris d'un camarade le nom d'un personnage à
longs favoris que j'avais remarqué sur le quai, à
droite de Jules Favre, et qui, comme lui, avait l'air
de conduire le peuple à l'Hôtel de Ville. Il s'appelait
Jules Ferry. Il paraissait très excité, échangeait avec
ceux qui l'entouraient les propos les plus familiers, et
continuait de causer, pendant que son collègue parlementait avec le gouverneur.

Peu après, et pendant mon excursion aux Tuileries,
le général Trochu était parti pour l'Hôtel de Ville.
Les députés qui s'y trouvaient réunis avaient sollicité
sa présence au milieu d'eux.

A l'Hôtel de Ville, à peine entré dans le cabinet du
préfet de la Seine, où les membres du gouvernement
avaient pris séance, il fut interpellé par les députés
de la Seine. L'Empereur était prisonnier, l'Impératrice
en fuite. Pouvait-on compter sur lui pour former un
gouvernement qu'il était urgent de constituer?

Trochu n'était point un homme de Tacite. Il ne
savait pas être bref, et, en ces circonstances tragiques,
il fit immédiatement un discours.

— Ce n'est pas, dit-il, au moment où la Patrie est en danger, où tous les malheurs semblent s'appesantir sur la France, que j'entends quitter mon poste, déserter le péril, éluder les responsabilités. Plus elles seront graves, plus je croirai de mon devoir de ne pas m'y soustraire. Mais marcher avec vous, Messieurs, c'est autre chose, et je vous demande avant de vous répondre la permission de vous poser une question. Entendez-vous sauvegarder les trois principes : Dieu, la famille et la propriété? Vous engagez-vous à ne rien faire contre eux? Vous y consentez? Bien. Dans ce cas, je suis avec vous.

« Nous ne devons avoir qu'une idée : repousser les Prussiens en maintenant l'ordre intérieur. Je dois ajouter encore, et c'est la condition *sine qua non* de mon acceptation, que je serai président du gouvernement que vous allez former.

Il continua, et Jules Favre, dans son livre, a enregistré tout ce discours un peu longuet.

— Il est indispensable que j'accepte ce poste. Ministre de la guerre ou gouverneur de Paris, je ne vous amènerais pas l'armée; et si nous voulons défendre Paris, l'armée doit être dans notre main. Je ne suis pas un homme politique : je suis un soldat. Je connais les sentiments de mes camarades. S'ils ne me voient pas à votre tête, ils s'éloigneront, et votre tâche sera impossible. Ce n'est pas l'ambition qui me dicte cette résolution, c'est la conviction que sans elle il n'y a rien à tenter. Si nous avons quelques chances de succès, ce ne peut être que par la concentration du pouvoir dans une seule main. Comme chef militaire, mon autorité doit être sans limite. Je ne vous gênerai en rien dans l'exercice du pouvoir civil, mais il faut en coordonner l'action avec celle de la défense, qui est notre devoir suprême. Rien de ce qui forme ce double mouvement ne peut m'être étranger : c'est une question de responsabilité et de salut.

Je ne suis pas curieux, mais je donnerais beaucoup pour avoir vu la tête que firent ces bons apôtres lorsque le général leur demanda avant tout s'ils voulaient sauvegarder Dieu, la famille et la propriété. Il dut leur paraître extraordinairement arriéré. Du reste, ils s'engagèrent sur l'heure à sauvegarder, ils étaient en humeur de sauvegarder tout ce qu'aurait voulu le général Trochu, ce militaire, cet homme d'ordre, de devoir, d'honneur, qui consentait à les envelopper, pour ainsi parler, de sa propre respectabilité.

Il leur aurait fait reconnaître le *Syllabus*, l'infaillibilité pontificale, et l'Immaculée Conception, s'il y avait pensé. Ils acceptaient tout, ils disaient *Amen* à tout.

Il fut acclamé comme président, sans la moindre contestation.

Je voudrais aussi avoir pu contempler la stupéfaction de ces avocats se trouvant tout à coup en face d'un général qui parlait aussi longtemps et aussi bien qu'eux, sinon mieux, qui arrondissait les périodes comme s'il n'avait fait que cela toute sa vie, et qui eût pu plaider à un banc quelconque, ou pérorer à une tribune de façon à leur rendre quelques points.

Ce devait être profondément comique.

Du reste, cet exercice oratoire ne fut que le prélude d'une infinité de séances semblables.

Plus d'une fois, aux uns ou aux autres, il nous arriva d'accompagner le général jusqu'à la porte de la salle où délibérait le gouvernement, ou de l'y attendre. Chaque fois que la porte s'ouvrait pour laisser entrer ou sortir un membre, nous entendions la voix du gouverneur. Le général parlait sans cesse et bien. Les autres écoutaient toujours.

Ils étaient immobiles et comme hypnotisés. Il les avait endormis les yeux ouverts. Je ne puis mieux les comparer qu'à ces volatiles dont on applique le bec sur une ligne de craie tracée sur le parquet, et qui restent là, immobiles et en extase.

Le gouverneur avait bien raison de dire d'ailleurs que sans lui, la tâche du nouveau gouvernement était impossible.

Ce fut lui qui masqua aux yeux de la province, et un peu même de l'étranger, le caractère profondément illégal et révolutionnaire du pouvoir nouveau.

Certes, le gouvernement impérial avait commis des fautes, des fautes nombreuses, des fautes énormes, des fautes impardonnables, si l'on veut. Il n'en est pas moins vrai que quitter la Chambre quand le peuple y arrive, se mettre à la tête de ce peuple soi-disant souverain, et s'en aller confectionner pour soi un gouvernement à l'Hôtel de Ville, c'est faire œuvre de factieux.

Et pourtant, en face de la Patrie envahie, comme il disait ; en présence des épouvantables excès qui pou-

vaient se produire à Paris, — la Commune est là pour
prouver qu'on avait le droit de les prévoir, — le général crut de son devoir de s'associer à ce gouvernement
qui s'engageait vis-à-vis de lui à soutenir Dieu, la
famille et la propriété.

Quelques-uns ont dit que l'ambition le faisait agir.
S'il eût été ambitieux, il fût resté à Châlons, et, populaire comme il était, orateur comme il était, la force
des choses en faisait le premier président de la République. Qui sait même si, plus heureux que Mac-Mahon
qui ne devait ni se soumettre ni se démettre, et qui
s'est soumis et démis, il n'eût pas réussi à éviter à la
fois la soumission et la démission? Je n'insiste pas, car
j'ai peur qu'on ne me réponde par la phrase fameuse:
« Le gouverneur de Paris ne capitulera pas », et je
défendrais une mauvaise cause si je soutenais que
passer la plume à un autre, au moment de la capitulation, est une manière de ne pas capituler.

C'est bien dommage vraiment, disons-le en passant,
que notre langue se prête autant aux mots à effets.
Cela nous donne la tentation d'en prononcer, et presque toujours ils ratent, y compris le mémorable : « Je
ne rentrerai que mort ou victorieux, » qui fut sublime
avant la bataille, et qu'on n'aurait pas pardonné à
Ducrot si la mort et la victoire n'eussent été également rebelles à ses héroïques efforts.

Nous avons encore un autre mot qui date de ce
même jour, et qui aurait dû, lui aussi, passer à la pos-
térité. Afin de montrer que le gouvernement nouveau
ne procédait pas de l'émeute, mais des délibérations

des représentants du pays librement consulté, le placard affiché dans Paris commençait par ces mots : « Français, le peuple a devancé la Chambre. » Ne trouvez-vous pas cette façon de devancer, qui consiste à saccager et à disperser, tout à fait délicieuse?

Le peuple a devancé la Chambre, c'est-à-dire (qu'on me pardonne la trivialité de l'expression), qu'il s'est assis sur la Chambre, ce qui est une façon bien familière de devancer les gens.

Nota bene. Les représentants du peuple qui avait devancé la Chambre s'adjugeaient, dès cette première séance, une indemnité calculée sur le pied de cinquante mille francs par an. Ce n'était pas exorbitant, mais c'était déjà joli pour des gens qui voulaient être « non à l'honneur, mais à la peine ». Le seul qui crut devoir refuser cette petite liste civile fut Henri Rochefort. Ses collègues ne réussirent jamais à le faire renoncer à un désintéressement qui pouvait paraître un blâme pour eux.

Ainsi que je l'ai dit, les membres du gouvernement ne l'acceptèrent qu'à leur corps défendant, et uniquement pour étayer leur popularité sur la sienne, en face d'une foule qui répondait à tout ce qu'ils lui disaient : « Et Rochefort? » On inventa pour lui je ne sais quelle grotesque fonction de grand maître des barricades, et le peuple fut content de savoir que son idole aurait, à un moment donné, quelque chose à faire avec les barricades. Du reste, Rochefort ne devait pas gêner longtemps ses collègues.

Ce qu'il y eut de saisissant, c'est que Trochu et lui s'entendirent à merveille. Le vaudevilliste, habitué à tout parodier, écouta sans broncher la fameuse adjuration au nom des trois grands principes : Dieu, famille, propriété; et, tant qu'il fut du gouvernement, il appuya constamment le gouverneur. Loi des contrastes, contact des extrêmes!

La seule difficulté qui surgit en ce premier jour d'installation facile fut soulevée à propos du ministère de l'intérieur. Gambetta le voulait, Picard aussi : on alla aux voix, et Gambetta l'emporta de deux voix sur Picard.

Cette nomination eut d'abord pour résultat la mise hors de pair de Gambetta, qui enflamma tout le monde avec les proclamations que ses fonctions lui permirent de rédiger, et plus tard son départ pour Tours et Bordeaux. Il est possible, et j'ai entendu soutenir cette hypothèse, que si Gambetta eût eu les finances ou tout autre ministère, il fût resté à Paris, et il est possible encore que Trochu eût été désigné pour aller réchauffer la province.

Or, quoiqu'il soit bien entendu que les événements font les hommes, plutôt que les hommes les événements, il est permis de se demander ce qui fût advenu si Gambetta fût resté à Paris et si Trochu eût été envoyé à sa place dans les départements. Que n'eût pas fait Gambetta de cette population si enthousiaste, si fiévreusement héroïque, et sur laquelle il avait l'autorité que lui donnaient sa fougue et son talent? D'un autre côté, que n'eût pas fait Trochu s'il eût été à Tours? Travailleur infatigable, passant les nuits à son bureau sans préjudice du travail du lendemain, organisateur méthodique, connaissant l'organisation de l'armée française mieux que qui que ce soit, quelle somme d'efforts intelligents n'eût-il pas pu réaliser?

Gambetta, comme on dit en argot de théâtre, croyait que c'était arrivé. Trochu, et ce fut là sa grande faiblesse, ne croyait pas à la possibilité de la défense. Il pensait que tout était fini depuis Châlons. Il était trop clairvoyant pour en douter. Il ne croyait pas que c'était arrivé; mais il était sûr de ce qui arriverait. Il aurait fallu Gambetta à Paris et Trochu en province. Ici la foi qui enfante le miracle, là-bas la sagesse qui utilise les efforts. Avec Gambetta, la fameuse sortie torrentielle aurait sans doute été tentée. Avec Trochu, on n'aurait présenté aux Prussiens que des troupes armées, équipées, encadrées et suffisamment instruites. Je crois, pour ma part, à la sincérité de Trochu parlant de son sentiment du devoir, et je me refuse à le considérer comme un ambitieux. L'homme qui, élu par plusieurs départements, le siège terminé, quittait volontairement la Chambre après l'avoir tenue haletante et charmée sous la puissance de sa parole, par un véritable tour de force parlementaire, pendant deux séances consécutives, cet homme-là n'était pas un ambitieux.

Instamment prié de prendre part aux travaux de l'Assemblée nationale, il répondit simplement ceci :

« Quand on a tenu la queue de la poêle et qu'elle

vous est restée dans la main, il ne faut plus chercher à faire une omelette. »

Retiré depuis quinze ans à Belle-Isle d'abord, ensuite à Tours, il vit modestement à l'écart, cherchant à se faire oublier de tous. Quoique peu fortuné, il a recueilli plusieurs orphelins appartenant à sa parenté, et les élève. Il ne lui manque, hélas! pour être un Cincinnatus, que d'avoir sauvé son pays.

En somme, et pour en finir avec les incidents politiques de cette journée, qu'un voyageur arrivant de l'autre hémisphère sans avoir lu de journaux aurait prise pour une journée de fête, — fête au ciel avec un soleil radieux, fête sur la terre avec la gaîté et le rire sur tous les visages, — elle fut l'œuvre de toute la gauche de la Chambre, moins deux personnages importants à qui leur situation ne permettait pas d'accepter des postes secondaires, et qui, n'appartenant pas à la députation de Paris, ne se compromirent point dans ce gouvernement de casse-cou : MM. Grévy et Thiers.

Le premier se tint tranquille et à l'écart. Quant à l'autre, il ne se tint ni tranquille ni à l'écart. Déjà avant que la nuit fût venue, il avait vu le général Trochu, il avait vu Jules Favre, il avait vu tout le monde. Enchanté, *in petto*, que ses amis s'enfonçassent jusqu'au cou dans une entreprise dont il connaissait aussi bien que le gouverneur l'issue fatale, inévitable, il avait déjà préparé, le soir du 4 septembre, un plan qui le mettait en marge du gouvernement, lui permettait de bénéficier de tous ses succès, de se laver les mains de tous ses revers, et de profiter à la fois de ses échecs et de ses bonnes fortunes, de ses travaux aussi bien que de ses fautes. Il proposait sa grande tournée à travers l'Europe, et des visites successives aux souverains et aux ministres. Il voulait partir, afin de sauver son pays s'il le pouvait, mais aussi afin de faire reconnaître d'avance son futur gouvernement, et de revenir bientôt, au milieu de cette jeune et ardente république, avec le prestige de l'homme qui a parlé aux souverains, a dîné à leur table et traité avec eux.

Si le général représentait pour le gouvernement la respectabilité qui manquait, M. Thiers représentait pour ce même gouvernement les traditions diplomatiques et gouvernementales, qui manquaient encore plus que la respectabilité.

CHAPITRE V

LE VOYAGE DE L'IMPÉRATRICE

Les adieux. — En fiacre. — Chez le docteur Evans. — Les perplexités d'un Américain. — En landau. — A travers les troupes. — Blanchissage. — A Deauville. — La *Gazelle* et sir John Burgoyne. — En mer. — La tempête. — Sur la terre ferme. — — L'Impératrice à Hastings.

Il me faut, ici, ouvrir une parenthèse au milieu de mes souvenirs personnels. Je veux en effet conter l'odyssée de la souveraine en fuite, et je le ferai d'après les témoignages à la fois les moins connus et les plus authentiques.

Le 4 septembre, étaient de service aux Tuileries : M. le général de Montebello, l'amiral Jurien de La Gravière, le marquis de La Grange ; Mmes de Renneval, de Saulcy, comtesse Aguado, maréchale Canrobert, de La Poëze, de La Bédollière.

Un peu avant son départ, c'est-à-dire vers deux heures, car l'heure exacte de ce départ est deux heures et demie, l'Impératrice, laissant dans son salon-cabinet MM. Nigra et de Metternich, se rendit au salon de service, où les personnes que je viens de nommer étaient réunies. Elle portait une robe brune, avec une pèlerine de Worth, en drap noir, doublée de soie violette et soutachée de fins galons d'or. Elle était en cheveux, et tenait encore à la main le mouchoir de batiste avec lequel elle avait essuyé ses yeux rougis, et effacé un peu, en les étendant sur ses joues, les petits traits de crayon noir dont elle marquait alors ses paupières, et qui, depuis, se sont singulièrement élargis... mode d'Espagne !

Les dames d'honneur, vivement émues, étaient toutes debout, et vinrent l'une après l'autre baiser la main de la souveraine, qui leur dit ces mots :

— En France, on n'a pas le droit d'être malheureux.

Après ce baisemain et ces adieux, l'Impératrice rentra dans son salon, où l'attendaient avec anxiété les deux ambassadeurs, tremblant continuellement qu'elle ne changeât d'avis et ne renonçât au départ conseillé.

Les deux dernières semaines que la pauvre femme venait de passer aux Tuileries n'avaient été qu'une longue torture, une véritable agonie morale.

Pas une heure de ces journées terribles ne s'était écoulée sans qu'une dépêche n'apportât ou ne confirmât la nouvelle d'un malheur, d'un désastre. Aussi son esprit et son corps, au milieu de ces heures consacrées aux larmes, au désespoir, au travail, et suivies de nuits sans sommeil, sans repos, avaient-ils été tous deux atteints.

Elle ne se soutenait qu'à l'aide de café très fort, et ne se reposait un peu qu'en se saturant de chloral.

Elle avait, du reste, consommé une si grande quantité de ce dernier médicament, qu'elle s'était donné de véritables accès de somnambulisme, pendant lesquels, les yeux grands ouverts et fixes, elle semblait, étrangère à ce qui se passait autour d'elle, ne pas comprendre ceux qui lui adressaient la parole.

Les deux ambassadeurs avec leurs conseils, leurs craintes fictives, leurs peintures exagérées des prétendus maux qui la menaçaient, n'étaient point pour détruire l'effet du café et du chloral sur ces pauvres nerfs de femme tendus à se briser.

Ils lui déclarèrent que l'heure de la retraite, de la fuite, était arrivée. On échangea contre un manteau plus sombre la pèlerine trop voyante de Worth, et l'Impératrice emprisonna à la hâte ses magnifiques cheveux dans une petite capote noire de Mme Virot, dont elle noua fébrilement les brides sous son menton. Elle prit à la main un de ces petits sacs dans lesquels les femmes enferment leur bourse, leur mouchoir, leur carnet, et, donnant le bras au prince de Metternich, elle suivit, à travers le Louvre, M. Nigra qui avait offert son bras à Mme Lebreton, sa lectrice, celle-ci n'ayant pas voulu quitter la souveraine. Mme Lebreton est, on s'en souvient la sœur du vaillant et si souvent victorieux soldat qui s'appelle Bourbaki.

On arriva ainsi jusqu'à la colonnade de Louis XIV, en face de l'église Saint-Germain-l'Auxerrois, et c'est là, devant la grille dorée, que l'Impératrice et Mme Le-

breton montèrent dans un fiacre. M. de Metternich jeta au cocher ces simples mots : « Boulevard
Haussmann. »

Un gamin d'une quinzaine d'années, en blouse et
en casquette, qui passait à ce moment, s'écria :

— Tiens, elle est bien bonne, tout de même...
C'est l'Impératrice !

Son exclamation, heureusement pour les fugitives,
fut couverte par le bruit du fiacre, qui s'était déjà mis
en mouvement et roulait dans la direction de la rue
de Rivoli.

Vers le milieu du boulevard Haussmann, les deux
femmes firent arrêter la voiture, et pendant que Mme Lebreton payait le cocher, l'Impératrice se réfugia un
instant sous une porte cochère. Une autre voiture fut
prise au passage, et à ce nouveau cocher on donna
l'adresse de M. le docteur Evans, avenue Malakoff.

Ce praticien habitait là un splendide et confortable
hôtel. Le docteur Evans n'était pas seulement un spé-
cialiste qui avait su acquérir, avec une fortune énorme,
une réputation européenne. C'était encore un homme
de bien. Il devait, quelques semaines plus tard, lorsque
commencèrent les souffrances et les privations du
siège, établir et entretenir de ses propres deniers
l'ambulance américaine. Et ses compatriotes, qui
avaient tant dansé aux bals de la cour et dans les
salons de Paris, tant mangé de foie gras et absorbé de
champagne dans toutes nos fêtes, qui nous avaient
écoulé tant de *misses* plus ou moins riches — géné-

ralement moins — ne réunirent pas, entre eux tous, une somme de cinq cents francs pour cette ambulance, qui fut tout de même qualifiée d'américaine.

M. Evans seul en supporta toutes les charges. Et comme il n'eut pas seulement des blessés à soigner, mais aussi assez souvent des hommes valides à nourrir,— à commencer par son ministre, M. Washburne, — lorsque les comptes furent faits, après avoir distribué des secours aux prisonniers de guerre en Allemagne, il se trouva que ce généreux citoyen américain avait donné douze cent mille francs à la patrie française. C'était, on en conviendra, payer royalement l'accueil que lui avait fait Paris ; c'était racheter, à lui seul, toute la vilenie de ses compatriotes, les manifestations qu'ils se sont permises contre nous, et le mal réel qu'ils nous ont fait.

Arrivée chez le docteur, et introduite dans son salon, l'Impératrice, sanglotant, lui dit :

— Mon cher monsieur Evans, vous seul pouvez me sauver. Tout le monde m'a abandonnée. Je ne puis plus compter sur personne. Je veux fuir, je veux quitter cette ville ingrate, et je viens vous supplier de me fournir les moyens de passer en Angleterre !

Le docteur Evans connaissait l'Impératrice à l'époque où elle n'était encore que Mlle de Montijo, et lui avait, avant ses grandeurs, rendu quelques petits services. Aussi avait-il toujours eu ses grandes et ses petites entrées aux Tuileries, auprès de son impériale cliente. Et dans leurs rapports il y avait non seulement la confiance, mais encore la cordialité. Il n'était pas moins bouleversé que sa visiteuse, et tout à fait mis hors de lui par le spectacle inattendu d'une telle grandeur humaine ainsi abaissée, d'une souveraine venant chez lui implorer aide et protection.

Il comprenait d'ailleurs de quelles responsabilités on lui demandait de se charger. Étranger, simple hôte de la France, il lui répugnait de jouer un rôle politique dont on pouvait lui demander un compte sévère, et c'était bien un acte politique que de faciliter la fuite d'une régente. Mais le souci de ses intérêts personnels traversa seulement son esprit sans s'y fixer. Nous sommes ainsi faits. Mis en face d'un péril inattendu, d'un danger inconnu, il nous faut subir avant tout le réveil inconscient du sentiment de la conservation personnelle. Tous le ressentent. Les hommes ordinaires lui obéissent, les forts le maîtrisent; ainsi fit le docteur, qui n'eut plus bientôt qu'une idée : se dévouer à l'Impératrice, et se dévouer avec d'autant plus d'empressement qu'il pouvait y avoir quelques risques à courir.

L'ancienne amie à protéger, la souveraine à défendre, la femme accablée sous le poids de ses malheurs à soutenir, l'épouse séparée de son mari, la mère isolée de son fils, à consoler et à réunir aux siens, surexcitèrent à la fois les élans d'une nature réellement chevaleresque.

L'Impératrice était restée debout en adressant sa requête au docteur.

— Je conjure Votre Majesté de s'asseoir et de m'accorder quelques instants pour réfléchir, lui dit-il.

La responsabilité que je prends est considérable, et je veux m'efforcer de justifier la confiance que Votre Majesté a daigné placer en moi.

Il sortit du salon, dont il ferma la porte pour qu'aucun indiscret n'y pût pénétrer et surprendre les deux fugitives.

— Me voilà, malgré moi, associé à ceux qui font de l'histoire, se dit le docteur. Cette malheureuse femme délaissée par tout le monde, résignée à cet abandon universel, ne pouvant ni ne voulant, par conséquent, s'adresser à aucun de ceux qui, hier encore, s'appelaient ses sujets, et recourant à un citoyen américain pour sortir de France, me met dans une situation singulière, délicate. Il faut avant tout que je ne fasse rien qu'en présence de témoins, qui puissent dans l'avenir, si besoin est, certifier ma bonne foi, ma loyauté.

Faisant alors appeler son compatriote et son meilleur ami le docteur Crane, qui arriva aussitôt, il lui révéla ce qui se passait, et le pria de se tenir prêt à partir avec lui le lendemain matin.

Le but du voyage de l'Impératrice était l'Angleterre, et la fugitive se refusant absolument à prendre le chemin de fer par crainte d'être reconnue, insultée peut-être, il était trop tard pour organiser ce jour-là le départ.

Le docteur arrêta donc son plan dans sa tête, et revint annoncer à l'Impératrice qu'il fallait qu'elle acceptât sous son toit l'hospitalité d'une nuit. La pauvre femme, à la fois abattue physiquement et surexcitée moralement, passa la nuit du 4 au 5 septembre dans la chambre de Mme Evans, alors en villégiature à Deauville. On dressa pour Mme Lebreton un lit improvisé, au pied de celui de l'Impératrice.

Le 5 septembre, au matin, l'Impératrice, reposée et un peu plus maîtresse d'elle-même, reprit sa toilette de la veille. Seulement, comme la petite capote à brides lui laissait le visage absolument à découvert, elle prit un chapeau rond appartenant à Mme Evans, et s'entoura la tête d'une voilette épaisse qui suffisait à la rendre méconnaissable.

On prit place dans le landau du docteur, voiture confortable à caisse brune. Sur le siège, le cocher et le valet de pied, livrée grise à collet noir, ignorant absolument quelles personnes accompagnait leur maître.

L'Impératrice s'assit au fond à droite. A côté d'elle s'installa Mme Lebreton, et les deux docteurs américains occupèrent la banquette de devant.

Par l'une des grilles qui donnaient sur l'avenue Malakoff et qu'ouvrit le jardinier, on partit à fond de train pour Deauville.

La grosse question était celle de la sortie de Paris. La porte Maillot était obstruée par une barricade gardée par un poste de gardes nationaux. Il fallait franchir cet obstacle sans que l'Impératrice fût reconnue.

Comme je devais le faire quatre mois plus tard lorsque j'emmenai Jules Favre à Versailles, M. Evans sortit à mi-corps par la portière de droite, pour demander aux gardes nationaux des indications sur la route. La voiture passa lentement et franchit la barrière.

On était sauvé.

L'Impératrice se comporta comme se fût comportée toute femme à sa place : au lieu de se réjouir, elle se mit à pleurer.

On gagna Saint-Germain. On fit halte quelques minutes sur la grande route, puis on poursuivit, malgré la fatigue des chevaux du docteur. Quand ils furent à bout de forces, à Mantes, M. Evans descendit du landau, y laissant ses compagnes de voyage sous la garde de son collègue, et finit par se procurer un berlingot à quatre places attelé de deux bêtes assez tristes. On laissa le landau et on repartit.

Les difficultés des relais furent d'ailleurs les seules péripéties sérieuses du voyage.

Dans un petit village appelé La Commanderie, l'attelage fourbu s'arrête, et se résigne à subir sans bouger tout les coups de fouet. Le docteur Evans se met en quête, découvre sous un hangar une calèche qui doit avoir vu les alliés. Un paysan s'offre à aller dans les champs chercher des chevaux. On accepte, et on attelle deux vieilles rosses à la vieille voiture. La propriétaire trouve l'équipage si réussi qu'elle dit au docteur :

— Vous voyez bien qu'une reine ferait son affaire d'une aussi belle voiture.

L'Impératrice frissonne. Elle se croit reconnue. Il n'en est rien. Le hasard seul a amené cette actualité, comme on dit, sur les lèvres de la bonne vieille dame.

A Évreux, il faut passer au milieu de la garnison rangée sur la grande place et entourée de la population entière. Le préfet nouveau, venu de Paris, et entouré du conseil municipal, des autorités, est en train de proclamer la République et de faire un discours. Le docteur Evans paye d'audace et va lui demander la permission de ne pas attendre, pour passer, la fin de cette patriotique cérémonie. La permission est accordée, et des milliers d'yeux suivent le passage de la vieille voiture où est cachée la femme de César.

Parti de Paris le 5 au matin, on arriva à Deauville le 6 au soir.

Pendant le trajet, l'Impératrice resta triste, morne, abattue. Par moment cependant elle s'assoupissait et semblait dormir, puis tout à coup, comme si une idée folle lui eût traversé l'esprit, elle se redressait, devenait vive, gaie, parlant beaucoup, riant davantage. Et cette crise de gaieté s'éteignait dans un déluge de larmes.

La pauvre femme a tant pleuré que ses deux petits mouchoirs sont trempés de larmes, comme celui qu'elle a laissé sur son bureau des Tuileries. En outre, depuis le 15 août elle souffre d'un rhume de cerveau ; la fine batiste est dans un état plus facile à imaginer qu'à décrire. Le docteur propose de laver les mouchoirs et de les faire sécher. L'Impératrice refuse d'abord, accepte ensuite, et le docteur se livre à l'opération du blanchissage, dans un petit fossé qui borde le chemin. Puis il tient les mouchoirs à la portière jusqu'à ce que le vent qui les fouette les ait rendus secs.

Pendant ces deux jours, l'Impératrice n'a rien mangé. Elle a grignoté un biscuit et bu quelques gorgées d'eau et de café. Mais ses compagnons de voyage ont faim, et elle leur reproche à plusieurs reprises de passer leur vie à manger. On arrive à Deauville à quatre heures du soir, et on descend à l'hôtel du Casino où demeure Mme Evans, qui aide aussitôt son mari à cacher l'Impératrice à tous les regards, jusqu'à ce qu'on se soit assuré d'un navire pour la traversée.

Pendant que le docteur se rend au port, Mme Evans s'empresse autour de l'Impératrice, à laquelle le hasard a voulu qu'elle ressemblât d'une façon presque frappante. On dirait les deux sœurs jumelles, dont l'une, accablée de douleurs et de fatigues, serait soignée délicatement par l'autre. Mme Evans emballe dans une petite valise le linge dont l'Impératrice peut avoir besoin, et celle-ci la suit des yeux en lui disant à deux reprises :

— Des mouchoirs surtout...

Au port où le docteur est descendu, deux yachts sont amarrés. L'un, la *Gazelle*, appartient à sir John Burgoyne ; l'autre, le plus grand, à un gentleman américain. C'est celui-ci que le docteur Evans visite tout d'abord. Le bâtiment ne lui semble pas solide, et avant de conclure avec son propriétaire, il se rend auprès de sir Burgoyne et lui demande s'il veut consentir à partir le soir même. Refus catégorique du noble anglais, à l'honneur duquel le docteur croit devoir se confier : c'est l'Impératrice qu'il faut sauver, l'Impératrice que connaît le gentilhomme, ami personnel de l'Empereur.

Sir Burgoyne refuse encore. Il est étranger, et ne veut pas se mêler de questions politiques. Puis il y a une tempête au large, la mer est déchaînée, le vent souffle debout : il ne peut prêter les mains à une imprudence.

— Alors, je vais m'adresser au yacht américain, dit le docteur.

— Je ne vous le conseille, dit l'Anglais, que si vous tenez absolument à vous noyer. Ce n'est pas un bateau, c'est un baquet : il ne tient pas la mer.

M. Evans insiste une dernière fois, et enfin, vers onze heures du soir, sir Burgoyne accepte la mission périlleuse, mais glorieuse, de conduire la souveraine en Angleterre. On partira le lendemain mercredi 7 septembre, à six heures du matin ; mais, afin de n'éveiller l'attention de personne, on embarquera le soir même entre minuit et minuit et demi.

Ce programme s'exécuta.

La *Gazelle* était un yacht à voiles, de quarante-cinq pieds de long. Son unique cabine, où avaient pris place l'Impératrice, Mme Lebreton, le docteur et sir Burgoyne, n'avait pas deux mètres cinquante de côté. Il fallut passer vingt-trois heures dans ce trou, au milieu d'une véritable tempête, car le vent n'avait pas changé. Il était toujours debout, c'est-à-dire venait du large, et on n'avançait qu'à grand'peine en tirant des bordées. Les vagues, monstrueuses, couraient sur le pont de la coque de noix.

Dans la nuit, la tempête devint réellement effroyable, et sir John Burgoyne, terriblement impressionné, quitta tout à coup le pont de son navire et descendit dans la cabine, blême, les yeux hagards et pleins de larmes.

— Nous sommes perdus, dit-il.

Et prenant à partie le docteur :

— C'est votre faute, à vous, ajouta-t-il.

Et il disparut, remontant sur le pont aussi vite qu'il en était descendu.

Les passagers, stupéfaits de cette sortie étrange, inattendue et rapide, se regardaient entre eux. L'Impératrice ne put retenir un grand éclat de rire, tant la tête du gentleman désespéré lui avait semblé réellement comique. Étrange nature des femmes ! Elles tremblent devant un danger imaginaire, elles affrontent en riant un danger réel. L'Impératrice n'avait rien à craindre en France, et elle fuyait. Elle était à deux doigts de l'abîme, et elle riait. Un garde national excitait sa terreur, l'Océan soulevé éveillait sa gaîté.

Au petit jour le vent mollit, la mer se calma un peu et l'on put entrer dans le port de Ryde. On débarqua aussitôt et l'on se rendit à l'hôtel du *Pier*, dont le propriétaire voyant arriver deux femmes trempées, fripées, défrisées, accompagnées par un homme encore plus mouillé qu'elles, ferma sa porte. On se réfugia à l'hôtel d'York, où l'on fut reçu sans empressement.

Après avoir pris un peu de repos, l'Impératrice gagna Hastings en chemin de fer, et descendit dans l'après-midi à Marine-Hotel, où elle séjourna une douzaine de jours. Les deux premières personnes qui vinrent, de France, la rejoindre dans cet hôtel, furent miss Shaw, la bonne anglaise du Prince impérial, et mon fidèle Joseph, chargé de remettre mon premier envoi de caisses.

C'est là que le Prince Impérial vint retrouver sa mère ; il se jeta dans ses bras avec de grands sanglots, et, après les premières étreintes, l'Impératrice, montrant au prince M. Evans, lui dit :

— Embrasse-le : c'est lui qui m'a sauvée.

Mme Evans était là auprès de son mari, et continuait a donner à l'exilée les preuves du plus entier et du plus désintéressé dévouement.

Ce fut le docteur toujours qui fut chargé de trouver une demeure convenable pour la famille impériale. Il pensa à Chislehurst et loua Camden-Place, dont la location fut faite en son nom pendant les trois premières années.

L'Impératrice ne pensa même point à remercier sir Burgoyne, et il fallut, un an plus tard, que lady Burgoyne fît témoigner à la souveraine son étonnement de cet oubli pour que l'omission fût réparée.

Quant au docteur Evans, il n'avait rien à attendre de l'Impératrice qu'un peu de franchise et un témoignage public lorsqu'on essaya de travestir les faits que je viens de raconter, et de faire jouer au docteur je ne sais quel rôle ridicule.

L'Impératrice ne comprit point qu'elle se diminuait elle-même en ayant l'air de regretter et d'oublier les circonstances étranges de sa fuite de Paris, et le docteur a le droit d'être compté au nombre des gens que touche, sans les étonner, la légendaire ingratitude de tous ceux ou de toutes celles qui, ne serait-ce qu'un instant, se sont assis sur un trône.

CHAPITRE VI

CHEZ L'IMPÉRATRICE

A la préfecture de police. — Les fonds secrets. — La femme de chambre. — Le Louvre envahi par la mobile. — Rochefort sauve l'ordre. — Retour au camp de Saint-Maur. — Dans les appartements impériaux. — Les toilettes de l'Impératrice. — Le sac de nuit. — Les caisses. — Deux dépêches télégraphiques. — Le fidèle Joseph. — Chez Picard. — Un bon avis. — Prince et huissier. — Épilogue d'un sauvetage.

Dans la soirée du 4 septembre, un commissionnaire m'apporta la lettre suivante :

> Monsieur,
>
> Je ne sais si la lettre pourra parvenir. Je l'ai confiée à une personne qui, j'espère, pourra la faire parvenir. S'il y avait une réponse, elle vous serait adressée chez moi. Grâce à Dieu, il y a encore des gens de cœur, et vous êtes du nombre.
>
> Vicomtesse AGUADO.

Je priai l'aimable M. Pollet, commissaire de police attaché à la résidence du gouverneur, de m'obtenir l'adresse d'une ou deux femmes de chambre de l'Impératrice, et je remis au lendemain le soin de me prémunir

des autorisations nécessaires pour effectuer l'envoi
que j'avais projeté. Il était inutile et peut-être
imprudent, de faire intervenir le gouverneur; et
je préférais m'adresser au pouvoir civil, c'est-à-dire
à la Préfecture de police, un endroit commode où
l'on va, à Paris, quand on ne sait à qui s'adresser, et
où l'on trouve presque toujours ce que l'on cherche.

Le 5 septembre, mon service auprès du gouverneur
finissait à six heures du matin, et je me rendis à la
préfecture. Là, je retombai en plein effarement.
Comme on dit vulgairement, les sergents de ville n'en
menaient pas large. Ces soldats admirables, recrutés
avec tant de soin, sous l'Empire, parmi les anciens
sous-officiers, personnel d'un dévouement et d'une
fidélité à toute épreuve, se disaient évidemment que
l'émeute était au pouvoir. Et il leur paraissait bien
étrange de servir ceux qui, la veille, étaient considérés
comme les ennemis de l'Empire, du gouvernement,
de la société, de l'ordre.

Insultés, vilipendés par la foule toujours inepte
et parfois criminelle, qui s'en prend en temps de
révolution aux monuments publics et aux innocents
représentants de l'ordre, ces pauvres diables ne savaient littéralement à quel saint se vouer. La veille,
soit à la place de la Concorde, soit aux abords du
Palais-Bourbon, soit autour de l'Hôtel de Ville, bon
nombre d'entre eux avaient failli être jetés à la Seine.
On les avait injuriés, battus, on leur avait pris leurs
chapeaux à claque et leurs épées. On avait promené
leur défroque comme un glorieux trophée, et plu-

sieurs à moitié assommés, le visage en sang, les vêtements en lambeaux, n'avaient rallié qu'à grand'peine
la Préfecture de police. C'est si bon, c'est si commode
de satisfaire une petite rancune personnelle, de faire
expier une arrestation ou un procès-verbal, en ayant
l'air de se livrer à une démonstration patriotique!

Comme la veille aux Tuileries, je pénétrai, sans que
personne songeât à m'arrêter, jusqu'au cabinet du
préfet.

M. le comte de Kératry prenait justement possession
de son bureau préfectoral. Debout derrière une grande
table Louis XV munie de nombreux tiroirs et encombrée de cartons, il passait en revue ce qu'avait laissé
son prédécesseur.

Tous les chefs de service, tous les employés supé-
rieurs, en habit noir et en cravate blanche, rangés en
un demi-cercle respectueux et solennel, faisaient face
au préfet. Un huissier ouvrait devant lui tous les tiroirs les uns après les autres, et lui en analysait le
contenu.

— Qu'est ceci ? disait M. de Kératry.

— Les pièces secrètes relatives aux émeutiers de
la Villette.

— Et ceci?

— La ceinture du prédécesseur de Monsieur le
préfet.

— C'est bien. Qu'on la mette de côté avec tous les
objets qui lui sont personnels, et qu'on veille à ce
qu'ils lui soient bien scrupuleusement rendus.

Un tiroir résistait à l'huissier, qui tirait de toutes

ses forces. Cédant tout à coup, il s'ouvrit avec le bruit métallique de piles d'or et d'argent venant frapper contre la serrure.

— Qu'est-ce encore que ceci? s'écria M. de Kératry.

Un fonctionnaire répondit en s'inclinant profondément :

— Ce sont les fonds secrets !

— Les fonds secrets ! Qu'on enlève cet argent, qu'on le compte... Il n'y aura rien de secret sous mon administration.

Et tout le personnel, absolument médusé, regardait le préfet avec de grands yeux effarés.

Le comte de Kératry, à l'urbanité, au tact et à l'impartialité de qui je ne saurais assez rendre hommage, et que j'ai été à même d'apprécier pendant son séjour assez court à la Préfecture de police, a dû apprendre bien vite que si la mauvaise foi est l'âme de la politique, l'argent est l'âme de la police.

J'imagine que la somme enlevée a été promptement réintégrée dans le tiroir des fonds secrets, et que la provision a été renouvelée plus d'une fois pendant le siège.

L'inspection terminée, tout le monde s'étant retiré, le préfet me fit asseoir à ses côtés dans un grand fauteuil, et je lui exposai ma requête.

— Vous avez raison, me dit-il, il serait honteux que la femme qui a été pendant dix-huit ans la souveraine adulée de la France, fût obligée d'acheter une chemise pour changer de linge. Voyez Picard, aux finances. Quant à moi, je vous approuve.

Fort de cette autorisation, du reste, toute morale
j'allai trouver M. Ernest Picard, qui fit le meilleur
accueil à l'officier d'ordonnance du gouverneur.

Petit, gras, à figure joviale, il ne semblait nullement embarrassé, ni surpris de l'enchaînement extraordinaire d'événements qui venait d'en faire un ministre des finances.

Notre entretien eut lieu sur le ton de la plaisanterie. Aussi spirituel que peu trivial, il m'appela son
cher ami au bout de deux minutes.

— Voyez, mon cher ami, me dit-il, dans des moments comme ceux-ci, chacun fait ce qu'il croit devoir
faire. C'est notre conscience qui est chargée de nous
juger. Allez. Agissez pour le mieux. Nous réglerons
tout cela plus tard.

Avant déjeuner, M. Pollet me remit l'adresse d'une
des femmes de chambre de l'Impératrice. J'ai oublié
son nom ; je me souviens seulement qu'elle demeurait
rue des Bons-Enfants. J'allai frapper à sa porte et je
trouvai toute une famille en larmes. C'était un intérieur de petits bourgeois bien simples. Mais la camérière avait une élégance de tournure et de manières
qui contrastait avec son entourage. Les femmes ont
ce singulier privilège de s'élever facilement, et presque
sans transition, au-dessus de la condition sociale où
elles sont nées, dès qu'elles fréquentent un monde
supérieur. Et la demoiselle, qui avait peut-être encore
sur le dos une robe de l'Impératrice, ressemblait, au
milieu de sa famille, à un paon qui fait la roue au
centre d'un poulailler. On était en plein milieu bona-

partiste, cela va de soi. La cheminée était encombrée de portraits de l'Empereur, de l'Impératrice et du Prince impérial dans tous les âges et dans tous les costumes.

Je donnai à la jeune femme rendez-vous pour le soir, et lui expliquai ce que je comptais faire.

Au Louvre, un spectacle des plus extraordinaires m'attendait. La garde mobile, campée au camp de Saint-Maur et commandée par le général Berthaut, ayant appris le soir du 4 septembre la chute de l'Empire et la proclamation de la République, s'était disposée à quitter en masse son camp, ses baraquements et son général.

Une fois qu'on est entré dans la voie des concessions avec des gaillards de cette sorte, on ne peut plus s'arrêter : il faut pactiser. Si, à Châlons, on avait été un peu féroce, si on avait fait passer en conseil de guerre et fusillé au besoin une vingtaine de meneurs et de braillards, on aurait fait de la garde mobile une troupe tout autre qu'elle n'a été : intelligente, facile à enlever, elle eût rendu de véritables services.

Mais allez donc demander cette énergie et cette vigueur à un gouvernement qui s'écroule, à un souverain qui ne croit plus en son étoile, à des généraux battus et honteux de leur défaite, à ce monde de flatteurs et de complaisants qui depuis si longtemps entourait l'Empereur et lui persuadait que tout était pour le mieux sous le meilleur des Napoléons ! Les uns et les autres avaient d'ailleurs le sentiment de leur faiblesse et le pressentiment de la chute inévitable.

Tout ce que put obtenir le général Berthaut, c'est que la garde mobile se contenterait d'élire des délégués, qui s'en iraient à Paris pour s'assurer si l'on était réellement en République, de quelle couleur était le gouvernement, et qui viendraient rendre à leurs camarades compte de cette démarche aussi peu militaire que possible.

Seulement, à ces quelques individus investis d'une mission à peu près régulière, d'autres mobiles se joignirent d'eux-mêmes, qui mettaient leur libre arbitre au dessus de la consigne. Cette bande d'hommes en costume militaire, accrue d'un grand nombre de citoyens racolés aux barrières et dans le faubourg Saint-Antoine, était forte de plusieurs milliers de manifestants quand elle arriva chez le général Trochu.

La rue de Rivoli était obstruée, la cour envahie, les plates-bandes de fleurs écrasées. Le général, réclamé à grands cris, était sorti tel qu'il était dans son cabinet, en veston et tête nue.

Du haut des quelques marches qui séparaient l'entrée de ses appartements du sol de la cour, il haranguait la foule.

Sans respect pour sa personne, pour sa fonction, les manifestants s'étaient bousculés et poussés jusqu'à ce que le perron et le grand escalier fussent envahis. Et ils étaient si compacts que le gouverneur n'aurait pu faire un geste sans toucher les plus rapprochés de ses auditeurs.

A sa droite, trois ou quatre marches au-dessous de lui, M. Garnier-Pagès, tête nue également, avec ses

longs cheveux blancs séparés sur le front et tombant
sur ses épaules à la Chérubin, la figure enveloppée,
pour ainsi dire, dans son gigantesque et légendaire
faux-col, comme un bouquet dans une feuille de
papier, avait pensé qu'en sa qualité de membre du
gouvernement il devait, lui aussi, placer un petit discours. Enfin, au milieu de la cour, Rochefort, à la tête
si caractéristique et si dure, Rochefort, dont les traits
semblaient sculptés dans du buis, était entouré, fêté,
et pressé à en perdre la respiration.

Du reste personne n'écoutait les orateurs, et tout le
monde parlait à la fois. Il n'y avait pas de raison
pour qu'une telle scène de désordre finît jamais.

En passant sous la voûte, j'avais été saisi au bras
par M. Pollet, notre commissaire de police, qui m'avait
dit :

— Comment allons-nous nous débarrasser de tous
ces gens-là?

Pensant qu'en effet, c'était rendre un service véritable au gouverneur que de porter sur un autre
point cette manifestation enthousiaste, révolutionnaire et inutile, je voulus me frayer un passage jusqu'à lui.

Porté plutôt que poussé, j'arrivai jusqu'à M. Garnier-
Pagès. Il parlait de 1848, de Louis-Philippe et de
Lamartine. Quelques coups de coude me rappro-
chèrent enfin du général Trochu qui pérorait toujours.
Pour ne pas le gêner, je me plaçai derrière lui, et lui
coupant fort irrévérencieusement la parole:

— Je suis, mon général, lui dis-je tout bas, un de

vos officiers d'ordonnance. Voulez-vous que j'emmène tout ce monde-là?

Il s'arrêta net, trouvant probablement que ce que je lui disais valait mieux que ce qu'il avait à dire.

— Certes, répondit-il. Mais comment?

— Vous allez voir, mon général.

Et je piquai de nouveau une tête au milieu de la foule, me dirigeant vers le centre où je parvins à joindre Henri Rochefort, à qui je m'adressai.

— Cette manifestation n'a aucune raison d'être. Elle est même nuisible au point de vue moral, étant composée en majeure partie de militaires appartenant à toutes les armes. Voulez-vous m'aider à la dissiper et à faire rentrer tous ces soldats dans le devoir?

— Je ne demande pas mieux, répondit-il.

Dans cette circonstance, comme dans toutes celles qui par la suite me mirent en rapport avec lui, je n'ai jamais eu, je le déclare, qu'à me louer de la bienveillance, de la générosité d'esprit et du profond désintéressement du célèbre pamphlétaire.

Rochefort prit mon bras, j'avisai quatre tambours munis de leurs instruments, qui faisaient partie du groupe massé autour de lui, je leur dis de battre une marche. Et plaçant à notre tête un malheureux drapeau tricolore qu'était en train de prostituer une bande de voyous à figures vicieuses, nous nous dirigeâmes vers la porte. Deux personnes nous suivirent, puis quatre, puis dix, puis tout le monde, et l'on partit de là comme on y était venu, sans savoir pourquoi. O moutons de Panurge!

— Où allons-nous? me demanda Rochefort.

— Je vais vous conduire à l'Hôtel de Ville, et après vous avoir demandé un premier service, je désire que vous m'en rendiez un second. Il consistera à dire quelques mots à cette foule, afin de l'engager à me suivre. J'espère par ce moyen ramener tous ces mobiles jusqu'au camp de Saint-Maur; car leur présence à Paris, dans l'état de surexcitation où ils sont, pourrait amener les plus graves désordres.

Ce programme fut exécuté ponctuellement.

Et, après quelques paroles prononcées par lui au milieu d'un silence qui m'étonna, et que son prestige, immense à ce moment, pouvait seul imposer aux masses. Rochefort disparut dans l'Hôtel de Ville, me laissant avec les mobiles.

Un lieutenant qui avait été chargé de conduire à Paris les délégués du camp de Saint-Maur, M. d'Orgeval, me rendit alors un réel service. Un seul homme ne peut pas grand'chose. Deux hommes unis multiplient par quatre leurs forces matérielles et morales.

Nous organisâmes notre troupe militairement. Les curieux nous abandonnèrent; le porte-drapeau et une quinzaine d'hommes qui l'accompagnaient disparurent dans la boutique d'un marchand de vins, et nous n'eûmes bientôt devant nous que quelques centaines de mobiles résignés et respectueux. Ils nous suivirent, sans dire un mot malsonnant, jusqu'au camp de Saint-Maur, ce qui, entre nous, est une très jolie trotte.

A la barrière du Trône, comme toute bonne action mérite sa récompense, je tins à leur témoigner ma satisfaction de les voir si dociles, si militaires. Je commandai : Halte! devant un café. Deux tonneaux de vin furent roulés dehors, mis sur champ et défoncés avec promptitude. Nos hommes, se mettant sur deux files, vinrent l'un après l'autre puiser avec des chopes dans le rouge liquide français. Ils étaient contents, et de ce rafraîchissement improvisé et d'eux-mêmes, ce qui ne gâte rien. Il faisait chaud. Ils avaient beaucoup parlé, beaucoup chanté et beaucoup marché.

Une heure plus tard, au camp de Saint-Maur, j'avais l'honneur de rendre compte au général Berthaut de la mission que je m'étais arrogée, et de remettre sous son commandement ma petite troupe rangée à quelques pas en bataille, sous les ordres de M. d'Orgeval.

Lorsque je rentrai à Paris par le chemin de fer, le gouverneur m'attendait au Louvre. Il avait donné l'ordre qu'on le prévînt de mon retour et qu'on m'introduisît immédiatement auprès de lui. En me voyant entrer, il se mit à rire, me remercia de la promptitude avec laquelle je l'avais débarrassé de tous ces braillards, et pour la première fois, en dehors du service, nous causâmes d'homme à homme, et non de général à officier d'ordonnance. Il voulut bien me questionner sur mon passé, ma famille, et m'engager à prendre un repos dont, croyait-il, je devais avoir grand besoin. La glace était rompue entre nous, et, dès ce jour, le général me témoigna une confiance et une bienveillance que je me suis toujours efforcé de mériter.

Il s'agissait bien de se reposer, vraiment. Et les jupons de l'Impératrice! Je l'avoue, j'en fais la confession, et que les messieurs Prudhomme de toute la terre me fassent la morale si cela leur convient, mais il me semblait qu'après avoir pratiqué la foule dépenaillée et braillarde, il serait bon de pénétrer dans un cabinet de toilette féminin encore tout imprégné, tout embaumé de la présence d'une jolie souveraine. L'odeur de la sueur et du vin me faisait désirer les suaves et discrètes émanations de l'iris. On n'a pas toujours vingt-cinq ans !

Fidèle au rendez-vous, et faisant les cent pas comme une petite bourgeoise en bonne fortune, je trouvai dans la rue de Rivoli la femme de chambre de l'Impératrice. Je m'étais fait accompagner du fidèle Joseph, complètement transformé, devenu, de fils d'Albion qu'il était, ordonnance d'un officier français, et à peu près remis de ses mésaventures du camp de Châlons. Je m'étais muni d'un laissez-passer spécial et pourvu de toutes les signatures de la Saint-Jean. Je n'eus donc qu'à suivre la camérière pour pénétrer sans obstacle dans les appartements privés.

Je mentirais si je disais que le désordre y était à son comble. Pourtant on y pouvait constater les préparatifs inachevés d'un départ précipité. Tout était dans l'état où l'Impératrice l'avait laissé au moment de sa fuite, et il était difficile, à première vue, de se défendre contre l'impression qu'on éprouve à l'aspect d'un lieu la veille encore animé, où la vie a été brusquement interrompue par un cataclysme.

Le grand salon-cabinet de travail de la régente, son boudoir, son oratoire, sa chambre à coucher, son cabinet de toilette, constituaient une série de pièces se commandant, et prenant jour sur le jardin des Tuileries.

Le tout était meublé avec le raffinement du luxe moderne, et ce luxe ne semblait pas à sa place. Il paraissait jurer avec la grandeur un peu sévère de l'architecture. C'était le salon de Mme de Metternich transporté aux Tuileries, et je suis certain pourtant que si l'ambassadrice avait habité ce palais, son salon eût été d'un style tout différent de celui que j'avais sous les yeux.

Nous étions encore bien loin des souffrances matérielles et morales engendrées par le siège qui allait commencer, et dont une des conséquences allait être de donner à l'esprit parisien, si léger, si mobile, si impressionnable, une certaine teinte passagère d'austérité. Cependant ce luxe sans style, sans caractère, ce majestueux fouillis, jurait avec le respect qu'on aurait dû avoir, avec l'idée qu'on se fait habituellement de la grandeur souveraine. En un mot, cela sentait trop le boudoir, et pas assez le palais.

Je n'ai jamais vu les appartements privés de la reine d'Angleterre ni ceux de l'impératrice de Russie; mais je parierais qu'ils doivent différer étrangement de ceux que s'était arrangés l'impératrice Eugénie aux Tuileries.

Dans le grand salon, où travaillait et recevait la régente, à gauche, un grand bureau Louis XV, mais dont les bronzes n'avaient certainement pas été ciselés par Gouthière. A droite, de grandes vitrines, contenant des objets d'étagère, des souvenirs de famille, un petit musée des souverains.

Je remarquai, sans m'y arrêter longtemps, le chapeau troué de deux balles que portait l'Empereur le jour de l'attentat Orsini, chapeau à coiffe et à ailes plus élevées que ceux qu'on porte aujourd'hui, et qui paraissait de forme surannée. A côté étaient deux bombes Orsini, espèces de petits obus de quatorze centimètres de long, garnis dans tous les sens de cheminées de fusil munies de capsules, et assez semblables à de petits hérissons. Lorsqu'on les lançait à la main, de quelque côté qu'elles tombassent, elles devaient forcément porter sur cinq ou six capsules percutantes. L'une d'entre elles était intacte. L'autre, irrégulièrement brisée, avait dû produire son effet meurtrier.

Voici encore des tabatières riches et curieuses; un portrait des plus rares au daguerréotype, de l'Impératrice jeune fille; une ravissante miniature de la reine Hortense, etc.

Sur des chevalets, dans le salon : le portrait de l'Empereur par Flandrin, celui de la princesse Christine Bonaparte, née princesse Ruspoli, une femme adorablement belle. Puis des bronzes, pendules, candélabres, opulents rideaux, des poufs, des coussins, des chaises basses, encore des poufs, des jardinières garnies de plantes vertes, une profusion de passementerie, de pendeloques, enfin le luxe mièvre et tourmenté du xixe siècle.

Sur le bureau de la régente, un sac de voyage grand ouvert, en maroquin noir, et que la malheureuse femme n'a pas eu le temps d'emporter; un petit mouchoir de poche, entouré de dentelles, chiffonné, pétri et encore tout humide de larmes. Il est marqué d'un E surmonté de la couronne impériale.

Dans le sac de nuit, deux chemises de toile d'une très grande simplicité, sans la moindre broderie. La seule chose qui puisse les distinguer de celles d'une petite bourgeoise, c'est qu'elles sont aussi marquées, au milieu de la poitrine, d'un petit E surmonté, toujours, de la couronne impériale; deux paires de bas en fil d'Écosse; quatre mouchoirs; une paire de bottines, deux cols et deux paires de manchettes. L'un des cols, rabattu, est encore garni d'un petit fer à cheval en argent bruni, destiné à le maintenir en manière de broche. Enfin, un tout petit plaid écossais, de ces châles tartans qu'on trouve dans tous les dépôts de marchandises anglaises.

Tout cela avait dû être préparé à la hâte, lorsque la fuite fut décidée. Puis, probablement, la pensée que ce sac de voyage pouvait éveiller l'attention des passants, l'avait fait abandonner là, au dernier moment.

A côté du sac, un paquet de dépêches télégraphiques. J'eus la curiosité de les parcourir rapidement, et deux d'entre elles retinrent un instant mon attention. La première, signée du maréchal Lebœuf, était adressée à la régente. Elle était ainsi conçue :

Le service de l'intendance se fait très mal. Les soldats n'ont plus de souliers.

LEBŒUF.

La seconde, bien autrement importante, n'était que la copie d'un télégramme envoyé à l'Empereur, copie destinée à être transcrite sur le registre grand ouvert à gauche du bureau, où étaient consignées toutes les dépêches reçues et envoyées. Elle permet d'expliquer la conduite de l'Empereur, celle de l'Impératrice, et enfin celle du général Trochu, pendant les derniers jours de l'Empire. La voici :

A L'EMPEREUR.

Ne pensez pas à revenir ici, si vous ne voulez déchaîner une épouvantable révolution. C'est l'avis de Rouher et de Chevreau que j'ai vus ce matin. On dirait ici que vous fuyez le danger.

N'oubliez pas comme a pesé sur toute la vie du prince Napoléon son départ de l'armée de Crimée.

EUGÉNIE.

J'aurai bientôt l'occasion de revenir sur cette dépêche pour la commenter. Je veux tout d'abord en finir avec la besogne que je venais accomplir dans les appartements de l'Impératrice, dussé-je, pour le faire, anticiper sur quelques jours.

Dans la chambre à coucher, un grand lit moderne, la tête au mur, les pieds dans la direction du jardin. A droite du lit, une commode de formes exquises et d'une grande finesse d'exécution laisse apercevoir dans son premier tiroir béant une cinquantaine d'ombrelles de toutes formes et de toutes couleurs, les unes riches, les autres simples, empilées les unes sur les autres. La première qui frappe les yeux est une ombrelle de soie mauve couverte de dentelles noires, le manche en écaille est un pied de biche, ferré d'or. Voici encore une ombrelle de soie blanche garnie de valenciennes admirables. Sur le manche en ivoire, un semis de petites abeilles ; en guise de pomme, une couronne impériale sculptée à jour. Une autre de dentelles blanches avec manche en or massif garni de turquoises. Enfin une cinquantaine de chefs-d'œuvre , signés Gravel, Verdier, etc.

Peu de meubles dans cette chambre, mais couverts d'étoffes admirables.

A gauche de la porte qui mène aux appartements de l'Empereur, trois glaces comme en ont les couturiers à la mode, encadrées d'un filet de cuivre massif. Ce jeu de glaces mobiles permet de se voir des pieds à la tête, de dos, de profil, enfin sur toutes les faces.

A côté des glaces, un monte-charge.

Je possédais un cicerone expert qui devait faciliter mon inspection, et je le fis causer. Voici comment la femme de chambre m'expliqua le jeu du monte-charge.

Au-dessus des appartements de l'Impératrice, et par conséquent au second étage, se trouvaient une série de pièces reproduisant la disposition du premier. Les pièces occupées par les femmes de service étaient garnies, du haut en bas, de grandes armoires en chêne neuf appliquées contre les murs. Dans ces armoires étaient serrées les robes de toutes sortes, les manteaux, les jupons, les provisions de linge, les dentelles, les étoffes en pièces, un stock considérable de rouleaux de soieries de Chine. Il y avait la chambre aux chapeaux, la chambre aux bottines, la chambre aux fourrures : en un mot, un arsenal supérieurement monté de souveraine jolie femme, qui sait que la beauté est une force, et que, comme le chantaient nos pères, l'art embellit la beauté.

. Dans la pièce du second étage qui communiquait avec le monte-charge, c'est-à-dire qui était située au-dessus de la chambre à coucher, étaient dressés sur des pieds quatre grands mannequins de la taille et de la corpulence exactes de Sa Majesté.

Lorsque la dame d'atours avait transmis par un porte-voix les ordres nécessaires pour la toilette de la souveraine, les femmes tiraient des armoires la toilette indiquée, en habillaient un des mannequins, que l'on confiait au monte-charge et qui arrivait ainsi dans la chambre, où l'Impératrice pouvait se dire : « C'est comme cela que je serai tout à l'heure. » Et le mannequin remontait tout nu au deuxième étage.

C'était par cet étage qu'il me fallait commencer, car l'ameublement pouvait attendre. Il me fallait des caisses. — Il y en a dans les combles du palais, — me dit ma compagne. Joseph et moi nous allâmes en reconnaissance dans les greniers, et nous apportâmes quinze grandes caisses.

Nous procédâmes ensuite tous deux au plus fantastique emballage qui se puisse imaginer. La femme de chambre vidait les armoires, et nous empilions en bloc dans les caisses toutes ces richesses féminines, qui certainement n'avaient jamais été traitées avec ce sans-gêne et cette rudesse. Nos quinze caisses étaient combles, et les armoires paraissaient toujours aussi pleines. Nous nous remîmes en chasse dans les combles, mais infructueusement. Je n'oublierai jamais cette excursion sous les toits de cet immense château, dont j'ignorais les êtres et dont nous étions en quelque sorte les maîtres, sondant de l'œil, à la lueur vacillante de nos bougeoirs, des espaces dont nous n'apercevions pas les limites et qui nous semblaient incommensurables; retrouvant de loin en loin, en passant devant les lucarnes, un rond de ciel étoilé, un rayon de lune; retenant malgré nous nos voix, et écoutant monter dans le silence les grandes rumeurs de la population tout entière dehors, ainsi qu'aux fêtes nationales, bourdonnement énorme que ponctuaient de temps en temps des cris de : « Vive la République! » poussés par des gamins, ou des lambeaux de *Marseillaise* apportés, par la brise, des carrefours et des quais.

Nous remîmes au lendemain l'expédition de notre premier envoi, et nous allâmes chercher un repos assurément mérité. Quand je dis : nous allâmes, je vante Joseph, car il dut courir toute la nuit pour se procurer une voiture de déménagement qu'il conduirait lui-même, et d'autres caisses encore, si c'était possible. Il y parvint. Le bruit courait que l'Impéra-

trice était en Angleterre. Elle avait, en effet, conçu
le projet de s'y rendre, et en avait parlé à quelques
intimes, qui, naturellement, avaient raconté cela
partout. Ce fut donc pour l'Angleterre que partit
mon ordonnance, avec ordre de remettre directement
à l'Impératrice tous ces colis.

Comme toutes les gares de Paris, la gare du Nord
était en ce moment un endroit des plus curieux. La
chute de l'Empire, la révolution, toute pacifique
qu'elle eût été, le départ de l'Impératrice, la crainte
des souffrances du siège qui allait commencer, enfin
l'horreur de l'inconnu, avaient inspiré à tant de
personnes l'idée de s'en aller avec ce qu'elles avaient
de plus précieux, que toutes ces gares étaient encombrées au delà de ce que l'imagination peut con-
cevoir. Les malles, les valises, les porte-manteaux,
les caisses, étaient amoncelés d'un bout de la gare à
l'autre en un tas qui atteignait la hauteur de deux
étages au moins. Des gens qui ne voulaient pas quitter leurs bagages étaient là, allant, venant, récla-
mant, priant, pleurant, se désespérant. D'autres,
les heureux, les insouciants, partaient, laissant à des
domestiques le soin de faire enregistrer leurs colis;
heureux lorsque ceux-ci, à force de batailler, de se
disputer, de s'empoigner avec les hommes d'équipe,
parvenaient à expédier le tout après quatre ou cinq
jours de faction et de bivouac. Quant à ceux qui partirent en laissant aux administrations le soin de faire
suivre leurs effets, ils les reçurent... deux ou trois
mois après la fin du siège.

C'est en pareille occurrence qu'il fait bon être quelque chose d'officiel. L'officier du gouverneur n'eut qu'à se présenter à la gare pour que sa voiture de déménagement fût amenée directement sur le quai, poussée contre un fourgon et déchargée en quelques minutes, sans que personne pût soupçonner la provenance et la destination de ce qu'elle contenait.

J'avais remis à Joseph, chef du convoi, quelques lignes pour l'Impératrice, lui exprimant mon désir de lui être utile, la priant de disposer de moi, et d'agréer les hommages d'un Français pour qui elle était non seulement une souveraine, mais une femme malheureuse.

Le lendemain, homme, bagages, missive, tout était arrivé à destination, et le surlendemain je recevais à mon tour le billet suivant, que Joseph avait cru devoir coudre entre la doublure et l'étoffe de son complet britannique. Par excès de précaution, le billet n'était pas signé, mais il était de la main de l'Impératrice.

Marine-Hotel, Hastings.

Je vous remercie de la lettre que je viens de recevoir. Elle me touche profondément. Je dois être laconique ici, mais mon cœur n'en sent pas moins. Croyez, Monsieur, que je serai heureuse un jour de vous le dire de vive voix.

Pour ne pas allonger le récit de ce qui a trait aux effets personnels de la famille impériale et pour n'y plus revenir, je dirai que mon service auprès du gouvernement nécessitant chaque jour davantage et à tout instant, même la nuit, ma présence au Louvre,

j'avais reçu l'ordre de me loger au palais même.
J'occupai quelque temps, dans le premier corps de
bâtiment à droite, en entrant par la rue de Rivoli,
l'appartement de la duchesse Stéphanie Tascher de
La Pagerie, grande maîtresse du palais. Lorsque cet
appartement et ceux qui l'entouraient furent convertis en ambulance, je me réfugiai en face, rue de
Rivoli, à la grande aumônerie.

Ma présence au palais me permit de faire droit aux
réclamations des serviteurs de la famille impériale
qui venaient, les uns après les autres, chercher leur
petit mobilier personnel. Quoique je ne fusse pas
encore investi officiellement de la mission de sauvegarder les intérêts matériels de la famille impériale
aux Tuileries, rien ne sortait du palais sans mon visa.

Le 13 septembre, je recevais la lettre suivante :

Monsieur,

Je viens vous prier instamment de tâcher de prendre,
dans la chambre de la comtesse de Pierrefonds, un petit
cadre où il y a une Vierge, un Enfant Jésus. Ces objets se
trouvent sur un meuble, près du lit. Il y a aussi une vieille
ombrelle en toile écrue ; il y a sur le manche deux lettres
E. G. Il y a aussi un livre de prières qui a un élastique ; ce
sont des souvenirs précieux pour la comtesse de Pierrefonds. Je crois que l'ombrelle se trouve dans la chambre,
dans un coin, sur un petit meuble.

Je veux aussi, Monsieur, vous remercier de tout mon
cœur.

A. Lebreton.

Veuillez envoyer ces objets chez le prince de Metternich.

On me remettait en même temps une lettre émanant de la préfecture de police, ainsi que l'autorisation officielle du ministre des finances de me faire délivrer toutes les fourrures impériales, qui étaient en dépôt chez Valenciennes, fourreur de la couronne, 21, rue Vivienne.

Voici la lettre :

Cabinet du préfet de police.

MONSIEUR,

J'ai l'honneur de vous informer que vous êtes autorisé à vous faire remettre les fourrures de l'Impératrice dont ci-joint la liste, et à les lui faire parvenir.

Recevez, Monsieur, l'assurance de ma haute considération,

Le préfet de police,

Comte DE KÉRATRY.

A M. d'Hérisson, chez M. le général Trochu, gouverneur de Paris.

Je crois intéressant de transcrire textuellement la liste en question ; mes lectrices, si j'en ai, se rendront compte de ce qu'il faut de fourrures pour être tout à fait bien mise.

MONSIEUR,

Les fourrures de l'Impératrice m'ont été remises le 22 avril 1870, dont voici le détail :

1 manteau vigogne doublé renard argenté ;
1 manteau velours noir garni martre zibeline ;
1 rotonde velours noir doublée et bordée chinchilla ;
1 pelisse velours fourrée vison avec col zibeline ;
1 paletot loutre ;
1 sortie de bal cachemire bleu doublée cygne ;

1 sortie de bal cachemire noir doublée cygne;
1 veste de chasse doublée chinchilla;
1 corsage soie noire doublé chinchilla;
1 corsage soie grise doublé chinchilla;
1 manchon marabout;
1 manchon zibeline;
1 manchon renard argenté;
1 manchon hermine;
1 manchon chinchilla;
1 manchon loutre ;
1 manchon loutre à tête;
1 boa martre zibeline;
1 collier queue de zibeline;
1 cravate martre zibeline à tête;
1 paire de manchettes martre zibeline;
1 paire de manchettes chinchilla;
1 paire de manchettes renard argenté;
1 couverture velours vert doublée Canada;
1 tapis chèvre Thibet;
1 tapis mouton blanc;
1 bas de manteau loutre;
2 caracos espagnols agneau;
8m70 bordure chinchilla;
27 mètres queues de zibeline;
1 devant et un morceau renard noir;
4 chevrons, 1 poignet, 2 poches, 2 manches et 1 bordure
renard noir;
2 peaux de cygne en morceaux;
14 peaux renard argenté;
6 demi-peaux renard argenté;
20 queues renard argenté;
1 col loutre;
3 queues de Canada;
2 colliers marabout;
Des restants chinchilla;
4 grands tapis ours noir;

2 petits tapis ours noir;
1 ours brun avec tête;
1 ours naturalisé;
1 couverture renard blanc;
1 caraco, 1 jupe et gilet peluche marron bordés loutre;
19^m,60 bordure loutre;
2 peaux de faisan;
3 tabourets mouton blanc;
1 bas de robe zibeline;
3 peaux zibeline;
2 carrés chinchilla;
1 palatine et 2 manches vison;
2 pièces de cygne;
2 ailes de faisan;
1 renard naturalisé;
1 paire de gants loutre;
3^m,42 bordure skunks;
2 manteaux de cour bordés hermine.

Paris, ce 13 septembre 1870.

VALENCIENNES.

Autorisé par le ministre des finances,

ERNEST PICARD.

Autorisé par le préfet de police,

Comte DE KÉRATRY.

Il y en avait pour six cent mille francs!

Je recevais aussi un petit billet timbré d'un cygne aux ailes déployées et d'une couronne princière. Il était ainsi conçu :

CHER AMI,

L'Impératrice désirerait avoir le portrait de l'Empereur, par Flandrin, qui est aux Tuileries, et une *boîte à gants,* qui se trouve dans la chambre de Mme Pollet, sa trésorière, à Saint-Cloud, dans une armoire. Cette boîte porte le chiffre de Sa Majesté. Si vous pouvez envoyer tout cela, ce serait bien gentil. Il est douteux que le train parte encore demain; si c'est possible, veuillez envoyer demain matin votre fidèle domestique pour qu'il s'entende avec l'homme qui partira d'ici.

Mille amitiés,

METTERNICH.

Je ne pus faire parvenir la boîte dont parlait le prince. Cette boîte, qui contenait quelques papiers personnels de l'Impératrice, avait été jugée assez intéressante pour être envoyée directement, par ceux qui l'avaient trouvée, au préfet de police.

C'est chez lui que je la vis, quelques jours après l'investissement.

Du reste, mon intervention eût été inutile; M. de Kératry tint à honneur de faire remettre cette boîte et son contenu dans les mains de l'Impératrice elle-même. C'est ce qu'il fit peu après la fin du siège.

Je n'ai aucune honte à avouer que je m'intéressais à ma nouvelle profession de déménageur, et que le rôle d'emballeur par conviction ne me déplaisait point. Je croyais avoir déjà vidé tout le second étage, lorsque je me trouvai en face d'une porte condamnée, que je fis ouvrir. J'avais devant moi le mobilier de la chambre dans laquelle était morte la duchesse d'Albe. L'Impératrice tenant à ces objets comme à de saintes reliques de sa sœur, j'agrandis mon industrie, si je puis m'exprimer ainsi, avec le format de mes colis.

Les voyages continuèrent ainsi jusqu'à l'investissement. A partir du jour où nous fûmes bloqués, il n'y

8

aurait pas eu de raison de se hâter, si à cette époque déjà les rapports de police ne nous eussent signalé une effervescence, et fait pressentir le bon pillage à main armée que nous réservait plus tard la Commune. Aussi je redoublai d'activité pour en finir et pour mettre toutes les valeurs en lieu sûr.

Bien des gens, depuis le 4 septembre, avaient visité les appartements impériaux, la commission des papiers y avait siégé et fureté plusieurs jours. On savait que ces appartements contenaient des valeurs, — non seulement artistiques, mais matérielles, — importantes, et je ne dormais pas tranquille.

Je multipliais les démarches auprès du ministre des finances, le joyeux et spirituel Picard, dont la gravité des événements n'altérait point la jovialité, et qui me faisait attendre les autorisations nécessaires.

Chaque fois que le service du gouverneur m'appelait à son ministère, je pénétrais jusque dans son cabinet, et le ministre en m'apercevant me disait avec un bon sourire :

— Très bien, très bien. C'est encore pour les Tuileries, n'est-ce pas?

Un jour qu'il avait réussi à force de cordialité à me faire rire comme un écolier, il me dit :

— Mais pourquoi diable vous donnez-vous tant de mal? Est-ce que vous croyez qu'il reviendront? Nous avons pour le moins devant nous deux générations de républicains à user. Et puis, s'ils revenaient, mon ami, il faut que vous connaissiez bien peu le monde pour vous imaginer qu'ils vous sauraient le moindre

gré d'avoir déménagé les Tuileries. Car, raisonnez :
vous leur envoyez leurs affaires, c'est donc que vous
supposez qu'ils ne rentreront pas tout de suite, qu'ils
resteront quelque temps absents. Or cette supposition
est irrespectueuse, et ils ne vous la pardonneront pas.
S'ils ne reviennent pas, eh bien! leur reconnaissance sera exactement la même.

J'eus beau me poser en chevalier, en philanthrope,
lui dire combien il me semblait équitable qu'on prît
les intérêts d'un prisonnier et d'une fugitive, l'aimable
sceptique haussait amicalement les épaules sans répondre.

Un jour pourtant que j'étais allé porter au ministère
des finances des laissez-passer spéciaux que le gouverneur me laissait le soin de distribuer, je dis en
riant à M. Picard :

— Je ne vous les donnerai que contre les autorisations que vous me faites attendre.

— C'est bon, donnez. Je parlerai ce soir au préfet
de police.

La promesse fut tenue, et j'obtins enfin les papiers
suivants :

Cabinet du préfet de police.

Monsieur,

J'ai l'honneur de vous adresser la lettre dont il s'agit. Je
suis heureux d'avoir pu une dernière fois vous être agréable,
et je vous prie d'agréer l'assurance de mes meilleurs sentiments,

Jay.

M. d'Hérisson, aide de camp du général Trochu.

Paris, 1er octobre 1870.

A M. Vavin, liquidateur de la liste civile.

MONSIEUR,

J'ai l'honneur de vous prier de vouloir bien faire emballer par vos soins et aux frais de qui de droit, les effets de la famille Impériale qui peuvent encore se trouver aux Tuileries, et de les remettre à M. d'Irisson d'Hérisson, qui a charge de les recevoir.

Veuillez agréer, Monsieur, l'expression de mes sentiments très distingués,

Le préfet de police,

Comte DE KÉRATRY.

Ce qui est bien humain, ce dont il faut se hâter de rire pour n'être pas obligé d'en pleurer, comme dit Beaumarchais, c'est que cette famille impériale qui avait répandu autour d'elle des millions, devant qui toute la France venait de se prosterner et qu'elle acclamait pour la troisième fois par un plébiscite âgé de cinq mois à peine, ne trouvait plus personne qui voulût avancer les frais d'emballage et de transport. Ce fut la modeste bourse du petit capitaine qui dut y pourvoir.

Quand tout fut prêt, j'insistai auprès du liquidateur de la liste civile, M. Vavin, pour qu'on ne laissât pas moisir tous ces objets précieux dans les Tuileries. Certes, je ne me serais jamais imaginé qu'un jour allait arriver où du palais superbe il ne resterait plus que des pierres calcinées et des scories, et pourtant j'avais je ne sais quelles inquiétudes. Est-ce qu'on sait ce qui peut arriver? me disais-je. Aussi ce fut un soulagement pour moi de recevoir d'un capitaine d'état-major de la garde nationale, commandant en second du palais, la lettre suivante :

Palais des Tuileries, 12 novembre 1870.

Mon cher camarade,

J'ai reçu de M. Vavin l'autorisation de laisser sortir les caisses en question. Veuillez donc les faire prendre quand il vous conviendra; seulement, soyez assez bon pour me prévenir à l'avance, afin que je sois présent.

Recevez mes cordiales poignées de main,

Persin.

J'écrivis immédiatement à M. le comte d'Uxkul, qui gérait l'ambassade d'Autriche, pour le prier d'abriter les premiers colis, et je ne tardai pas à recevoir sa réponse :

15 novembre 1870.

Monsieur le comte,

Vous avez bien voulu m'exprimer le désir de pouvoir déposer à l'ambassade vingt-trois caisses contenant les effets personnels de Sa Majesté l'Impératrice. J'ai l'honneur de vous accuser réception de ces caisses, qui resteront enfermées et protégées jusqu'au jour où bon vous semblera de les retirer pour les faire parvenir à qui de droit.

Veuillez agréer, monsieur le comte, l'expression de ma considération distinguée,

Comte Alfred d'Uxkul.

Et maintenant je veux vous dire l'épilogue de ce sauvetage de trois ou quatre millions de valeurs mo-

8.

bilières. Je veux vous narrer la grande confusion du petit capitaine et la revanche écrasante du joyeux Picard.

Après la guerre, je pensais encore à mes caisses, et j'envoyai Joseph à l'ambassade d'Autriche pour les chercher et les faire parvenir à l'Impératrice.

Le cher prince de Metternich, qui m'écrivait en septembre, m'appelant son bon ami, gros comme le bras, prit la peine de me faire parvenir l'autographe suivant :

20 juin 1871.

Monsieur,

Son Altesse le prince de Metternich, après avoir pris connaissance de l'autorisation donnée par vous à votre valet de chambre pour les caisses qui sont en dépôt à l'ambassade d'Autriche, me charge de vous dire qu'ayant reçu de nouvelles instructions qui enjoignent de garder lesdites caisses jusqu'à nouvel avis, Son Altesse ne peut les délivrer actuellement.

Daignez agréer, Monsieur, mes salutations les plus respectueuses,

LEDRU, *huissier.*

Cet avis salutaire de l'huissier de l'ambassade épargna à Joseph un nouveau voyage, et à moi de nouvelles inquiétudes.

Ce n'est pas tout.

Je m'attendais, non pas au remboursement des frais prélevés sur ma modeste solde, mais à un remerciement, à un souvenir de l'Empereur ou de l'Impératrice. Ce remerciement ou ce souvenir, je les ai attendus dix années. Ils ne sont pas venus. Après en avoir manifesté mon étonnement, j'ai dû envoyer la note de mes débours. Elle a été payée. Nous sommes quittes...

Moralité : Ne jamais s'attendrir sur un sac de nuit à moitié fait, et toujours écouter les bons avis des ministres des finances.

CHAPITRE VII

IMPÉRATRICE ET GOUVERNEUR

Une dépêche. — Trochu commandant de corps. — Sa popularité.
— Ingratitude royale. — Les promesses de l'Empereur. — Trochu à Paris. — L'Impératrice hostile. — Breton, catholique et
soldat. — M. Rouher. — L'Empereur éloigné de Paris.

On a lu plus haut une dépêche envoyée de Paris à
l'Empereur par l'Impératrice, et qui, dans ma conviction, explique la conduite respective des deux souverains d'une part, et celle du général Trochu de l'autre.

Cette dépêche, je demande la permission de la
transcrire une seconde fois avant de la commenter.

A L'EMPEREUR.

Ne pensez pas à revenir ici, si vous ne voulez déchaîner
une épouvantable révolution. C'est l'avis de Rouher et de
Chevreau que j'ai vus ce matin. On dirait ici que vous quit-
tez l'armée parce que vous fuyez le danger.

N'oubliez pas comme a pesé sur toute la vie du prince Napoléon son départ de l'armée de Crimée.

EUGÉNIE.

Lorsque l'Empereur, — fantôme de souverain ballotté
entre ses armées, fataliste ne croyant plus à son

étoile, n'osant pas exercer le commandement, rudoyé par Bazaine, malade, traînant dans sa vessie un calcul gros comme un œuf de pigeon qui transformait en une torture épouvantable la moindre promenade à cheval, — arriva au camp de Châlons le 16 août, au soir, le général Trochu faisait partie de l'armée du Rhin, comme commandant en chef du 12e corps. Son indépendance, sa conscience de sa propre valeur, ses brillants états de service, la clairvoyance en quelque sorte prophétique qui lui avait dicté un livre récent sur l'armée, livre rempli de vérités et de jugements que confirmaient les événements au fur et à mesure qu'ils se déroulaient; ses allures un peu rigides de travailleur austère, peu en rapport avec les habitudes des généraux de cour, lui avaient créé des jalousies, des rivalités et des inimitiés parmi les complaisants et les courtisans qui entouraient l'Empereur.

Cet état de choses avait eu pour effet, d'un côté, d'éloigner des Tuileries le général, et, de l'autre, de lui attirer l'estime et le respect de tous les hommes impartiaux. Sans compter que les opposants de toute nuance se plaisaient à rendre populaire un général peu en faveur. Et cette popularité croissait rapidement en même temps que l'Empire s'affaissait sous le poids de ses fautes. Les patriotes comptaient sur lui comme sur un grand général. Les ennemis de l'Empire comptaient sur lui comme on compte sur les adversaires de ceux qu'on déteste.

L'empereur Napoléon III avait beau être un très brave homme, le meilleur homme peut-être de son

Empire, l'ami le plus fidèle et le plus sûr, il n'en était pas moins un souverain, et, comme tel, était forcé par sa propre situation d'exploiter ceux qui l'entouraient. Il lui vint tout naturellement l'idée de détourner à son profit personnel cette popularité du général, et de conquérir cet adversaire. Les choses se passent toujours ainsi. Louis XII a dit qu'il serait indigne d'un roi de France de se souvenir des injures du duc d'Orléans. Parole admirable! parole royale! mais parole qui a un envers comme toute chose ici-bas; et l'envers de l'oubli des injures, c'est l'oubli des services rendus. Louis XII aurait dû ajouter : « Il est impossible au roi de France de se souvenir des services rendus au duc d'Orléans. » Le prétendant sollicite. les dévouements, le roi les oublie. C'est dans l'ordre humain, ou plutôt c'est dans le désordre humain. Un homme d'État ayant servi l'Empire, me disait naïvement un jour : « Soyez toujours de l'opposition. Plus vous serez à craindre, plus on songera à vous acheter, et c'est malgré vous. à votre corps défendant. que vous serez comblé d'honneurs et de dignités. »

César, qui n'était point un sot, se fit porter à l'empire par ses créanciers. Les paya-t-il? Ceci est une autre affaire.

Eh bien, Napoléon III valait mieux que la moyenne des souverains. Il fut porté au pouvoir par quelques amis, et il eut ce rare mérite de ne les point oublier. Le plus bel éloge qu'on puisse faire d'un prince est de dire : Il ne fut pas ingrat. Ce n'était pas une raison, pourtant, pour qu'il ne cherchât point parfois dans l'opposition même un point d'appui, pour qu'il négligeât la popularité du général Trochu, tout imprégnée d'opposition qu'elle fût, et pour qu'il ne rêvât point de rentrer sur les épaules du général_dans sa bonne ville de Paris.

—Allez, lui dit-il, mon cher général. Vous seul pouvez préparer mon retour, et votre popularité est la clef qui ouvrira devant moi la porte des Tuileries. Parlez à l'Impératrice. Concertez-vous avec elle. J'ai la plus grande confiance en vous.

Éloigné de la cour pendant ses splendeurs, le général avait le droit de n'être point séduit par cette mission de terre-neuve, et de n'être point flatté de se voir seulement appelé et caressé lorsqu'il s'agissait de soutenir le monument qui croulait de toutes parts. Il n'avait d'ailleurs qu'à regarder autour de lui pour trouver un exemple frappant de l'ingratitude nationale. Il n'avait qu'à lever les yeux sur le général de Palikao.

Celui-ci, après avoir conduit d'une façon miraculeuse l'aventure militaire la plus fantastique des temps modernes, après un succès inespéré, dont les événements qui se passent aujourd'hui en ces fabuleuses contrées peuvent enfin faire apprécier l'importance et la difficulté ; après avoir ajouté une page glorieuse à nos annales militaires, — se vit, à son retour, injurié, jalousé, vilipendé, lâchement calomnié par tous les impuissants des Tuileries. La Chambre, servante docile pourtant de celui qui gouvernait, refusa la dotation faiblement demandée par le ministre ; et l'Empereur, complice pour la première fois peut-être de la lâcheté générale, n'osa pas donner le bâton à son général victorieux.

Ce ne fut que lorsque cette lâcheté à laquelle il céda eut préparé la chute de l'Empire, qu'on songea au général de Montauban pour lui infliger le portefeuille de la guerre et réparer les torts qu'on avait envers lui. La réparation fut tardive et le dévouement inutile.

Le général Trochu savait donc à quoi s'en tenir, et pouvait apprécier d'avance la somme de reconnaissance que lui vaudrait son sacrifice. Car c'était bien un sacrifice qu'on lui demandait.

Quitter son commandement, sa belle petite armée, pour aller s'enfermer à Paris avec l'Empereur, les mobiles et la garde nationale, c'était là une action militaire qui le tentait peu. On fit appel non seulement à ses sentiments de soldat et de patriote, mais encore à ses sentiments de chrétien. On ne lui parla pas d'une dynastie à sauvegarder : on lui parla d'une femme et d'un enfant à protéger.

Après quelques hésitations, — car tout homme, fût-ce un héros, fût-ce un martyr, eût hésité à sa place, — le général accepta.

— Sire, dit-il seulement, j'ai votre promesse. Il est convenu que je vais préparer votre retour, et que je ne quitterais pas l'armée sans un motif aussi grave.

— Oui, répondit l'Empereur, vous avez ma promesse. Sous peu j'irai vous rejoindre. Je ne vous impose ce sacrifice que parce qu'il me paraît absolument nécessaire.

Pendant cet entretien, les mobiles défilaient devant le baraquement impérial en jetant à l'adresse du souverain les insultes ordurières que j'ai contées plus haut.

C'est en sortant de chez l'Empereur que le général conçut la pensée de ramener à Paris la garde mobile. C'était le premier acte de son nouveau rôle. C'était le commencement d'exécution du plan convenu qui devait faire rentrer Napoléon III aux Tuileries : il s'agissait de gagner à l'Empereur la reconnaissance de milliers de familles auxquelles on rendait leurs enfants.

Que n'a-t-on pas dit à ce propos sur la conduite du général Trochu, sur les raisons secrètes qui le poussaient à ramener tous ces Parisiens dans leurs foyers ! Tout ce que l'on a dit était aussi juste et aussi loyal que fut loyale et juste la conduite du pays envers le glorieux soldat de Takou, Chang-Kia-Wang et Palikao.

Voilà la conduite du général Trochu à Châlons. Voyons ce qu'il fit à Paris.

Il trouve chez l'Impératrice plus d'hostilité encore que de méfiance. Elle affecte devant lui une liberté d'esprit et une sécurité qui sont bien loin de son cœur. Un gouverneur de Paris, préparant le retour de l'Empereur, retour qu'elle n'approuve ni ne désire, et c'est le général Trochu qui est ce gouverneur de Paris !

Je n'insinuerai pas que l'Impératrice ait songé un seul instant à jouer les Jeanne d'Arc et à sauver la

France à elle toute seule. Pourtant il eût été bien doux de rendre une couronne à qui lui en avait donné une !

Et Trochu vient gâter ce rêve généreux !

Il a beau protester de sa fidélité, de son dévouement, on lui montre qu'on n'en croit pas un mot.

« Je suis Breton, catholique et soldat! » — Cela fait rire.

Ah! bien amère dut être la coupe qu'on imposa à ses lèvres en cette seconde quinzaine d'août, et au fond de laquelle il ne trouvait que chagrins, regrets et dégoûts.

Lorsque l'Empereur reçut cette fameuse dépêche lui intimant en quelque sorte l'ordre de ne pas revenir, il dut être bien surpris, si quelque chose pouvait encore alors surprendre ce grand sceptique. Mais il était décidé à n'en pas tenir compte. Il avait promis au général Trochu. Il voulait revenir quand même. Et peut-être l'idée de faire campagne avec Trochu ne lui déplaisait-elle point. Du reste, l'Empereur, tout en subissant l'influence d'un entourage qui exécrait le général, aimait et appréciait le commandant du 12e corps. Un jour même, causant de lui avec quelques intimes aux Tuileries :

— Ça n'empêche pas, avait-il dit en riant, que Trochu est encore le plus fort de tous.

C'est alors qu'un homme d'un immense talent, d'une non moins grande honorabilité, et dont la vie a été un modèle de désintéressement que l'antiquité eût immortalisé, fut envoyé auprès de l'Empereur, pour le conjurer de ne pas rentrer à Paris. J'ai nommé M. Rouher.

Il aimait l'Empereur de cette affection vive, personnelle, familière, qu'éprouvait pour le souverain le général Fleury, et il aima son pays jusqu'à lui sacrifier sa vie, escomptée d'avance et usée par les.veilles, les luttes et les travaux parlementaires.

Le choix de M. Rouher était d'autant plus heureux que jamais il n'eût entrepris une pareille démarche auprès de l'Empereur s'il n'eût été personnellement convaincu, en dehors de toutes les influences et de toutes les ambitions de la régente, que la présence de Napoléon III à Paris pouvait amener des catastrophes. Ce n'était pas à la légère que l'Impératrice lui avait confié cette mission délicate. Il n'est si bon avocat que celui qui est pénétré de l'excellence de sa cause.

L'Empereur, peut-être un peu ébranlé déjà par la dépêche de l'Impératrice, crut devoir céder devant l'insistance de son fidèle serviteur. Et voilà comment fut tenue la parole donnée au général Trochu.

Il est juste pourtant de dire qu'au dernier moment, une dépêche de Bazaine, appelant à lui Mac-Mahon, avait levé toutes les hésitations.

L'Impératrice fut aussitôt informée que l'Empereur cédait à la raison d'État et à ses désirs exprimés si catégoriquement, je dirais presque si brutalement s'il ne s'agissait pas d'une femme. Aussitôt, son attitude en face du général Trochu s'accentua. D'hostile elle devint blessante. Avant, on ne lui montrait pas de confiance. Maintenant, on inventait toutes sortes de raffinements pour lui témoigner une défiance injurieuse. C'est au point que, lorsqu'il se présentait aux Tuileries, dans le salon de l'Impératrice, toutes les conversations s'arrêtaient, comme en vertu d'un mot d'ordre. On eût dit qu'un espion pénétrait dans un conciliabule secret de conspirateurs. Tous les fidèles affectaient de se regarder entre eux dans le plus profond silence, et le malheureux homme, décontenancé ne tardait pas à battre en retraite, c'est-à-dire à se replier en bon ordre, ainsi qu'il a eu malheureusement trop souvent occasion de le dire en parlant de ses troupes pendant le siège. Plus d'une fois même l'Impératrice lui fit comprendre, en termes explicites, que sa présence était tolérée parce qu'on ne pouvait faire autrement, mais qu'elle n'était nullement agréable.

Il serait donc injuste de faire un crime au général Trochu d'avoir espacé ses visites aux Tuileries autant qu'il pouvait, et d'avoir laissé au ministre de la guerre la mission, que ce dernier revendiquait d'ailleurs, d'assurer la sécurité de la régente. Si l'Impératrice avait été avec le général dans des termes autres que ceux qu'elle avait volontairement établis, son premier mouvement n'eût-il pas dû être de le faire appeler et de se mettre sous sa protection? Et Dieu seul sait ce qui serait arrivé si elle eût eu le courage de faire cette démarche qu'elle n'osa ou ne voulut pas entreprendre.

CHAPITRE VIII

PARIS BLOQUÉ

J'ai déjà dit plusieurs fois, et je le répète encore, que je n'ai point la prétention d'écrire l'histoire du siège de Paris, mais que je me borne à raconter mes souvenirs.

Je passe donc sous silence le retour du général Vinoy ramenant son petit corps d'armée heureusement soustrait aux Prussiens. Le corps d'armée de Vinoy ralliait Mac-Mahon, au moment où les Prussiens finissaient de manœuvrer autour du malheureux maréchal, pour l'enfermer dans un cercle de fer et de feu. Il arrivait à l'instant précis où, du côté de Mézières, les régiments allemands se rejoignaient comme les pinces formidables d'un animal monstrueux. Il avait à son extrême avant-garde un régiment de hussards auquel les ennemis prirent un officier et quelques hommes, ce qu'on appelle une pointe d'avant-garde. Le reste de ce régiment se replia, et le corps d'armée revint à Paris. C'était la seule force militaire sérieusement organisée à ce moment.

Je ne dirai rien non plus, ni des proclamations enflammées de M. Gambetta, ni des manifestations délirantes de la rue, ni des articles fulgurants des journaux. Tout le monde était monté au ton de l'épopée. Tout le monde faisait assaut de lyrisme. Malheureusement, on remplaçait volontiers les grands sentiments par les grands mots et l'énergie de la pensée par la boursouflure du style. En ces jours fiévreux, nous trouvions tout bien, nous nous grisions de phrases. Notre cerveau était semblable au palais de certains ivrognes, que traverse, sans lui causer autre chose qu'une douce chaleur, l'alcool pur. Le moyen, au milieu de cette foule qui vibrait comme une torpille, de ne pas recevoir à la tête ou au cœur quelques décharges électriques !

Parfois, cependant, quand nous étions entre nous, entre officiers de l'État-major général, et quand nous nous racontions ce que nous avions vu dans nos missions ou nos courses quotidiennes, nous sentions l'enthousiasme s'en aller et le désespoir venir.

On causait ferme dans le salon vert. On jugeait avec une souveraine indépendance les hommes et les choses. Et si le téléphone avait été inventé, le gouvernement eût pu souvent, en écoutant nos discussions, en apprendre plus long que par les rapports officiels.

Un soir, l'un de nous lisait la circulaire de Jules Favre aux agents diplomatiques. Arrivé à ces mots : « Pas un pouce de notre territoire, pas une pierre de nos forteresses », il s'arrêta. Nous frissonnions positivement.

— Vous trouvez cela très beau, n'est-ce pas? nous dit-il. C'est beau, peut-être, mais d'une beauté transitoire ; car si nous abandonnons, non pas un pouce mais des lieues de territoire, non pas des pierres mais des forteresses entières, ce ne sera plus beau du tout. Et vous tous qui croyez Jules Favre un grand homme, parce qu'il a écrit cette ligne sonore, vous serez bien près de le traiter d'imbécile.

Quelqu'un se récria.

— Et l'honneur? dit-il. Est-ce qu'il ne prime pas les intérêts matériels?

— Je serais enchanté, répondit le sceptique, qu'on me prouvât que l'honneur, quand vous êtes blessé en duel, vous oblige à continuer de combattre, au risque de vous faire tuer. Je serais enchanté qu'on me prouvât que tous les souverains, que tous les peuples qui ont fait la paix après des désastres moins considérables que ceux que nous venons de subir, étaient des pleutres et des paltoquets. A ce compte-là, je me demande où seraient les braves gens en Europe? Car tous les peuples ont été successivement battus par nous, et tous ont fait la paix dès qu'ils se sont sentis hors d'état de lutter à armes égales. Est-ce que François-Joseph était lâche de faire la paix après

Solférino, Alexandre II après la prise de Sébastopol,
et tant d'autres, sans vouloir remonter dans le passé?
Il n'y a pas de honte à être battu quand on a bien
fait son devoir, et que l'armée qui vous écrase mérite sa
victoire en se battant bien, elle aussi. Quant aux intérêts matériels, je suis d'un avis diamétralement opposé
au vôtre, mon cher contradicteur. Les peuples ont des
gouvernements pour veiller à leurs intérêts matériels,
et jusqu'ici, depuis bien longtemps, ces gouvernements accomplissent misérablement leur tâche ici-bas.
Voulez-vous me dire ce que nous a rapporté la Crimée? Rien. Le Mexique? Rien. La Chine? Rien.
Toutes les guerres de Napoléon? Rien. C'est au point
que les Anglais disent de nous : « Les Français se
battent pour le plaisir de vaincre. » Et ils ont raison. Quand on nous bat, ce sont nos territoires et
nos millions qui payent les frais. Quand nous battons
les autres, nous abandonnons volontiers à autrui
le prix de notre sang. Regardez l'Angleterre, et
modelez-vous sur elle, non pas tout à fait, mais un
peu.

— Alors, dit quelqu'un, qu'aurait-il fallu faire,
selon vous ?

— Une chose bien simple, accepter la proposition
de Palikao, proposition inconstitutionnelle qui remplaçait le gouvernement impérial par un comité, et
charger ce comité de dire à la Prusse : « Vous avez
déclaré que vous faisiez la guerre, non à la France,
mais à l'Empereur. Eh bien, l'Empereur est vaincu,
prisonnier, traitez avec lui. Arrangez-vous ensemble.

Cela ne nous regarde pas. » Napoléon et Guillaume auraient ourdi leurs petites combinaisons. Peut-être aurions-nous perdu quelque chose, mais certainement pas tout ce que nous perdrons si nous ne sortons pas vainqueurs de cette aventure impossible. Voilà mon opinion.

— C'est que c'était bien tentant de proclamer la République !

— Parbleu !

— Et puis le souvenir de 1792 !

— Hélas ! il nous manque les cadres de Louis XVI. Les fameux volontaires, dont l'existence ne m'est d'ailleurs pas démontrée, n'auraient rien fait s'ils n'avaient eu pour les commander les anciens sous-officiers de la monarchie. On fit des généraux avec des sergents. Possible. Dans tous les cas, cela prouve qu'alors il y avait des sergents. Or, cherchez-en, des sergents, à cette heure. Ils sont tous en Prusse ou avec Bazaine, c'est-à-dire assiégés probablement dans Metz, comme nous allons l'être dans Paris.

Celui qui parlait ainsi était un des favoris du général, et je frémissais en comprenant instinctivement que le chef devait penser ce que disait l'officier, et que nous étions déjà en présence de cet antagonisme terrible, qui est toute l'histoire du siège, entre des gens qui croyaient à la victoire, et des gens qui connaissaient trop la guerre pour ne pas prévoir déjà la défaite.

Il y eut un jour pourtant où l'illusion fut permise, un jour où il eût fallu être de bronze pour ne pas tressaillir et espérer. Ce jour fut le 13 septembre. J'assistai à la plus belle revue que j'aie vue de ma vie.

Toute l'armée, toute la garde mobile, toute la garde nationale, les volontaires, les corps francs, les marins, l'artillerie, le peu qui restait de cavalerie, étaient rangés sur plusieurs files de profondeur, en deux lignes immenses qui commençaient à la Bastille, suivaient les boulevards, la rue Royale, la place de la Concorde, les Champs-Élysées, et se prolongeaient au delà de la barrière de l'Étoile.

Les soldats complètement équipés et armés formaient les premiers rangs. Derrière eux, étaient rangés ceux dont l'uniforme et l'armement étaient encore incomplets.

Jamais armée plus nombreuse et plus enthousiaste ne fut mise en présence d'un chef plus populaire et plus acclamé, et encadrée par une population plus enflammée et plus démonstrative.

Les troupes occupaient les deux bords de la chaussée. Les trottoirs semblaient pavés de têtes humaines qui s'étageaient ensuite aux fenêtres et débordaient sur les toits. C'était fantastique.

Monté sur un cheval magnifique, le gouverneur marchait devant un groupe imposant d'officiers généraux, suivi d'un escadron d'aides de camp et d'officiers de toutes armes, dont les chevaux n'avaient point encore souffert des privations qu'ils partagèrent avec les hommes pendant le siège.

Les clairons sonnaient, les tambours battaient, les

soldats présentaient les armes en criant : « Vive Trochu! » ou : « Vive la République! » et la population,
agitant chapeaux, casquettes, mouchoirs et ombrelles,
luttait avec l'armée d'assourdissantes acclamations.

J'avoue qu'en contemplant toutes ces figures en-
thousiasmées, tous ces yeux brillants, en entendant
mugir toutes ces poitrines solides, je me figurai fermement que rien ne résisterait à cette multitude fié-
vreuse. Trochu, je le sais, crut à la défense ce jour-
là. J'ignore combien dura sa conviction.

A la hauteur du faubourg Poissonnière, la revue fut
égayée par un incident à la fois comique et touchant.

Un vieil amiral, à grands favoris et à longs cheveux
blancs, commandait les troupes postées dans ces parages. Il montait une bête jeune et fougueuse, qui
semblait lui inspirer des inquiétudes par sa pétulance
et ses impatiences à chaque sonnerie de clairons, à
chaque roulement de tambours.

Il s'avança au-devant du gouverneur, qui fit faire
halte à son escorte, afin de bien marquer sa déférence envers l'un des chefs de nos meilleurs troupes :
les marins.

Arrivé à dix pas du gouverneur, l'amiral arrête son
cheval qui frappait le macadam à coups de sabot, et
exécute le salut du sabre. La bête, en voyant passer
devant son œil droit la lame brillante, pirouette sur
ses deux pieds de derrière et part au galop.

L'amiral, qui ne veut pas compromettre la réputation de cavalier intrépide que poursuivent, par amour
des contrastes, tous les officiers de marine, dompte

et ramène l'animal au bout de quarante foulées.

Et il veut recommencer son salut devant le gouverneur, qui s'était avancé, au pas, de quelques mètres.

En ce moment, les clairons du bataillon placé à la droite du général Trochu sonnent aux champs, et, rapide comme l'éclair, mais cette fois définitivement emballé, le cheval de l'amiral s'élance au « triplissime » galop. Le vieux soldat avait perdu sa casquette, ses pantalons étaient remontés aux mollets ; embarrassé de son sabre nu et de ses rênes, *il s'était bonnement accroché à la crinière.* Nous le vîmes disparaître dans le lointain de la chaussée déserte, poursuivi par un grand chien qui avait percé les lignes des troupes et aboyait de toutes ses forces derrière lui.

Et Trochu, se tournant vers sa suite, nous dit avec douceur et sérieux :

— C'est bien dangereux, ce qu'il fait là.

Un peu plus haut, nous le vîmes s'arrêter et saluer profondément un simple garde national sur la poitrine duquel brillait la plaque de grand-officier de la Légion d'honneur. C'était le ministre Duruy.

Lorsque nous rentrâmes au Louvre après cette interminable revue, Trochu, que nous complimentions, nous répondit :

— Oui, cela a été très beau. Mais vous ne pouvez vous figurer combien ces masses populaires sont inconsistantes. Nous sommes montés au Capitole, gare la Roche Tarpéienne !

Néanmoins je sais qu'il fut profondément impressionné, et que s'il ne fut pas grisé, il eut quelques heures, peut-être quelques jours, de confiance et d'espoir.

Cependant, l'investissement commençait. Quelques-uns d'entre nous, faisant usage des laissez-passer qui ouvraient les portes fermées pour tout le monde, étaient allés flâner sur les routes dans le sud de Paris, et avaient pu voir des patrouilles de uhlans. L'un d'eux avait poussé assez près de l'infanterie, en se glissant sous bois, pour essuyer une décharge inoffensive. Il était visible que les Prussiens allaient envelopper Paris en commençant par le sud. Ils défilaient pour gagner Versailles par Choisy-le-Roi. Leur plan élémentaire consistait à s'interposer entre Paris et le midi de la France encore intact. Les 17, 18 et 19 septembre, on manœuvra et on se battit. La dernière de ces trois journées est celle de Châtillon. Le gouverneur n'assista pas au combat, qui, d'ailleurs, ne fut pas brillant. Les mobiles et la ligne s'entre-tuèrent en tirant les uns sur les autres, au milieu d'une confusion bien facile à prévoir parmi ces jeunes troupes, et, chose étonnante, les zouaves donnèrent le signal de la panique. Quand on vit reculer et s'enfuir les pantalons rouges, ce fut une débandade générale. La moitié de Paris, la rive gauche, fut sillonnée de soldats qui avaient jeté, pour mieux courir, fusil et cartouches, et qui, déjà, commençaient à faire entendre ces mots sinistres et bêtes qui devaient si souvent être prononcés : « Nous sommes trahis ! »

Pendant ces premiers engagements, Jules Favre allait à Ferrières. Les honorables députés qui gouvernaient alors la France avaient une notion si confuse des traditions gouvernementales, que le ministre accomplit cette démarche à l'insu de ses collègues. Je n'ai pas à la raconter, tout le monde la connaît. Je me souviens cependant encore de la singulière impression que nous causa la lecture du compte rendu de cette entrevue et des conversations diplomatiques échangées entre Jules Favre et Bismarck. Le contraste entre les deux hommes était saisissant. Bismarck martelait ses phrases, n'alléguait jamais que les nécessités militaires, les intérêts de l'armée belligérante, ne se mettait jamais en scène, disait toujours : « Nous... Il nous faut ceci... Nous sommes obligés de réclamer cela. » Jules Favre parlait de son cœur, de ses angoisses, de ses émotions, de ses larmes, déjà, — de ses trop fameuses larmes. Ce document vous donnait la sensation qu'on aurait à voir une pauvre grande vieille chèvre gémissante entre les pattes d'un lion.

Notre camarade, le sceptique, résuma les impressions de l'État-major en disant :

— Si les dames âgées se mêlent de nos affaires, maintenant, ce sera propre.

Le 23 septembre, le général de Maud'huy livra le combat de Villejuif, qui nous donna la redoute des Hautes-Bruyères que nous devions garder, et remonta un peu le moral de l'armée, complètement découragée par la journée de Châtillon. On escarmoucha jusqu'au 30. A cette date, eut lieu le combat de Chevilly. Il fut glorieux mais inutile, ne nous rapporta rien et nous coûta quelques braves gens, parmi lesquels le général Guilhem, tué en marchant bravement à la tête de sa brigade.

Le surlendemain de la journée de Chevilly, le général Schmitz se rendit, de sa personne, sur le champ de bataille, et poussa jusqu'aux avant-postes prussiens afin de réclamer le corps du général Guilhem. J'avais l'honneur d'accompagner le chef d'état-major général, et nous étions suivis d'un convoi de voitures d'ambulances, avec médecins et brancardiers, afin de relever et de ramener les blessés qui pouvaient encore se trouver entre les deux armées.

Les sentinelles prussiennes montaient la garde deux par deux, chaque homme étant posté à quelques pas seulement de son voisin. Pendant que l'une d'elles se détachait pour aller chercher l'officier parlementaire, je descendis de cheval et me mis à fouiller les champs voisins.

Nous étions à l'endroit où avait eu lieu l'engagement le plus chaud. Pas un arbre qui n'eût reçu au moins un projectile. Les mitrailleuses françaises avaient fauché par places, dans les vignes, de longs espaces en forme de percées, coupant ceps et échalas au ras de terre. Rien n'avait été changé, rien n'avait été encore touché sur ce champ de bataille, et dans certains endroits une humidité fade marquait les flaques de sang bues par la terre. Ici des casques, là des fusils, plus loin des sacs, des képis, des sabres-baïonnettes, des ceinturons, des livrets, des effets de soldats, et surtout un grand nombre de gibernes.

J'avais le projet de rapporter un fusil. Mais un grand diable blond de factionnaire prussien, essayant de rendre féroces ses yeux bleu de porcelaine, me cria en allemand : « Laissez le fusil! » Je le regardai et il répéta : « Laissez le fusil! » J'eus l'idée de faire semblant de ne pas le comprendre, et continuai mon chemin, l'arme à la main. Mais comme, en criant un troisième : « Laissez le fusil », tout à fait irrité, je le vis qui me mettait en joue, je ne fis pas le fier et je laissai le fusil. C'était un simple chassepot, qui offrait, il est vrai, cette particularité qu'une balle prussienne s'était coquettement incrustée dans la crosse.

Après avoir inspecté d'autant plus minutieusement ce coin, que le jour de la bataille j'y avais entendu une fusillade épouvantable et vu tomber des essaims d'obus dont je désirais constater les effets, je regagnai les voitures d'ambulances. En traversant une vigne, je fis partir deux grives qui se livraient tranquillement à ce qu'on appelle le hallebotage, et picoraient les grappes oubliées. J'éprouvai un singulier plaisir et comme un attendrissement à entendre les petits cris de ces deux pauvres bestioles, qui avaient dû rester là pendant cet effroyable bouleversement ou y revenir courageusement après la bataille. Près de l'endroit d'où s'étaient levées les deux grives, je découvris un pauvre petit fantassin de vingt-deux ans à peine, qui avait eu les deux jambes broyées au niveau des chevilles par un éclat d'obus. Un de ses pieds avait été complètement détaché; l'autre, dont les os étaient écrasés, tenait encore par les tendons et un

lambeau de peau. Le pauvre petit homme s'était
traîné jusqu'à son pied détaché qu'il avait découvert
à trois pas de l'endroit où il s'était affaissé lui-même,
l'avait ramassé dans son godillot plein de sang caillé
et le serrait contre lui. Il était là, vivant encore et
couché dans cette vigne depuis quarante-huit heures :
deux jours et deux nuits. Il restait encore quelques
lueurs d'intelligence dans son œil terni, vitreux, et
reconnaissant un uniforme français, il eut la force de
dire tout bas, comme un bébé malade : « A boire. »

Je me penchai sur lui, je pris ses deux bras, les
passai autour de mon cou, et, me retournant brusquement pour le charger sur mon dos, je l'emportai jusqu'à nos voitures, sans que, cette fois, la sentinelle
allemande eût trouvé quoi que ce fût à crier. Il se
plaignait doucement, et je sentais, derrière moi, le
pied qui lui restait aller et venir, taper sur mes
jambes. Je le couchai sur un brancard et lui fis donner
un bon verre d'eau aiguisée de rhum. Il but, et il
mourut.

Pendant toute la première partie de la bataille, nos
blessés furent généralement atteints aux jambes,
depuis les pieds jusqu'aux genoux. A mesure que la
journée s'avança, l'ennemi rectifia son tir. Le soir
toutes les blessures étaient reçues à la tête ou en pleine
poitrine.

On nous remit le corps du général Guilhem, percé
d'une dizaine de balles. Les Prussiens donnèrent à
cette remise autant de solennité qu'en comportait la
disposition des avant-postes où elle avait lieu. Huit

soldats apportèrent, sur des lances de uhlans, le cercueil couvert de fleurs et de feuillage vert, et à mesure qu'ils passaient avec le funèbre fardeau, les postes en grand'garde, les sentinelles isolées, présentaient les armes, les officiers saluaient de l'épée. C'était plus saisissant, au milieu de cette campagne désolée et hachée, qu'un défilé en grande pompe devant un corbillard empanaché à la grille des Invalides.

Le 7 octobre, c'est-à-dire la veille du jour où je devais passer un bien mauvais quart d'heure sur la place de l'Hôtel-de-Ville, je me rendis à Créteil, afin de conduire hors des lignes le prince Wittgenstein, attaché militaire à l'ambassade de Russie, qui quittait Paris, muni des sauf-conduits nécessaires.

CHAPITRE IX

UN DIPLOMATE AMATEUR

Dans le cabinet du gouverneur. — Une rencontre imprévue. — Le général Burnside. — Armistice et ravitaillement. — Gouverneur et interprète. — Jules Favre. — M. Washburne. — Aux avant-postes. — Comment on parlemente. — Le pont de Sèvres. — L'adjudant facétieux. — Parlementaires attaqués. — Fusillades.

Le 2 octobre, c'était un dimanche. Vers une heure et demie du matin, je dormais profondément lorsque des coups violents frappés à ma porte me réveillèrent en sursaut :

— Qui est là ?

— Moi, Lunel.

Le commandant Lunel, qui avait fait la guerre d'Italie comme attaché à l'état-major du général en chef, était chargé de l'administration intérieure du quartier général. Ce n'était pas une sinécure. Toujours prêt à rendre service, rempli d'amabilité, de complaisance, il fut notre providence à tous, et nous lui devons un nombre incalculable de beefsteaks de cheval dont il trouva moyen de nous approvisionner constamment pendant le siège. Aujourd'hui il est commandant militaire du Palais de Justice.

— Levez-vous, me dit-il, le gouverneur vous demande.

J'endossai à la hâte mon uniforme que je venais de déposer, et je me rendis immédiatement auprès du général Trochu.

Il était seul, assis devant son bureau, dans la tenue moitié civile, moitié militaire, qu'il affectionnait : veston de chambre et pantalon rouge. Il portait une calotte grecque qui ne le quittait guère, et que rendait nécessaire sa complète calvitie. Il tenait à la main sa grande pipe de kummer, culottée avec amour, comme disent les fumeurs.

— Je suis fâché, mon cher enfant, me dit-il, de vous déranger, mais on m'annonce des avant-postes la visite d'un général américain, qui ne parle pas français. Comme, de mon côté, je ne parle pas anglais, je désire que vous nous serviez d'interprète. Asseyez-vous là, ajouta-il en me désignant du doigt un des canapés qui garnissaient les embrasures des hautes fenêtres. Dormez si vous voulez, je vous réveillerai quand j'aurai besoin de vous. J'ai à travailler.

Je n'osais pas m'étendre sur le canapé devant le gouverneur, et je dormis tant bien que mal, dans une posture aussi respectueuse que possible. Vers cinq heures, le général me réveilla :

— Vous pouvez rentrer, me dit-il. Le général ne viendra que dans la matinée. Revenez à huit heures.

A neuf heures, le général américain, précédé d'une

estafette, fit son entrée dans le cabinet du gouverneur qui le reçut debout, en tenue militaire, et entouré de tout son état-major.

Le général Trochu me dit de déclarer à ce visiteur qu'il était le bienvenu, et ne fut pas peu étonné quand il le vit s'avancer tout à coup vers moi, les bras tendus, et m'embrasser sur les deux joues. J'expliquai que six semaines auparavant, j'avais fait, sur le paquebot qui me ramenait d'Amérique, connaissance avec le général, et avais rapidement lié amitié avec lui, pendant ces onze jours de séquestration forcée.

Le général Burnside était accompagné du colonel américain Forbes. Il raconta au gouverneur, par mon intermédiaire, qu'il était venu en Europe, attiré par la grandeur des événements militaires qui se déroulaient en France. Il demanda la permission de visiter Paris, comme il avait visité l'armée prussienne. Il voulait, après avoir étudié le mécanisme de l'investissement le plus colossal qui ait jamais été entrepris, se rendre également compte des moyens de la défense, et contempler le spectacle, consolant pour l'humanité, d'un patriotisme capable d'enfanter de si grands efforts.

Le général Burnside n'était point le premier général venu. Il est très populaire aux États-Unis, et a joué un rôle considérable pendant la guerre de sécession.

Sans être tout à fait convaincu que le général fût uniquement attiré par un sentiment de curiosité militaire, le gouverneur s'empressa de déclarer qu'il ferait son possible pour que les investigations de son collègue fussent complètes et faciles. L'entrevue fut très cordiale. L'Américain complimenta le Français de l'attitude martiale et fière de la ville de Paris. Le général Trochu le remercia, et répondit qu'en effet la population de Paris était décidée à tenir jusqu'à sa dernière bouchée de pain.

— Je pense, dit-il, vous être agréable en mettant à votre disposition votre ami, M. d'Hérisson. Il vous fera tout voir, il vous conduira partout.

On échangea de cordiales poignées de main, et je reconduisis jusqu'à la rue de Rivoli le général américain, qui me donna rendez-vous pour le même jour, à une heure.

Le gouverneur m'avait dit qu'il avait à me parler, et, quand je fus revenu dans son cabinet, il me fit l'honneur d'une confidence à peu près complète sur la situation politique du jour.

— Il faut, me dit-il, que vos relations avec le général Burnside ne puissent qu'être profitables à la cause du pays. S'il le demande, faites-lui visiter l'enceinte, tout, excepté les forts. Évitez de le mener dans certains secteurs où les préparatifs de défense ne sont pas bien brillants. Sans en avoir l'air, conduisez-le aux endroits les plus fortifiés. Il se défend d'être un émissaire de M. de Bismarck ; agissez pourtant comme s'il venait de la part du chancelier. A l'heure qu'il est, si nous pouvions obtenir un armistice, une suspension d'hostilités, pour nommer une Assemblée, à condition, bien entendu, qu'on nous permît de nous ravitailler pour tout le temps de l'armistice, ce serait superbe. Peut-être M. de Bismarck le désire-t-il, car

nous ne savons ce que fait Bazaine. Mais pour l'obtenir, il faut avoir l'air de n'en pas avoir besoin.
Affectez donc une très grande confiance, une sécurité parfaite, une tranquillité absolue. Pas d'exagération toutefois. Soyez naturel simplement... Allez.

Le général Burnside visita d'ailleurs tout à fait
superficiellement nos moyens de défense. Mais je le
conduisis auprès de Jules Favre, pour qui le comte
de Bismarck lui avait remis des lettres, et, entre autres,
une communication diplomatique par laquelle il
maintenait ses prétentions de ne transmettre qu'ouverts les plis destinés aux ministres étrangers résidant
à Paris, et d'ouvrir par conséquent ceux qu'ils feraient
parvenir à leurs gouvernements.

Devant Jules Favre, le général Burnside se défendit
d'être envoyé par M. de Bismarck, d'avoir reçu aucune
mission du chancelier. Mais il croyait pourtant, disait-
il, pouvoir affirmer que l'idée d'un armistice ne serait
pas repoussée à Versailles.

Jules Favre répondit que du moment que le chancelier admettait la possibilité d'un armistice, il ne
comprenait pas qu'il le lui eût refusé, lorsqu'il était
allé le demander lui-même à Ferrières, non pas pour
donner à la défense le temps de se constituer, ainsi
que l'avait prétendu M. de Bismarck, mais pour consulter le pays sur la possibilité d'une transaction
avec l'Allemagne; transaction dont le gouvernement
de la Défense nationale ne pensait pas devoir assumer
la responsabilité.

Il dit encore que, depuis son voyage à Ferrières, la

défense était constituée grâce aux efforts de la population parisienne. Il ajouta que l'opinion publique, certaine aujourd'hui que Paris était imprenable et ne succomberait qu'à la famine, voulait l'union de toutes les énergies pour attaquer et combattre à outrance les envahisseurs du territoire. La ville était largement approvisionnée. Si une capitulation devait être la fin du siège, cette capitulation était encore bien éloignée de nous, et, d'ici là, il pouvait se passer bien des événements.

Du reste, si M. de Bismarck consentait à un armistice sans imposer les conditions inacceptables de Ferrières, et en particulier ces gages militaires qui mettaient Paris sous le canon de la Prusse, il était tout prêt à le signer. Son but, aujourd'hui comme alors, était de consulter la nation. Et si des intermédiaires officieux voulaient s'entremettre pour faire réussir cette combinaison, il les priait par avance de recevoir les remercîments du gouvernement et de la France reconnaissante.

Le général et le colonel américains prirent congé du ministre et retournèrent à Versailles, après avoir toutefois demandé la permission, qui leur fut accordée, de répéter au chancelier les termes de cet entretien. Ils n'étaient restés qu'une journée à Paris.

Le 6 octobre, ils étaient de retour. Ils avaient vu M. de Bismarck et venaient transmettre les propositions suivantes : Armistice de quarante-huit heures. Le quartier général prussien accorderait tous les sauf-conduits nécessaires pour la sortie des citoyens qui voudraient aller dans les départements briguer les suffrages des électeurs. Exception était faite toutefois pour l'Alsace et pour la Lorraine, où les élections n'auraient pas lieu. Les élections terminées, élections que ne gêneraient en rien les opérations militaires sous Paris, on désignerait une ville de France où se réunirait l'Assemblée qui aurait à se prononcer sur la question de paix ou de guerre.

Cette conférence eut lieu dans un salon attenant au cabinet du ministre, dans le palais des affaires étrangères. Étaient présents : le général Burnside, le colonel Forbes, le colonel Hoffmann ; M. Washburne, ministre des États-Unis ; Jules Favre, le général Trochu et moi.

Je servais d'interprète, et, quoique M. Washburne et le colonel Forbes comprissent et parlassent fort bien le français, je n'en étais pas moins obligé de traduire phrase par phrase les conversations échangées. Lorsque j'avais traduit une phrase importante, qui avait exigé un effort de mémoire et de précision, M. Washburne approuvait d'un léger signe de tête, afin de témoigner de l'exactitude de la traduction.

Dans cette circonstance, qu'on peut bien appeler solennelle, je remarquai une fois de plus combien nous sommes les esclaves de nos petits travers. Quand le général Trochu avait à formuler son opinion, il entamait un discours. Il allait, il allait, sans s'inquiéter de savoir si je le suivais. Je l'écoutais d'abord avec la plus profonde attention, et puis un moment arrivait où je sentais que, s'il continuait ainsi longtemps, j'allais perdre le commencement. Je lui coupais alors la parole, pour traduire tout ce dont je me souvenais. Il était bien facile de comprendre pourtant qu'un interprète ne peut pas emmagasiner dans sa mémoire une harangue de vingt minutes. Le général ne s'en rendait pas compte, et avec lui c'était toujours à recommencer.

La conférence terminée, Jules Favre et le général Trochu demandèrent la permission d'en référer à leurs collègues du gouvernement, et j'eus le temps de mettre à profit les instructions du gouverneur en promenant mon ami Burnside. Je dirigeai sa tournée de façon à lui donner la plus haute idée de nos moyens de défense.

Ces interminables entretiens devaient être inutiles. Après avoir pris l'avis de ses collègues, Jules Favre exposa dans une dernière entrevue que les propositions inconsistantes et vagues dont était porteur le général Burnside ne pouvaient être acceptées, qu'elles mettraient les élections à la merci de l'ennemi et ne donneraient aux électeurs aucun moyen de faire prévaloir sérieusement leur volonté. Que si, au contraire, le chancelier voulait accorder un armistice de quinze jours, avec ravitaillement proportionnel, le gouvernement français accepterait avec empressement.

Le ministre remit au général Burnside pour M. de Bismarck une lettre conçue dans ce sens, et, après une conversation à bâtons rompus sur les événements du jour, en dehors des questions politiques qu'ils venaient de traiter, on se sépara.

Ce voyage du général Burnside me mit pour la première fois en rapport avec Jules Favre. C'est à la suite de ces entrevues qu'il me demanda comme secrétaire au général Trochu, lorsqu'il fut obligé d'aller solliciter la paix à Versailles. Il savait que j'avais été élevé dans les Universités d'Allemagne, et croyait que ma connaissance du caractère allemand pouvait lui servir dans ces tristes négociations.

Au cours de ces entrevues mêmes, je pus constater combien nous était hostile et combien nous desservait le ministre des États-Unis, M. Washburne. Autant le général Burnside nous témoigna de sympathie, autant ce diplomate paraissait en ressentir pour nos ennemis victorieux. Encore un exemple pris sur le vif de cette vérité que le Français a été prédestiné par le Créateur au rôle de dupe. Sans nous, l'Amérique appartiendrait peut-être encore à l'Angleterre. Sans la naïve noblesse française, les Anglais seraient probablement venus à bout de leurs sujets révoltés à cause de droits fiscaux sur le thé ou le papier. Nous pouvons nous dire que nous avons presque fait l'Amérique. Elle s'en souvenait à ce moment pour acclamer la Prusse. L'Italie, cette fille née dans notre sang, lui donnait l'exemple d'une ingratitude encore plus répugnante, puisque le bienfait était plus récent.

M. Washburne trouvait mille manières de nous témoigner son antipathie : une, entre autres, qui me frappa, car elle était ingénieuse et quasi italienne. Il recevait les journaux américains. Lorsqu'il nous en donnait communication, il avait bien soin de rayer d'un trait d'encre ce qui pouvait particulièrement nous intéresser. Après la guerre, l'empereur Guillaume le combla de faveurs et lui envoya son portrait en pied. Il n'avait volé ni les faveurs ni le portrait.

Pendant que je reconduisais le général Burnside aux avant-postes, il me fit comprendre que c'était lui qui avait pris l'initiative de ces négociations, qui avait insisté auprès de M. de Bismarck en notre faveur, mais que le chancelier ne tenait pas autrement à voir réussir cette entrevue, que cela lui était tout à fait indifférent, et que d'ailleurs, à quelque moment qu'on fût obligé de traiter, celui que les Allemands appellent le « chancelier de fer » taillerait dans le gâteau français la portion conquise par les victoires prussiennes. Il me dit encore qu'à maintes reprises M. de Bismarck lui avait exprimé la certitude absolue où il était que nos divisions achèveraient l'œuvre des armées de son maître.

Aux avant-postes, il se passa un incident assez curieux et qui n'avait pas en lui-même beaucoup d'importance; mais il a donné lieu à un échange de notes entre Paris et Versailles, et c'est pour cela que je le rapporte en détail.

Lorsque deux armées arrivent à un contact mutuel, s'il y a bataille, si, aussitôt, on se tire des coups de canon, de fusil, si on se charge, et si l'une des deux, battue, se met en retraite ou s'enfuit, tout est dit. Le vainqueur enterre ses morts et ceux du

vaincu, qui va se reformer plus loin. Mais si. après
une lutte, elles restent sur le terrain, en présence; si
l'une des deux, enfermée dans une place, est assiégée
par l'autre; si le contact dure, il faut, bon gré, mal
gré, que ce voisinage engendre des relations. On parlemente dans une infinité de cas. On parlemente pour
se faire des propositions. On parlemente pour se donner des nouvelles que l'un des deux adversaires juge
utile, à son point de vue, de faire connaître à l'autre.
On parlemente quelquefois pour échanger des prisonniers. On parlemente pour faire passer des
neutres, comme le général Burnside, ou des personnages chargés de missions diplomatiques, comme
M. Thiers, d'un camp dans un autre. On parlemente
pour obtenir une suspension d'armes consacrée à
enterrer ses morts. On parlemente presque quoti-
diennement pour ce que j'appellerai le train-train de
la guerre sur place.

Bien que les officiers allemands parlassent presque
tous le français, il était assez naturel qu'on choisît,
pour le mettre en rapport avec eux, un officier français qui connût l'allemand, et, à ce titre, j'avais été
désigné par le gouverneur comme son parlementaire
habituel.

J'allais donc régulièrement parlementer avec l'ennemi, et voici comment les choses se passaient. Je
me rendais à cheval, muni d'instructions écrites ou
verbales, selon les cas, jusqu'au pont de Sèvres, suivi
d'un trompette de cavalerie. Ce dernier tenait à la
main, comme un fanion de général, le drapeau par-

lementaire, c'est-à-dire une simple serviette blanche fixée au bout d'un bâton.

A l'extrémité du pont de Sèvres qui nous appartenait, il y avait une maisonnette à moitié brisée par les obus et tout à fait déchiquetée par les balles, qu'on appelait : « la Maison du Parlementaire ».

Jusqu'à la Maison du Parlementaire tout se passait assez bien, et la promenade n'offrait guère de péripéties. Nous marchions l'un derrière l'autre, sur les bas côtés de la route, abrités tant bien que mal par les arbres plantés le long du chemin et qui nous servaient de rempart contre les balles. Quant aux obus qu'échangeait le secteur avec les batteries prussiennes, nous n'avions rien à en craindre. Leur trajectoire était telle qu'ils passaient régulièrement bien au-dessus de nos têtes. Il aurait fallu une malechance exceptionnelle et une maladresse bien rare dans les batteries de position, pour que l'un d'eux tombât près de nous. Cela n'arriva qu'une seule fois. Ce jour-là j'étais dans l'ancien coupé de l'Empereur. Un peu avant d'arriver au pont de Sèvres, un obus égaré éclata près de la voiture, et un éclat vint frapper la caisse.

Au bout du pont, sur notre territoire, il y avait une barricade composée de toutes sortes d'objets. Avant de la franchir, nous mettions nos chevaux à couvert, et le trompette faisait retentir la sonnerie usitée pour faire cesser le feu.

Lorsque le trompette du poste placé sur l'autre rive avait répondu par la sonnerie allemande correspon-

dant à la nôtre, nous escaladions la barricade et nous
agitions notre drapeau blanc.

Les deux sonneries s'entendaient de fort loin, car il
régnait, en ces régions, dans l'intervalle des coups
de feu, un silence extraordinaire, solennel, lugubre,
en quelque sorte surnaturel, le silence de la mort,
celui qui a précédé sur terre l'apparition des êtres
animés. Entre les sentinelles avancées, postées sur les
deux rives, on aurait entendu voler une mouche, et
on eût dit que la Seine elle-même, glissant lentement
dans ce paysage désolé, avait assourdi le murmure
de ses eaux.

L'officier parlementaire prussien s'acheminait alors
sur le pont de Sèvres, tandis que j'en faisais autant
de mon côté. L'arche du milieu du pont n'existait
plus. On l'avait fait sauter avec la dynamite. Nous
nous arrêtions tous les deux sur les bords du trou
béant, et nous causions. Mes interlocuteurs étaient
presque toujours, je dois l'avouer, des jeunes gens
de haute distinction, comme il en existe tant parmi
les officiers allemands. On se saluait avec la courtoisie
du grand siècle, et on échangeait des phrases d'une
urbanité exquise. Il y a bien des salons où l'on parle
avec plus de désinvolture que nous ne le faisions,
chacun sur notre pile. Nous mettions, pour nous
exprimer, des gants frais, on peut le dire au propre et
au figuré.

Quand tout se passait ainsi c'était parfait, et je
subissais de bonne grâce les plaisanteries que m'a-
dressait, avec bonne humeur, une espèce d'adjudant,

un porte-épée qui commandait les avant-postes de Sèvres, et qui envoyait, dès qu'il m'apercevait, un homme à cheval prévenir les officiers prussiens parlementaires, logés quelquefois un peu loin du bord de l'eau.

Ces plaisanteries n'étaient point variées. Au fond, elles se réduisaient à une seule, toujours la même.

Cet animal faisait quelques pas sur le pont, et me criait en allemand :

— Bonjour, mon capitaine. Vous avez encore maigri depuis la dernière fois.

Comme je ne me croyais pas obligé de varier ma formule plus qu'il ne le faisait lui-même, je répondais invariablement :

— Je suis au régime, je m'entraîne.

Et l'idiot blond reprenait :

— Vous n'avez pas à manger à votre faim.

A quoi je répliquais toujours :

— Si vous avez besoin de quelque chose, ne vous gênez pas. Vous savez le proverbe : Quand il y en a pour...

Souvent cependant, une fois sur trois en moyenne, quand nous avions enjambé la barricade, nous étions salués de quelques coups de fusil, et les balles, en venant frapper sous nos pieds ou derrière nous les tonneaux vides qui faisaient partie de la barricade, produisaient un bruit étrange. Peu à peu cette façon de nous recevoir devint trop fréquente pour être tolérée : il fallut se plaindre. Un jour, après avoir fait sonner la cessation du feu et avoir entendu le signal

correspondant sur l'autre rive, je m'étais présenté à
l'entrée du pont sans qu'aucun officier vînt à ma rencontre, et les sentinelles tiraient sur mon trompette
et sur moi au visé. Je les voyais tranquillement recti-
fier peu à peu leur tir, d'abord hâtif et maladroit, et
si j'étais resté là, j'aurais été infailliblement atteint.
Je dus me retirer, et faire mon rapport au chef d'état-
major général. Une correspondance suivie s'établit
à ce propos entre Versailles et Paris, et s'empila bientôt sur le bureau du général Schmitz. Les Allemands
prétendaient que jamais ils n'avaient tiré sur un parlementaire français, et qu'au contraire les Français
tiraient *toujours* sur les leurs. Peut-être étaient-ils
dans le vrai, sauf le mot *toujours;* peut-être quelque
jeune soldat inexpérimenté, quelque franc-tireur,
avait-il canardé, sans l'atteindre, un parlementaire
prussien. Dans tous les cas, les notes militaires qui
s'échangeaient à ce propos étaient sans aucune espèce
de sanction, et le va-et-vient de dépêches pouvait
durer indéfiniment.

Nous en étions là, lorsque j'eus à reconduire le
général Burnside jusqu'au pont de Sèvres, jusqu'à la
petite barque, amarrée à la rive française, qui devait
le transporter sur l'autre bord.

Après la sonnerie traditionnelle, après la réponse
de l'ennemi, je donnai la main au général pour qu'il
escaladât la barricade. A peine était-il en vue que
quatre coups de fusil retentirent, et les balles, sifflant
à nos oreilles, s'enfoncèrent avec un bruit effrayant
dans les douves des tonneaux.

Burnside, que je regardai, ne sourcilla pas. Il n'avait pas compris, et me demanda ce qui venait de se passer.

— On nous fusille, lui dis-je en riant, et c'est bien heureux que nous ayons échappé à ces maladroits, car, au moins, vous qui êtes au courant de l'affaire des parlementaires, vous avez la preuve que si des Français ont tiré par erreur sur un parlementaire prussien, les Allemands tirent sûrement et consciencieusement sur les nôtres, même après avoir répondu à nos sonneries.

Je n'avais pas achevé, que deux nouvelles balles, effleurant la tête du général, venaient s'incruster, à hauteur d'homme, dans le crépissage d'un petit mur contigu à la barricade.

Le général, qui doutait encore, fut convaincu. J'allai au mur, et, avec la pointe de mon couteau, je retirai une des deux balles encore chaude.

— Tenez, dis-je en la lui remettant, si vous voulez trancher, d'une façon péremptoire, une question controversée, soyez assez bon pour offrir ce projectile à M. de Bismarck. Ce sera, entre vos mains, un argument excellent pour démontrer les dangers que courent les parlementaires français, et même américains.

Nous nous étreignîmes cordialement, je pris congé de lui, et il fut conduit par deux mobiles sur ce qu'on appelait alors la rive prussienne.

Quelques minutes après, il disparaissait à l'angle d'une rue de Sèvres, les deux mobiles revenaient, et sur le fleuve le silence se faisait, troublé seulement par le grondement lointain du canon.

N'allez pas vous imaginer que les Allemands fussent convaincus, même après les constatations d'un témoin aussi considérable, aussi impartial et aussi désintéressé que le général Burnside. Persuadés sans doute que celui qui parle le dernier a raison, ils revinrent d'eux-mêmes sur l'incident. Je crois inutile de transcrire ici les correspondances échangées et insérées par Jules Favre dans son livre. Chacun resta convaincu de son côté. C'est toujours ainsi qu'il arrive, et même ailleurs qu'à la guerre.

CHAPITRE X

DU CAPITOLE A LA ROCHE TARPÉIENNE

Le major de rempart. — Flourens et Trochu. — Une manifestation. — Sur la place de l'Hôtel-de-Ville. — Le supplice du
capitaine. — Départ de MM. Ranc et de Kératry. — Bagneux.
— Un espion audacieux. — Les convois étrangers. — La
Jonchère. — Chacun son tour. — L'oiseau noir.

Le 5 octobre, il y eut une manifestation sur la
place et à l'intérieur de l'Hôtel de Ville, sous la conduite d'un cerveau brûlé qui jouait les troisièmes rôles
dans le drame du siège de Paris. Il s'appelait Flourens. Élu comme commandant par cinq bataillons de
Belleville, il n'avait voulu opter pour aucun, et prétendait les conserver tous sous sa direction. On l'avait
nommé major de rempart. Je n'ai jamais pu savoir
ce que c'était que ce grade. Il avait fanatisé les bataillons de Belleville et leur avait persuadé de réclamer les élections municipales et la constitution de la
Commune de Paris.

Les gardes nationaux arrivèrent en armes. Le général Trochu se rendit à l'Hôtel de Ville ; il fut sifflé,
hué. Cela commençait. Le général Tamisier, qui com-

mandait la garde nationale, fut également sifflé et hué
par ces parfaits militaires. Flourens entra à l'Hôtel-
de-Ville et parlementa avec le gouvernement, pendant
que les musiques, sur la place, faisaient entendre la
Marseillaise. J'avais la naïveté de croire qu'on allait
mettre la main au collet du major de rempart, et le
jeter, jusqu'à la fin du siège, dans un cul de basse-
fosse. Le général aima mieux le traiter paternelle-
ment, lui donna du « monsieur le major » gros comme
le bras, et lui demanda pourquoi il avait abandonné
le rempart. L'ironie eût été charmante en toute autre
circonstance. Flourens ne la comprit pas. Il réclama
dix mille chassepots, une sortie, et finalement jeta
sa démission au nez du gouvernement. Ce qu'il y eut
de plus extraordinaire, c'est que le gouvernement en
parut atterré, et que le général Trochu répondit :
« Alors, moi aussi, je donne ma démission. » Flourens s'en alla, et lorsqu'il parut devant ses hommes, leurs acclamations firent trembler les vitres.
Ensuite, il plut, je crois, et tout le monde alla
dîner.

Quelques jours après, le 8, une cérémonie analogue
se passa. Cette fois Flourens n'en était pas. On vint
au Louvre nous avertir que la place de l'Hôtel-de-Ville
était noire de monde, que l'on criait, que l'on voci-
férait, qu'on demandait Trochu.

Le gouverneur se contenta de hausser les épaules et
de dire :

— Décidément, ces farceurs-là ne me laisseront
jamais tranquille. Puis il demanda son cheval et partit.

Le commandant Bibesco et moi nous étions de service derrière lui. Pas d'escorte. Nous débouchons par la rue de Rivoli sur la place de l'Hôtel-de-Ville. Des têtes, rien que des têtes. On eût dit un immense baquet de tonnelier couvert de bouchons flottant sur l'eau remuée. Cette foule compacte, et plutôt malveillante, commence à nous huer ferme. Nous y entrons. En quelques minutes, nous sommes séparés, Bibesco et moi, du gouverneur; bientôt je suis moi-même séparé de Bibesco. Je le vois à dix pas de moi; des hommes se sont précipités à la tête de son cheval et ont pris l'animal par la bride. On invective, on insulte le commandant. D'autres me prodiguent les mêmes attentions, et je commence à entendre crier : « A bas les capitulards ! A bas les traîtres ! » J'aimerais autant être ailleurs. De loin, au-dessus de la foule, j'aperçois le crâne luisant du gouverneur qui salue à droite et à gauche, et qui, comme nous arrêté, domine du haut de son cheval cette fourmilière humaine.

Nous sommes là trois cavaliers perdus dans cette foule de dix mille hommes. Un geste d'impatience, un écart de nos chevaux, une parole imprudente, l'oubli momentané de la discipline qui nous impose le silence absolu, peuvent nous perdre, nous faire écharper, massacrer, réduire en charpie. Il s'agit surtout de ne pas tomber, car, une fois par terre, c'est fini de nous. La foule est comme les bêtes féroces : on ne la maintient qu'en restant debout.

Du reste, il est assez difficile de tomber; nous sommes en quelque sorte enlisés dans la chair humaine.

Je sens mon cheval trembler sous moi : la pauvre bête
ne peut plus remuer. Je n'ai pas assez d'espace pour
écarter les jambes ; afin de ne pas lui faire sentir l'épe-
ron, je me contente de tourner en dedans la pointe
de mes bottes. Il y a des mains d'hommes sur mes
fontes, sur le troussequin de ma selle, sur le tapis,
sur la croupière, sur mes cuisses ; s'il fallait dégainer,
je n'aurais pas assez de place pour glisser ma main
gauche jusqu'à la poignée de mon sabre et l'amener à
portée de ma main droite. Rien à faire, sinon attendre,
rester impassible, et regarder avec attention les oreilles
de sa bête.

Enfin, un homme s'approche de Bibesco à travers la
foule : je crois qu'il va le frapper. A ce moment, mon
attention est détournée par un autre énergumène qui
s'en prend à moi. Il est assez bien mis, et porte une
longue redingote noire qui lui bat les mollets. Il
m'invite à crier : Vive la Commune ! Je le regarde sans
avoir l'air de le comprendre, et naturellement je n'ouvre
pas la bouche. Ce calme l'exaspère tout à fait, il m'em-
poigne par mes aiguillettes, m'attire violemment à lui
et me crache à la figure. Puis il se jette en arrière.

Pendant une demi-seconde je vis rouge, et il me
sembla que l'Hôtel-de-Ville s'abattait sur mon crâne.
Si j'avais été seul, eussé-je dû éventrer mon cheval,
galoper et marcher sur les têtes de la foule, je crois
que j'aurais eu mon homme. Mais le général était là.
Mais un éclair de sabre, un cri de rage, pouvaient le
faire déchirer. Je m'essuyai. Je me sentis mouillé, mais
non insulté.

Au même instant une petite éclaircie se fit. Nous nous rejoignîmes tous trois devant l'Hôtel de Ville. Un bataillon de garde nationale était là. Jules Favre fit un petit discours, parla du canon qu'on entendait, de la concorde qui s'imposait.

Et en me détirant sur ma selle, en défripant mon uniforme, en échangeant mes impressions, bouche fermée, avec Bibesco, je me faisais cette réflexion :

— Pourtant, à deux pas d'ici, place du Carrousel, il y a un mois, mon capitaine, on embrassait tes bottes !

Le préfet de police, M. de Kératry, aurait-il pu prévenir ces manifestations? Je ne le crois pas, car nous, qui avions en mains toutes les forces de la capitale, nous étions hors d'état de les réprimer. Cette impuissance lui inspira l'idée de donner sa démission, et même de proposer au gouvernement la suppression de la Préfecture de police. Il est certain qu'on pouvait s'en passer, car, pour le moment du moins, elle ne servait absolument à rien. M. de Kératry partit en ballon, ainsi que M. Ranc. Ils allèrent retrouver Gambetta en province. M. de Kératry fut remplacé à la préfecture par M. Edmond Adam, et M. Ranc à la mairie de la rue Drouot par Gustave Chaudey.

Quelques jours après, nouveau combat. Chevilly nous avait coûté Guilhem, Bagneux nous coûta De Dampierre, tombé glorieusement en entraînant les mobiles de l'Aube à l'entrée du village. Trente-trois ans, une famille glorieuse derrière lui, et une vie heureuse devant lui !

Toutes ces actions étaient et devaient être forcément sans résultat. On se battait quatre ou cinq heures, on donnait le temps aux Prussiens d'amener des troupes fraîches, puis on rentrait. Et notez que si on avait réussi, par malheur, à forcer le blocus, sans vivres, sans convois, sans munitions, les troupes victorieuses eussent fatalement été prises jusqu'au dernier homme par les Allemands, qui se seraient rabattus autour d'elles dans la zone infranchissable et dévastée qu'ils occupaient autour de Paris.

La veille du combat de Bagneux, on vint nous prévenir qu'un officier de ligne, arrivant directement des avant-postes, demandait à parler au gouverneur, pour lequel il apportait un pli de la dernière importance. C'était un sous-lieutenant. Nous le reçûmes, et son pli fut porté chez le général. Peu d'instants après, un aide de camp du gouverneur venait trouver le messager, et lui demandait dans quelles circonstances cette dépêche lui avait été remise.

Le sous-lieutenant raconta qu'étant de grand'garde du côté de Châtillon, tout près des Prussiens, et caché dans un gourbi, il avait vu arriver un officier d'état-major français, qui, tournant le dos à Paris, semblait se rendre au camp ennemi.

Croyant à une erreur qui pouvait devenir fatale, il était sorti de son gourbi; suivi de quelques hommes, et avait engagé l'officier à changer de direction. Ce dernier avait paru un peu surpris de se trouver en face d'un poste, et, tirant promptement de sa pelisse une grande enveloppe cachetée à l'adresse du général Trochu :

— Tenez, avait-il dit, je vous cherchais. Allez porter vous-même cette dépêche au gouverneur. Elle est importante et urgente.

Et l'officier l'avait vu, non sans étonnement, après avoir fait un petit crochet, continuer sa route du côté des Prussiens.

Lorsque le général Trochu ouvrit la dépêche, il n'y avait dans l'enveloppe qu'une feuille de papier blanc pliée en quatre.

On fit une enquête sévère. Le sous-lieutenant fut puni pour avoir quitté son poste, et pour n'avoir pas reconnu un espion prussien qui venait de visiter nos lignes, tranquillement, sous l'uniforme d'un officier d'état-major français.

C'est quelques jours plus tard qu'eut lieu, sous la protection du ministre américain, M. Washburne, le départ général des étrangers qui désiraient ne pas rester à Paris. Il y eut plusieurs convois. Huit ou dix voitures, attelées de chevaux splendides, des paires de bêtes qui valaient dans les dix mille francs et qu'on désirait assez naturellement soustraire aux abattoirs, se réunissaient à une porte désignée d'avance, et j'étais chargé de les conduire jusqu'aux lignes prussiennes. On s'entassait dans l'intérieur et sur les sièges de ces voitures, coupés, landaus ou victorias. Il m'arriva plus d'une fois de constater que les cochers en livrée avaient l'air d'être excessivement novices dans leur métier, et de reconnaître, sous le chapeau à cocarde de ces automédons, des figures rencontrées souvent sur le boulevard.

Je me montrais, je l'avoue, d'autant plus empressé pour les Américains, que je m'en défiais presque autant que des Anglais, et mon attitude me valait d'être continuellement requis par M. Washburne pour diriger ces petites expéditions, ainsi qu'il appert de la lettre que je transcris ici :

Paris, le 23 octobre 1870.

Monsieur le Ministre,

J'ai l'honneur de vous faire savoir que la lettre par laquelle vous me demandez d'assurer le passage de vos nationaux, demain à midi, me parvient à une heure trop avancée pour qu'il me soit possible de donner les ordres nécessaires.

Je prendrai demain les mesures nécessaires pour que leur départ soit assuré pour mardi 25 courant, à la même heure, et je mettrai à votre disposition mon officier d'ordonnance, M. d'Hérisson, ainsi que vous m'en avez exprimé le désir.

Agréez, monsieur le ministre, l'assurance de ma très haute considération,

Général Trochu.

Je me souviens que, revenant un jour d'une de ces missions de convoyeur, la première sentinelle française que je rencontrai en quittant les Prussiens était un homme d'un certain âge, à la figure martiale et énergique, qui portait sur sa longue capote de simple soldat la croix d'officier de la Légion d'honneur. Je demandai à l'officier qui commandait le poste de grand'garde quel était ce factionnaire dont l'aspect m'avait frappé. Il me répondit :

— C'est le peintre Meissonier.

Entre temps on se battait.

Le jour du combat de Bagneux, les obus du Mont-Valérien avaient incendié le parc de Saint-Cloud, où l'on avait pu remarquer des allées et venues continuelles d'officiers allemands, et, du pont de Sèvres, j'avais vu toute la nuit se dessiner à l'horizon, comme un décor gigantesque de cinquième acte, la silhouette noire du château impérial, d'où Napoléon III était parti pour la guerre, se détachant dans un bouquet immense de flammes rousses qui éclairaient en dessous les nuages de fumée planant sur cet auto-da-fé.

Le 21, eut lieu le combat de La Jonchère, qui fut un des plus acharnés de tout le siège, et où Ducrot, qui commandait, se comporta de façon à mériter l'enthousiasme des Parisiens, en même temps qu'il inspirait aux Allemands quelques instants de crainte sur la sécurité de leur quartier général de Versailles. Il y eut, paraît-il, ce jour-là à Versailles une véritable alerte. M. de Moltke et le roi de Prusse vinrent en personne assister au combat, des hauteurs de Marly, et animer les troupes fraîches qui défilaient sans cesse devant eux pour descendre vers La Jonchère et La Malmaison ; ces renforts continuels finirent par avoir raison de nos troupes, trop peu nombreuses et dépourvues de réserves suffisantes.

Je ne connais pas de plaisir militaire plus enivrant que celui qui consiste à galoper sur un champ de bataille où les troupes se conduisent bien, pour porter un ordre ou chercher un renseignement. A l'ivresse du mouvement se joint l'intérêt de tout voir, au lieu de se morfondre derrière un mur ou au fond d'un fossé, et de recevoir sans bouger des balles invisibles. On jouit du sentiment de sa responsabilité, sans être écrasé par la nécessité de répondre continuellement d'hommes dont on n'est pas toujours sûr.

On voit marcher la mécanique, et en quelque sorte remuer la victoire. Il y a, entre la situation d'un officier d'état-major et celle d'un officier de troupe, une différence en quelque sorte analogue à celle qui existe entre le poste d'un marin, debout sur le pont, qui sent son vaisseau se mouvoir sous ses pieds, et le poste d'un mécanicien qui reste dans sa machine, sans rien voir, sans même savoir si on aborde, si on coule l'ennemi ou si on est coulé.

Le jour de la bataille de La Jonchère, je galopai toute la journée, porteur d'ordres, en ces endroits jadis si joyeux, où je retrouvais, au milieu du bruit et des nuages de la poudre, des lambeaux de mes jeunes années accrochés un peu partout, et les souvenirs des parties d'antan.

Dans ces journées, les généraux ressemblent à des bergers, les troupes à des moutons, et les officiers d'état-major aux chiens courant sur les flancs du troupeau, pour le pousser d'un côté ou d'un autre, et même sur son front pour le faire rétrograder. C'est intéressant au possible.

Je me croisai trois ou quatre fois avec mon frère, officier d'ordonnance du général Berthaut, qui, lui aussi, avait fort à faire, et à qui il arriva une aventure assez singulière.

Au détour d'un chemin, il tombe au milieu d'une

dizaine de Prussiens qui sautent à la bride de son cheval, le désarçonnent, le font prisonnier et l'emmènent. Deux pas plus loin, le peloton au milieu duquel il marchait va donner, au coin d'un mur, dans les zouaves du commandant Jacquot.

Et mon frère qui, élevé en Allemagne, parlait l'allemand comme le français, de se retourner et de dire froidement à ceux qui le conduisaient :

— Soyez assez bons, je vous prie, pour me rendre mon cheval, et, puisque vous m'avez fait prisonnier, permettez qu'à mon tour, je vous fasse prisonniers.

Lorsque la nuit tomba on battit en retraite, comme toujours, et dans cette retraite nous perdîmes deux canons. Ce qui n'empêcha point Paris de considérer, tant il avait envie de vaincre, cette journée comme une victoire.

Près de La Jonchère, je fus témoin d'un curieux épisode.

Des soldats courant en avant me dépassaient ne criant :

— Le sergent a tué l'Oiseau noir. Ce n'est pas trop tôt.

A quelques pas plus loin, se tordait, comme un de ces clowns qui marchent sur la hanche dans un cirque, un individu très correctement vêtu d'un *complet* et de *knickers-bockers* en velours noir, qui avait reçu en pleine poitrine une balle que les soldats attribuaient à leur sergent. L'un d'eux me raconta que depuis plusieurs jours ils avaient remarqué cet individu constamment à l'affût de nos sentinelles, et qui

ne perdait pas une occasion de leur envoyer une balle
de sa carabine Sniders. Il tirait avec une justesse extraordinaire, et manquait rarement son but. Ils l'avaient
surnommé l'Oiseau noir. C'était un Anglais, un excen-
trique enragé qui faisait la guerre pour son compte,
en allié de la Prusse, en amateur. On le dépêcha d'un
coup de baïonnette, et je crois bien que sa montre et
son portefeuille ne furent pas portés à l'ambassade
d'Angleterre. Du reste, je n'avais pas le temps de
m'en assurer : j'avais affaire ailleurs.

CHAPITRE XI

TROCHU CHEZ LUI

Les Français et le théâtre. — L'état-major du gouverneur. — Madame Trochu. — Le gouverneur à table. — Le chef d'état-major général. — Réhabilitation de la viande de cheval. — Une histoire de fromages. — La Légion d'honneur et la médaille militaire. — Les pipes du général. — Le Père Olivaint. — Sainte Geneviève patronne de Paris.

Les lecteurs français aiment à voir les grands hommes, ou les hommes connus, en robe de chambre. Épris du théâtre, ils ont non seulement le goût des représentations, mais la friandise des coulisses. Plus les places confinent au rideau, plus ils les payent cher. L'abonné de l'Opéra préfère le coin où les timbales l'assourdissent, où les contrebasses ronflent dans ses oreilles, où le trombone lui déchire le tympan, au dernier rang des fauteuils, d'où il embrasserait toute la scène avec l'œil et toute l'orchestration avec l'oreille. En France seulement, la loge du chef de l'État est contiguë au théâtre, à l'avant-scène. Partout ailleurs elle est placée au centre, en face.

Voilà que j'emprunte au théâtre un préambule pour dépeindre chez lui ce pauvre général Trochu, qui n'est

point assurément un homme de théâtre, et qui probablement n'a jamais mis les pieds dans les coulisses.
J'ai tort, et je me borne à dire que puisque, pour tous,
aller voir les artistes dans leur loge est la suprême
jouissance, le lecteur ne m'en voudra pas de le conduire dans la loge de Trochu, belle loge d'ailleurs : le
Louvre, tout bonnement.

Le général arrivait à son bureau régulièrement à
huit heures et demie. Il était levé depuis plus d'une
heure. Il travaillait sans désemparer jusqu'à l'heure
du déjeuner, onze heures. Le repas réunissait à la
table, présidée par Mme Trochu, tous les officiers de
l'état-major particulier du général, à l'exception du
commandant prince Bibesco, qui habitait en famille,
au Louvre, au-dessus des appartements du gouverneur. La princesse, pendant le siège, lui donna une
petite fille qui reçut le nom de Paris, tout comme le
petit-fils de Louis-Philippe. J'aurais préféré Lutèce :
pour une femme c'est plus poétique.

C'est ici la place, ce me semble, de rappeler les noms
des officiers qui gravitaient autour de cet astre militaire
de première grandeur, tant comme attachés à son
état-major particulier, que comme attachés à l'État-
major général du gouvernement. C'étaient MM. les
généraux Schmitz et Foy, le colonel Usquin, le lieu-
tenant-colonel de Lemud, les commandants prince
Bibesco, de Brou, Faivre, Vigneral, Lestrohan, Made-
lor, Bidot ; les chefs d'escadron Bourcart. Lunel ; les
capitaines Brunet, Barrois, Thory, de Montebello, de
Béarn, de Montesquioux, d'Hérisson, de Beaumont,

Barthélemy, Delâtre, Brunet-Richard, Lair ; les lieutenants de Langle, d'Hendecourt et Choppin d'Arnouville. M. Pollet, un des plus intelligents collaborateurs de la préfecture de police, servait, ainsi que je l'ai déjà dit, de commissaire de police spécial, de prévôt civil.

Mme Trochu est une femme du plus grand mérite, qui commande à la fois le respect et la sympathie. Son visage tranquille, majestueux et doux, était, dès cette époque, encadré de beaux cheveux blancs, qui lui donnaient l'air d'être plus âgée que son mari. Sa vie se partageait entre les soins à donner à son intérieur, qu'elle dirigeait et surveillait de très près, et les visites continuelles qu'elle faisait aux ambulances.

Je me souviens qu'un jour elle nous raconta, à table, qu'elle était allée visiter l'ambulance établie au Théâtre-Français, et qu'elle avait été frappée de la simplicité, du dévouement et de l'attitude grave, recueillie, de ces dames de la maison de Molière. Elle répétait un mot de Mlle Favart, qu'on lui avait présentée.

— Comment, Madame, lui avait dit celle-ci avec un geste de reine, c'est vous la femme de ce héros !

Et Trochu, modeste et malicieux, répondait à sa femme :

— Le théâtre ne perd jamais entièrement ses droits !

En dehors de son état-major particulier, le général recevait chaque jour à sa table quelques officiers généraux ou quelques gros personnages. Un jour c'était Ducrot, un vieux compagnon d'armes, qui le tutoyait. Un autre jour c'était Krantz, un autre ami, un camarade d'école, qui devait par la suite organiser l'Exposition de 1878.

Le général Schmitz montait parfois déjeuner ou dîner chez le gouverneur, mais ces apparitions étaient rares. Et la plupart du temps il mangeait sur son bureau, à côté de son encrier.

Jamais facultés humaines, intellectuelles ou physiques, ne furent soumises à des épreuves plus dures que celles que supporta le général Schmitz.

Être le chef d'état-major général d'une armée régulièrement organisée, c'est occuper un poste qui épouvante bien des généraux, et que bien peu remplissent exactement. Mais être le chef d'état-major d'une armée qui n'existe pas, qu'on rassemble et qu'on organise sous le feu, qui comprend et englobe une population à la fois turbulente et enfiévrée ; cumuler presque avec cela les fonctions d'intendant général et de major de place, armer et ravitailler, faire face à la fois à l'ennemi du dehors et à l'ennemi du dedans, s'occuper du Prussien et de l'émeutier, c'est un enfer où se serait détrempé tout autre caractère que celui de Schmitz.

Tout fut fait en quelques jours, et si les Français n'eurent point alors pour le général toute l'admiration qu'il méritait, l'Europe militaire entière lui rendit justice par son étonnement.

D'ailleurs, Schmitz n'en était pas à ses débuts, et ceux qui l'avaient vu à l'œuvre savaient ce dont il était capable, non seulement comme organisateur, mais comme soldat, et soldat dans toute l'acception du mot, soldat uniquement occupé de son drapeau, soldat dédaigneux de toute politique et se tenant volontairement à l'écart de tout parti. On l'avait vu en Chine assurer, sous les ordres de Montauban, le succès d'une campagne extraordinaire et merveilleuse, tracer le plan d'attaque d'un fort, le bombarder, l'aborder par la brèche, et planter de sa main le drapeau français sur les décombres, en face de l'armée anglaise ébahie.

Les Allemands, qui se connaissent en généraux, lui ont donné, dans le classement qu'ils ont fait, pour leur édification personnelle, de nos commandants de corps par ordre de mérite, le deuxième rang.

A côté de ses convives ordinaires s'asseyaient toujours à sa table les deux officiers de service auprès de sa personne. D'ailleurs Trochu avait horreur des privilèges, et pour cause : il en avait souffert. Il s'était soumis lui-même le premier au rationnement et avait renoncé volontairement à sa dignité extraordinaire de gouverneur, de chef supérieur, au point de vue des vivres, pour se soumettre au traitement des autres divisionnaires. Aussi les menus étaient-ils modestes, et la viande de cheval fit-elle bientôt la base de notre alimentation. Et, de fait, elle n'est point mauvaise. Pourvu que la bête soit jeune, n'ait pas trop souffert; pourvu que le convive soit comme la bête, jeune, et surtout si, lui, a un peu souffert, ils s'accommodent parfaitement l'un de l'autre.

Vers la fin du siège, lorsque la question des vivres

devint capitale, vitale, Trochu multiplia ses invitations parmi les officiers de l'état-major général. A ces durs moments, un œuf coûtait trois francs, et j'imagine que le traitement du gouverneur passait directement, à cette époque, des mains du trésorier de l'armée aux mains du chef de cuisine du quartier général.

Une fois, il m'arriva une bonne fortune culinaire qui me fit presque autant d'honneur qu'une reconnaissance bien faite en présence de l'ennemi : j'eus la chance d'approvisionner la table du quartier général. Je chevauchais le long des Halles centrales, lorsque mes narines furent agréablement chatouillées par une forte odeur de fromage. Naturellement, ma première pensée fut de chercher aussitôt le domicile des têtes de mort qui se révélaient aussi indiscrètement. Je marquai le soupirail odorant, et m'informai auprès des gens du quartier. De recherches en recherches, je finis par apprendre que non seulement ces bienheureux fromages n'étaient point à vendre, mais que, déposés là par une administration quelconque, ils étaient très probablement oubliés, et protestaient à leur manière contre les ennuis de la captivité. Je m'en allai faire un rapport circonstancié et détaillé au ministre du commerce et de l'agriculture, qui, en effet, ignorait ce dépôt. Toute peine méritant salaire, et le Mérite Agricole n'étant point encore inventé, je réclamai, pour prix de ma découverte et de mes démarches, une récompense en nature ; le lendemain je recevais ce document :

MINISTÈRE
DE L'AGRICULTURE
ET DU
COMMERCE
—

MONSIEUR LE CAPITAINE,

J'ai l'honneur de vous transmettre sous ce pli, de la part de M. le ministre, un bon de 10 kilogrammes de fromage de Hollande. Je regrette de ne pas m'être trouvé au ministère lorsque vous vous y êtes présenté. Je vous aurais délivré ce bon immédiatement.

Pour le ministre du commerce,
Par ordre,

CARMES.

Un jour, pendant que nous étions à table, on annonça au général un envoyé de la Légion d'honneur, et ce fonctionnaire lui remit plusieurs aquarelles représentant les divers changements que le gouvernement se proposait d'introduire dans les insignes de la Légion d'honneur et de la médaille militaire.

— Tenez, me dit le gouverneur en me passant les papiers; vous seul ici portez la médaille militaire. Choisissez au moins le modèle qui vous fera le plus de plaisir.

Les dessinateurs n'avaient pas fait preuve de beaucoup d'imagination. Il n'y avait là que des horreurs. Je choisis le modèle qui me parut le moins laid, disgracieux trophée qui surmonte aujourd'hui la médaille militaire.

— Pourquoi changer? dis-je timidement au gouverneur.

— Est-ce que je sais? me répondit-il. Ces messieurs

prétendent que c'est nécessaire. Moi , je ne trouve rien de plus bête que ces mutilations infligées à un ordre créé par un souverain.

Je n'osai pas lui dire combien je trouvais qu'il avait raison. Le peuple n'ayant jamais, selon un mot aussi juste que célèbre, — et la concordance entre ces épithètes est à elle seule extraordinaire, — que les gouvernements qu'il mérite, s'avilit en cherchant à déshonorer et en reniant ceux qui l'ont gouverné.

De deux choses l'une : ou la médaille était une bonne institution, ou elle était une institution mauvaise. Dans le dernier cas, il fallait la supprimer. Dans le premier, il fallait la conserver telle qu'elle était, sans en faire la caricature actuelle. Avec ces petitesses d'esprit, qui sont malheureusement chez nous de tous les temps, on en arrive à frapper la tête d'Henri IV sur la Légion d'honneur créée par Napoléon Ier.

J'avoue qu'on ne saurait assez protester contre ce stupide sentiment qui porte le peuple français à s'attaquer, chaque fois que son gouvernement change, aux statues des chefs d'État tombés, aux emblèmes des régimes disparus, même lorsque ces statues et ces emblèmes sont des œuvres d'art, même lorsqu'ils devraient être sacrés pour tous par le génie qui les a façonnés. Comme si une nation ne s'honorait pas d'avoir sans cesse sous les yeux les témoignages matériels de ses grandeurs ou de ses malheurs passés ! Comme si tout, dans l'histoire de nos pères, ne faisait pas partie de l'héritage national, du patrimoine commun !

Me voilà bien loin de Trochu. J'y reviens.

Le général était fumeur. L'amour de la pipe lui faisait brusquer son dessert, et il descendait aussitôt dans son cabinet, où, enveloppé des nuages de son calumet, il se mettait au travail, ne s'interrompant que pour accorder des audiences aux visiteurs que n'avaient pu retenir les filets tendus par les officiers d'ordonnance d'abord, par le général Schmitz ensuite.

Vers deux heures, il montait régulièrement à cheval, visitait les forts, les remparts, les secteurs, les fonderies, les usines, passait des revues, faisait, en un mot, tout qui concernait son état, comme on dit, et contribuait à la défense de Paris.

De retour entre quatre et cinq heures, il se remettait au travail jusqu'au dîner. Puis, la pipe entre les dents, il somnolait au coin de son feu jusqu'à neuf heures, c'est-à-dire jusqu'au moment où il se disposait à se rendre à l'Hôtel de Ville, où les membres de la Défense nationale venaient tous les soirs tenir conseil sous sa présidence.

La salle où ils se réunissaient était située au premier étage. Les séances étaient longues : souvent trois heures sonnaient avant qu'on se séparât.

Rentré au Louvre, le gouverneur se rendait à son cabinet, et, tout en travaillant, fumait encore une ou deux pipes, puis il allait se coucher pour se relever bientôt et recommencer, avec une régularité étonnante au milieu de tous ces événements extraordinaires et irréguliers.

Le fond du caractère du général Trochu est une

grande égalité d'humeur, un sang-froid imperturbable, une bienveillance extrême. Aussi était-il un chef agréable à servir, d'autant plus agréable que sa bienveillance n'allait pas jusqu'à la banalité, et qu'il n'estimait et ne protégeait ses officiers qu'en raison de leur mérite, de leur dévouement et des services qu'ils lui rendaient.

Du milieu des habitués du Louvre, des familiers du général, se détachait une figure à la fois intéressante et imposante, celle du Père Olivaint, le supérieur des Jésuites de la rue de Sèvres, qui venait régulièrement rendre visite au gouverneur. Ancien normalien, homme remarquable sous tous les rapports, ce religieux, qui allait bientôt mériter les palmes du martyre, avait pour le général une affection sincère, expansive. Il existait entre eux une sorte de confraternité, de dévouement, et le prêtre, homme du devoir religieux, encourageait le soldat, homme du devoir militaire. Leurs conversations étaient fréquentes, longues et tout à fait cordiales.

Au contact de cette âme enflammée, l'âme mystique de Trochu s'exaltait, sa confiance s'affermissait, ses doutes militaires s'apaisaient, et il en arrivait à croire à la possibilité d'une intervention directe, miraculeuse, de Dieu pour soustraire la France aux horreurs de l'invasion, pour faire reculer les hordes du moderne Attila.

Attila ! Et quand ces deux hommes prononçaient ce nom, évoquaient ce souvenir, entre eux passait, poétique et douce, la vision de la vierge de Nanterre, de

Geneviève, de la jeune fille dont le village natal dormait là-bas sous la gueule des canons du Mont-Valérien, et qui, dit la légende, chassa avec sa quenouille les bandes sauvages vomies par l'Allemagne, les guerriers poilus dont les petits-fils campaient encore une fois autour de Paris.

Ce fut dans ces conversations que, vraisemblablement, Trochu conçut l'idée de mettre de nouveau et solennellement, par un acte gouvernemental, la ville de Paris sous la protection directe de sainte Geneviève, et de recourir à l'ancien patronage de l'héroïne des Gaules.

On était aux derniers jours du siège. Le bombardement venait de commencer. Il rédigea une proclamation dans ce sens, et l'envoya manuscrite à l'Imprimerie nationale. Elle fut composée et tirée en placards pour être affichée dans tout Paris.

Selon l'usage, deux épreuves avaient été envoyées au gouverneur pour qu'il les soumît à l'approbation des membres du gouvernement. Lorsqu'il en donna lecture, un silence profond, glacial, s'établit autour de la table du conseil. Tout le monde se regardait. Aucun de ces avocats pétrifiés n'en pouvait croire ses oreilles. Jules Ferry bondit sur sa chaise, comme si un obus eût éclaté sous lui, et se trouva debout, exprimant sa surprise, sa désapprobation, avec une vivacité qui sortait des bornes des convenances.

Il ne voulait pas, dit-il en gesticulant, se couvrir de ridicule aux yeux de ses électeurs. Il n'entendait pas s'associer à ceux qui croyaient devoir faire intervenir

Dieu et les saints dans nos affaires. Cela n'avait pas le sens commun. On n'avait pas besoin du bon Dieu pour venir à bout des Prussiens. Puis, devenant sarcastique, il ajouta que les Prussiens croyaient en Dieu et l'invoquaient, eux aussi, et qu'il n'était pas respectueux de mettre ce vénérable personnage dans la triste alternative de mépriser les adorations prussiennes au profit des génuflexions françaises, et *vice versa*.

Une fois encore, le pauvre général Trochu, battu sur toute la ligne, se replia en bon ordre. La proclamation ne fut pas affichée. J'ai conservé une copie de ce curieux document. Le voici :

PROCLAMATION

RÉPUBLIQUE FRANÇAISE

Le gouverneur de Paris,

Aux défenseurs de Paris,
Aux familles de Paris.
Nous touchons au quatrième mois du siège, et ce grand effort a profondément remué le pays. Il est en armes, et partout il dispute vaillamment le territoire à l'ennemi.

Je suis croyant, et j'ai demandé à sainte Geneviève, libératrice de Paris au temps de l'invasion des Barbares, de couvrir encore une fois Paris de sa protection. Elle a voulu qu'à l'heure même ce vœu fût exaucé. Elle a providentiellement inspiré à l'ennemi la pensée du bombardement qui déshonore les armes allemandes, qui déshonore la civilisation, et qui met en lumière, d'une manière si éclatante et si touchante, la fermeté du peuple de Paris.

Des femmes, des enfants, des malades, des blessés périssent; mais l'opinion, qui gouverne le monde, est à présent et restera tout entière avec vous.

Quand l'ennemi nous jugera accablés par le bombardement, il redoublera ses attaques. Je suis sûr de les repousser. L'heure des vôtres viendra.

Préparez-vous aux luttes suprêmes. Soyez vigilants. Soyez économes de nos ressources. Rationnez-vous. Que tous ceux qui ont des ressources en grains ou en farines les remettent au gouvernement de la Défense pour les besoins communs. Prolongez la durée du siège par tous les moyens que le patriotisme sait inspirer. Continuez enfin la série des sacrifices féconds dont vous donnez depuis tant de jours le noble exemple. Et surtout gardez jusqu'à la dernière heure votre foi, qu'on cherche à ébranler, dans la délivrance de la Patrie.

Général Trochu.

Paris, le 14 janvier 1871.

On me permettra de ne point aborder la question de savoir si Paris, mis sous la protection de sainte Geneviève, eût été sauvé. On me permettra de ne point m'égayer sur cette idée un peu naïve, que Dieu permettait le bombardement pour faire éclater la justice de notre cause et confondre la Prusse. Cela fait partie de ces phrases malheureuses et nécessaires qu'il ne faut jamais relire qu'après la victoire.

Mais j'ai le droit de penser et de dire que, lorsqu'on gouverne un grand peuple et lorsqu'on a mis dans ses projets de lui ravir la foi religieuse, et que pour y arriver on a inscrit dans ses programmes l'éducation de l'enfance sans respect et sans crainte d'un créateur, encore faudrait-il remplacer par quelque

chose cette foi qui a engendré tant de miracles, tant
de dévouements et tant de relèvements. Supprimons
Dieu, soit, mais mettons quelque chose à la place. Et
tant qu'on n'aura pas trouvé un mécanisme moral
quelconque destiné à suppléer à ce grand ressort qui
a cessé de plaire, il faut bien se résigner à le laisser
fonctionner, à moins cependant qu'on ne préfère voir
s'arrêter la montre.

Et je trouve qu'un gouvernement assiégé qui capitule, comme fit le nôtre, après avoir dédaigné cette
arme morale, est aussi coupable aux yeux de l'histoire, sinon des conseils de guerre, qu'un commandant de place qui rendrait sa forteresse à l'ennemi
sans même avoir enlevé la housse de cuir de la cu-
lasse de ses plus gros canons.

Je confesserai d'ailleurs volontiers, pour peu qu'on
y tienne, qu'il était difficile d'être plus maladroit que
le rédacteur de cette proclamation, due entièrement
à la plume du général Trochu. Je confesserai que
cette façon de représenter le bombardement de la
ville de Paris comme un acquiescement de la sainte
patronne de cette ville aux vœux du chef de ses
défenseurs, était une singulière figure de rhétorique.
Je confesserai qu'il existait trente-six façons de qua-
lifier les obus qui crevaient quelques toits de la
rive gauche, avant de leur faire l'honneur de les
proclamer : résultats d'une inspiration providentielle.

Je demanderai seulement s'il y avait en ce moment-
là, à Paris, un homme tenant une plume et disposant
d'une imprimerie, qui ne se fût permis et qui n'eût

fait applaudir des phrases encore plus maladroites et plus ridicules.

Que celui d'entre nous qui n'a jamais écrit, en public ou en particulier, de bêtises pendant le siège, jette la première pierre au gouverneur de Paris.

CHAPITRE XII

LE TRENTE ET UN OCTOBRE

Grandeur et décadence d'une idole.— Les trois couches de Paris.
— Rochefort et Dorian. — Les nouveaux chefs populaires. —
La capitulation de Metz. — Aux avant-postes. — Hypothèses.
— Le Bourget. — Paris s'indigne. — Vive la Commune! — A
bas Trochu! — Pas d'armistice! — Flourens. — Sur la place
de l'Hôtel-de-Ville. — Envahissement. — Sur le tapis du gou-
vernement. — Une nuit d'angoisses. — Picard, Adam, Ferry.
— Un pacte. — Délivrance. — Les engagements de M. Ferry.

Lorsque le général Trochu arriva à Paris, vers le
milieu d'août, investi du titre et des fonctions de
gouverneur, il n'y avait pas dix personnes qui eussent
refusé de voir en lui le premier soldat de la France,
le sauveur du pays.

Un mois plus tard, quelques hommes seulement,
timidement encore, et comme honteux de leur témé-
rité, contestaient, sinon sa valeur de théoricien, du
moins ses aptitudes de général pratique, et insinuaient
doucement que ce sauveur ne sauverait peut-être rien.
Ces hommes appartenaient aux classes élevées, intelligentes.

Quinze jours plus tard, les faubourgs fournissaient

quelques milliers d'individus décidés à le siffler et à le huer sur la place de l'Hôtel-de-Ville.

A la fin d'octobre, il avait contre lui les quartiers aristocratiques, les faubourgs, le populaire.

Paris compte deux millions d'habitants. Sur ce nombre il existe quelques milliers d'individus, à peine, capables d'avoir personnellement des idées. C'est la croûte. Le mot gratin me conviendrait assez s'il n'avait pas été accaparé par quelques gommeux ridicules et quelques femmes évaporées.

Au-dessous, la grande masse, couche épaisse de gens qui vivent, mangent, boivent, dorment et s'assimilent les idées d'autrui, couche sans originalité propre, mais non sans vertus.

Au-dessous encore, tout au fond, un dixième de la population, deux cent mille individus également dépourvus d'originalité et de vertus, incapables de penser, mais prompts à s'éprendre de toute idée, pourvu qu'elle soit violente et subversive, à la fois lâches et féroces, armée toute prête pour les scélérats inconscients ou réfléchis qui savent l'entraîner. C'est la lie de Paris.

Dans les temps calmes, la masse intermédiaire subit volontiers l'influence et l'action de la couche supérieure, intelligente, instruite et policée. Dans les temps révolutionnaires, la lie bouillonne comme sous l'action d'un feu intérieur, envahit la masse intermédiaire, la pénètre, l'entraîne, la souille et la bouleverse.

Or, Trochu, à la fin d'octobre, avait perdu la croûte

et la lie de la population parisienne. Seulement la croûte ne disait rien, et la lie n'avait pas encore remué sérieusement.

Elle allait remuer.

Les personnages qui entouraient Trochu n'étaient point faits pour exciter les enthousiasmes et soulever les acclamations. On les acceptait, nul n'était tenté de les adorer.

J'excepte cependant deux hommes, l'un dans le gouvernement, l'autre dans le ministère : Rochefort et Dorian. Rochefort avait été, avec Trochu, l'homme le plus populaire des commencements de la guerre. Il y avait une nuance toutefois : Trochu avait pour lui les trois couches, Rochefort n'en avait que deux : la croûte lui résistait. Il sut sortir assez à temps du gouvernement pour conserver à peu près intacte la faveur publique. Sa démission est en date du 29 octobre.

Quant à Dorian, il affectait avec raison, et quoique républicain, de n'être point un homme politique, et, cantonné dans son ministère des travaux publics, il restreignait ses pensées et son action à la défense nationale dont il fut un merveilleux ouvrier, fondant des canons, fabriquant des affûts, produisant des munitions. Les masses, même les plus stupides et les plus violentes, avaient conservé, je ne sais par quel prodige, assez de bon sens pour apprécier ce travailleur infatigable, et lui faire, dans leurs dévotions, une place à côté des pires énergumènes, avec lesquels, d'ailleurs, sa personnalité jurait absolument.

12.

Quant aux autres, aucun prestige. Des avocats, des philosophes, ou des vieux démodés !

Ils avaient, sous l'Empire, personnifié l'opposition ; au 4 septembre, ils s'étaient emparés du gouvernement. Le peuple avait trouvé cela naturel, logique. Il n'avait point exigé qu'on le consultât ; de leur côté, ils avaient pris son silence pour une acclamation, et l'opinion complaisante pour une adhésion enthousiaste.

Mais ils n'étaient point seuls à avoir guidé le peuple opposant de Paris. Ils n'avaient point à eux seuls obtenu les fameux quatorze cent mille Non du plébiscite. Ils avaient eu des instruments, des sous-ordres. Généraux vieillis et prudents, ils avaient lancé contre l'ennemi impérial des colonels ardents, jeunes, fougueux, en leur promettant une part dans les dépouilles opimes. L'ennemi avait succombé, grâce à la diversion assez puissante de huit cent mille Prussiens. Les dépouilles opimes, fortement amoindries, il est vrai, par l'invasion, étaient tombées en leur pouvoir, et leurs auxiliaires des combats passés étaient toujours là, attendant le partage, assistant à la curée et n'y prenant point part.

A la tête de leurs cohortes fidèles, ces jeunes et fougueux colonels, les Flourens, les Millière, les Grousset, les Rigaut, et tant d'autres, attendaient, impatients et désœuvrés. Ils s'étaient procuré, pour ne négliger aucune force, quelques vieilles idoles oubliées par la mort, Blanqui, Félix Pyat, Ledru-Rollin, l'ombre de Barbès, tout un vieux matériel d'ancêtres à promener. Ils étaient prêts.

Ils se demandaient, avec une logique implacable, sinon patriotique, pourquoi et en vertu de quelle règle le pouvoir suprême avait été dévolu aux députés de Paris, et non point à eux, chefs reconnus des troupes populaires ; trouvaient extraordinaire d'avoir été convoqués à la fois pour renverser un maître et pour en subir douze autres ; comparaient leur mandat à celui du gouvernement et les jugeaient semblables ; exploitant les appétits révolutionnaires de certains bataillons, ils utilisaient aussi l'irritation de quelques autres, enragés et humiliés d'avoir tant crié : A Berlin ! et d'être pris dans Paris, comme dans une souricière immense.

Ils étaient prêts à agir. Il ne leur manquait plus qu'un mot d'ordre et des occasions.

Ils trouvèrent d'abord le mot d'ordre. Les événements et les maladresses du gouvernement allaient leur fournir une occasion.

Le 27 octobre, le journal *le Combat*, un organe sang de bœuf, annonça d'une façon précise que le maréchal Bazaine avait envoyé un officier pour traiter de la capitulation de Metz avec le prince Frédéric-Charles.

C'était vrai, car ce même jour était signée la capitulation de Metz. Mais personne n'en savait rien, personne ne s'y attendait, et cette nouvelle tomba comme un obus au milieu de Paris assiégé.

Le gouvernement en fut le premier surpris, la démentit en termes maladroits, se fermant volontairement toute issue pour battre en retraite dans le cas où elle se confirmerait, traitant le maréchal, qui venait en réalité de rendre son armée, de glorieux Bazaine, et le *Combat* de journal prussien.

Comment cette feuille avait-elle pu être si bien informée? Était-ce une coïncidence? La haine avait-elle donné à ses rédacteurs le don de double vue? Je ne le crois pas, et j'explique bien plus simplement cette propagation rapide d'une aussi grave nouvelle.

On savait dès le 24 au soir, ou tout au moins le 25 au matin, dans le camp prussien sous Metz, que Bazaine se rendait. Ce même jour partirent par voie rapide, du camp prussien, des détachements de troupes réclamés instamment par l'état-major de Versailles pour renforcer le cordon d'investissement, trop faible sur beaucoup de points autour de Paris.

Car ne l'oublions pas, si, militairement, il était impossible que des troupes sorties de Paris échappassent à l'étreinte des bataillons prussiens rabattus sur elles, le lendemain ou le surlendemain, partout nous pouvions nous présenter devant l'investisseur en forces numériquement supérieures aux siennes.

Je suis persuadé que si, au lieu du général Trochu, Paris avait été gouverné par un Pélissier, ce dernier aurait fait tuer deux cent mille gardes nationaux devant la capitale. Il aurait probablement fallu tout de même qu'il se rendît avec le reste, et il aurait passé pour un bourreau.

Donc, le 26, il pouvait y avoir devant Paris, à Saint-Denis notamment, des soldats allemands venus de Metz et sachant que Bazaine allait traiter.

Maintenant, il faut savoir ceci. Les avant-postes français et les avant-postes allemands ne passaient point tout leur temps à s'entre-tuer. Presque toujours on se tenait hors de portée l'un de l'autre. Et souvent, individuellement, quand la surveillance des officiers n'était point à craindre, on se rapprochait, non pas précisément pour fraterniser, mais pour se rendre quelques petits services, pour se livrer à quelques échanges.

Non seulement les sentinelles prussiennes ne tiraient point toujours sur les maraudeurs français qui allaient déterrer des pommes de terre ou des oignons oubliés dans les champs dévastés, mais elles les forçaient parfois à leur livrer ou même à leur vendre le produit de leur périlleuse journée.

Les sentinelles perdues s'abouchaient aussi parfois des deux côtés pour se donner une pipe de tabac. Cela paraît invraisemblable, et cela est pourtant. Ou bien l'Allemand, qui aimait le lard et qui n'en avait pas, troquait sa viande fraîche contre un morceau de porc salé.

Enfin, je le répète, et j'en sais quelque chose, quoique sévèrement et naturellement défendus, les contacts individuels étaient plus fréquents qu'on ne le supposait.

Dès lors, il a très bien pu se faire qu'un fantassin allemand, traitant avec un fantassin français, lui ait dit :

— Vous savez, il y a des camarades venus de Metz. Bazaine va capituler.

La différence des langages n'est point une raison de repousser cette explication, car il y avait dans la landwehr des milliers d'hommes parlant français, venus de France et même de Paris, pour y retourner en passant par Mayence, Francfort ou Berlin.

On a dit aussi qu'un sous-officier, fait prisonnier à Saint-Denis, avait annoncé la capitulation, et qu'on avait perdu sa trace.

On a prétendu encore que la Prusse entretenait à Paris, surtout dans la presse révolutionnaire, des espions restés inconnus qui communiquaient avec Versailles, et que l'un d'eux avait apporté, par ordre, la nouvelle au *Combat,* qui l'avait acceptée sans connaître ou sans soupçonner les attaches de son reporter.

Enfin, on a soutenu que la solidarité révolutionnaire des membres d'une école qui n'admet pas les frontières, avait fait taire les haines nationales, et que les socialistes parisiens n'avaient jamais cessé de correspondre fraternellement et secrètement avec les socialistes allemands.

De ces quatre hypothèses, la mienne est la bonne; j'ai, pour l'affirmer, les raisons les plus sérieuses, et si je les garde par devers moi, c'est que les noms retrouvés des colporteurs de la sinistre nouvelle n'apprendraient rien à personne.

Quoi qu'il en soit, ces mots : « Bazaine capitule! Bazaine a capitulé! » vibrèrent comme un coup de tocsin dans l'oreille subitement dressée de Paris, et la note gouvernementale relative au « glorieux » maréchal ne dissipa point les inquiétudes, n'effaça point les nuages sombres qui se levèrent dans les esprits.

Le lendemain 28, à trois heures du matin, le général de Bellemare donnait à une compagnie de trois cents francs-tireurs l'ordre de s'emparer du Bourget. L'ordre était exécuté, et le poste prussien qui occupait ce village, formé de maisons rangées de chaque côté de la grande route, était surpris et délogé.

Le 29 au matin, la nouvelle de la prise du Bourget nous parvint à l'État-major. Elle fut reçut sans aucune espèce d'enthousiasme. Le général de Bellemare avait agi sans ordres. Le gouverneur et le chef d'état-major général trouvaient l'entreprise inutile, irrégulière.

— Ce b...-là va nous faire tuer du monde sans résultat.

Telle fut la première réflexion qui accueillit la dépêche du général de Bellemare.

Situé au nord-est de Paris, à un peu plus de 3 kilomètres à l'est de Saint-Denis, le Bourget, comme l'a dit le général Trochu, ne faisait point partie du plan général de défense.

On avait laissé les Prussiens s'y établir depuis le 20 septembre, et personne n'avait jamais songé à sortir de ce côté-là.

Sa prise ne pouvait compromettre la situation de l'armée d'investissement. Elle obligeait cependant les Prussiens à étendre le cercle, à faire un détour.

Elle ne leur nuisait pas, mais elle les gênait un peu.

Il est bien certain que si, tout alentour de Paris, on avait agi de même, le cordon allemand, à force d'être distendu, aurait fini par crever. Mais, restant isolés, cette attaque et ce succès ne signifiaient pas grand'-chose, ne valaient réellement pas le sang répandu.

Telle ne fut point l'opinion de Paris. Les journaux et leurs lecteurs admirent que la prise du Bourget était une véritable victoire.

On aurait dû s'imprégner en haut lieu, comme on dit, de cette idée, quelque irraisonnée, quelque peu militaire qu'elle fût.

Le général Trochu avait répété à satiété que son gouvernement ne vivait que par l'opinion. Peut-être eût-il sagement, ou du moins habilement agi, en suivant cette opinion jusque dans sa folie, qui, du reste, n'était pas dangereuse, car, se battre pour se battre, — qu'on me permette l'expression, — autant valait se battre là qu'ailleurs.

Il fallait donc envoyer au Bourget bataillon sur bataillon, batterie sur batterie.

C'est ce que firent les Prussiens.

Ils ne tenaient probablement guère plus au Bourget que nous n'y tenions nous-mêmes. Ils n'en avaient pas plus besoin que nous. Mais il ne leur convenait point de perdre quoi que ce fût du terrain conquis. Il ne leur convenait surtout point de voir se relever, par un succès même plus apparent que réel, le moral de la population parisienne.

Et, avec une ténacité admirable, ils firent tout ce

qu'il fallait pour redevenir les maîtres du Bourget. Je crois que, si nous les avions imités, les deux armées auraient usé sur cette bicoque leur dernier homme.

Nous ne les imitâmes point.

A la vérité, le général de Bellemare renforça la poignée d'hommes entrés au Bourget. Il en porta successivement le nombre à trois mille, et fit demander du secours et des caissons.

L'attaque du Bourget avait eu lieu dans la nuit. Dans la matinée, les Prussiens revinrent à l'assaut : ils furent repoussés. Le lendemain 29, ils bombardèrent à distance le village. Le 30, ils recommencèrent à le couvrir des feux de l'artillerie et dessinèrent un mouvement tournant ayant pour but de l'envelopper. La moitié des défenseurs du Bourget, déjà ébranlés par les combats précédents, et démoralisés par une nuit passée sous la pluie, prirent la fuite. Il restait dans le village moins de quinze cents hommes commandés par Baroche et Brasseur. Ils firent une belle défense. Baroche se fit tuer, et ce qui restait, c'est-à-dire environ un millier, fut fait prisonnier.

A ce moment seulement, des renforts sérieux s'ébranlaient dans Paris. Des batteries remontaient la rue La Fayette. Il était trop tard. Tout le monde rebroussa chemin.

Pour bien comprendre l'effet désastreux que produisit sur l'opinion la perte d'une position plutôt morale que stratégique, il faut se rappeler que, le même jour où nous perdîmes le Bourget, les Parisiens purent lirent dans l'*Officiel* : 1° l'annonce de la capitulation de Bazaine; 2° la nouvelle du retour de M. Thiers arrivant de parcourir l'Europe et apportant, de la part des puissances neutres, des propositions d'armistice.

Le plus expert des metteurs en scène n'aurait pu accumuler avec plus d'habileté, sur un même point d'un drame, ces trois incidents navrants : une défaite sous Paris; l'anéantissement de notre dernière et plus belle armée régulière; la confession que nos troupes de province n'avaient rien fait qui valût, puisque, aussi bien à Paris qu'à Tours, on se résignait à poser les armes.

L'esprit public s'enflamma comme s'enflamme une traînée de poudre. L'occasion était belle pour les émeutiers.

Quant au mot d'ordre, j'ai déjà dit qu'il était trouvé; il était : *Commune*.

Les révolutionnaires parisiens demandaient l'élection des magistrats municipaux et voulaient que les pouvoirs les plus étendus leur fussent confiés, non seulement pour pourvoir au gouvernement de la cité, mais encore à sa défense. « Paris est une ville comme les autres, disaient-ils. Les membres du gouvernement eux-mêmes l'ont proclamé cent fois. La municipalité de Paris doit avoir les mêmes prérogatives que les autres municipalités. » Ils appelaient cela la Commune. Les meneurs devaient se faire élire magistrats municipaux, former ainsi un gouvernement qui mettrait dans sa poche celui de la Défense nationale, décréterait la sortie en masse, la sortie torrentielle, délivrerait la France et lui rendrait ce que Paris viendrait de conquérir : l'autonomie communale. La France alors ne serait plus une république ni une monarchie. Elle serait une fédération de trente-six mille communes libres et indépendantes.

L'idée n'était point aussi bête qu'on pouvait le supposer, puisqu'elle faillit réussir. Elle était simplement un peu verte. Il fallait qu'elle mûrit. Elle allait mûrir.

Ce fut donc aux cris de : Vive la Commune! de : A bas Trochu! et de : Pas d'armistice! que fut faite la journée du 31 octobre, que fut tentée l'insurrection qui allait avorter misérablement, car tout avortait à cette époque maudite, tout, même la révolution.

Quelque temps avant la fin d'octobre, un soir, au Louvre, nous aperçûmes dans le ciel une rougeur qui couvrait la moitié de l'horizon de Paris, et qui ne pouvait provenir que d'un incendie dans l'est.

— Allez voir ce que c'est, me dit le gouverneur.

Je montai à cheval, gagnai les boulevards, puis la rue de La Fayette. L'incendie était aux Buttes-Chaumont. Lorsque j'y arrivai, je fus témoin d'un spectacle singulier et grandiose. Le lac du parc brûlait. On l'avait mis à sec et transformé en magasin de pétrole. Une des barriques avait pris feu, les autres avaient éclaté, et, quand j'arrivai, l'île centrale semblait nager dans une mer enflammée.

Du haut d'un massif formant une petite éminence, un grand et beau garçon donnait des ordres précipités. Ses manches étaient couvertes de galons dont, je l'ai su depuis, sa volonté seule avait déterminé le nombre. Je m'approchai de lui pour lui dire que le gouverneur désirait connaître les causes du sinistre.

— Ce n'est rien, me répondit-il, quelques tonneaux de pétrole qui flambent. Du reste, dites à M. Trochu qu'il n'ait point à s'inquiéter, que Flourens est là !

Ce fut donc dans l'auréole gigantesque d'un incendie allumé par le pétrole, c'est-à-dire dans son cadre, que je vis pour la première fois le major de rempart, l'homme qui allait jouer le principal rôle dans l'affaire du 31 octobre.

La journée était froide et sombre, la pluie tombait fine et glacée, détrempant les vêtements et les caractères. Ce fut un grand bonheur pour le gouvernement de la Défense nationale, car les insurgés allaient avoir les doigts raidis, le cou enfoncé, les pieds mouillés. S'il eût fait sec et beau, ce gouvernement eût fort bien pu être massacré dans les scènes tumultueuses, confuses et grotesques, qu'il traversa ce jour-là et une partie de la nuit suivante.

Dès sept heures du matin, les gardes nationaux commencèrent à arriver sur la place de l'Hôtel-de-Ville. Les groupes se formaient, on criait : « Vive la Commune ! Pas d'armistice ! » La foule grossissait, et, à neuf heures, une colonne d'un millier d'hommes débouchait par l'avenue Victoria, escortant un drapeau sur lequel étaient écrits ces mots : « Levée en masse, pas d'armistice. » Les mobiles du Berry étaient venus relever, à l'Hôtel-de-Ville, le 115ᵉ bataillon, et avaient été acclamés.

Le colonel Chevriot, qui commandait l'Hôtel de Ville, en avait fait fermer les portes. Derrière les grilles, Arago, maire de Paris, avec sa voix de bœuf en colère, conjurait le peuple d'avoir du calme. Puis il remonta, pour conférer avec les maires de Paris réunis par lui et délibérant sur l'opportunité de procéder immédiatement aux élections municipales.

Cependant le gouverneur avait été averti que cela se gâtait. Il revêtit son uniforme,— képi, tunique,— prit son épée, attacha ses épaulettes, accrocha sur sa poitrine la plaque de grand-officier de la Légion d'honneur, et espérant, comme on le voit, imposer au peuple par ces emblèmes étincelants de son autorité et de son grade, il partit suivi de deux officiers d'ordonnance; l'un d'eux était le commandant Bibesco, à qui cette maudite place avait déjà failli être fatale.

Il fut salué par les cris de : A bas Trochu! Pas d'armistice! Vive la Commune! mais put entrer sans encombre dans le palais municipal.

Avant de quitter le Louvre, il avait donné à son chef d'état-major l'ordre formel de ne pas bouger.

— Il s'agit de ne pas faire de faux mouvements, avait-il dit. En conséquence, que je rentre ou que je ne rentre pas, que je sois libre ou retenu, il est convenu que vous ne remuez ni un homme ni un canon sans mon ordre personnel, écrit et apporté par l'un de mes deux officiers. J'y compte absolument.

Il s'en alla et nous laissa tous consignés au Louvre. Appelés par le télégraphe qui reliait l'Hôtel de Ville aux différents ministères et à la Préfecture de police, les membres du gouvernement arrivaient individuellement les uns après les autres, et discutaient dans la salle habituelle de leurs séances, c'est-à-dire dans le salon jaune. Le préfet de police, M. Edmond Adam, laissant sa préfecture défendue par la garde républicaine, était venu les rejoindre.

Petit à petit les gardes nationaux deviennent plus nombreux et plus menaçants sur la place. Les cris de : Vive la Commune ! redoublent. Aux portes, les plus exaltés sont déjà massés, et, se déléguant eux-mêmes comme il arrive toujours, réclament qu'on reçoive une députation du Peuple, qui veut parler au Gouvernement.

Il est une heure. Une porte est entre-bâillée, on ne sait par qui ; elle est violemment poussée, s'ouvre et laisse passer la prétendue députation avec un premier flot populaire. On réussit cependant à refermer la porte.

Il y avait bien là environ mille personnes. Elles envahissent la grande salle en vociférant.

Le gouvernement n'est pas au complet. Il manque Jules Favre, que Ferry vient d'aller chercher au ministère des affaires étrangères, et Picard.

En attendant ces trois personnages, et pour faire patienter le morceau de peuple qui est là, Arago laisse ses maires et pénètre dans la salle, suivi de ses adjoints. Floquet, Brisson, Hérisson, Chaudey et Tirard se joignent à eux.

Arago tonne, monté sur un tabouret. Il demande la

patience, il réclame la confiance, l'union, l'ordre, d'une voix qui couvrirait le bruit d'une batterie. On lui répond en criant : « La Commune ! la Commune ! »

— C'est bien, dit-il, je vais porter vos vœux au gouvernement.

Il part. Les personnages qui l'avaient accompagné lui succèdent sur le tabouret oratoire, et notamment Brisson et Floquet.

— Nous aussi, disent-ils, nous voulons les élections municipales. Nous aussi, nous repoussons l'armistice.

Ils n'obtiennent ni le silence ni l'ordre. On leur crie : « Nous voulons la Commune. » Ils répondent : « Nous voulons les élections municipales. » Et tout le monde s'obstine dans un entêtement de mules, sans qu'un homme d'esprit se trouve là pour dire : « Mais, citoyens, c'est la même chose. »

Cet homme d'esprit allait arriver.

Les membres du gouvernement prient Rochefort, le populaire Rochefort, Rochefort, leur ancien collègue, venu auprès d'eux aux nouvelles, d'aller parler au peuple. Il sort un instant, rentre en compagnie de Schœlcher et dit à ses collègues :

— Ils veulent les élections municipales. Êtes-vous décidés à les leur accorder ? Voilà le nœud de la question.

— Oui, répond-on autour de la table du gouvernement.

Rochefort revient dans la grande salle, monte sur une table et déclare, au nom du gouvernement, que les élections municipales auront lieu immédiatement.

— Non, non, crient ces brutes, complètement ahuries, nous voulons la Commune.

— Mais, citoyens, dit Rochefort en haussant les épaules, c'est la même chose.

On ne comprend pas. On l'invite à descendre. On le tire par les jambes. On crie : « A bas Rochefort ! »

Sur ces entrefaites, Jules Favre, Jules Ferry et Picard sont arrivés. Jules Favre, en train de déjeuner avec M. Thiers, arrivé de la veille à travers les lignes prussiennes, et de lui donner ses instructions et ses pouvoirs pour traiter d'un armistice avec la Prusse, est averti par Ferry de ce qui se passe. Il met M. Thiers dans une voiture escortée de cavalerie, essaye de le rassurer sur l'émeute.

— Nous en voyons souvent de semblables, dit-il.

Puis il racole Picard qui arrivait aux affaires étrangères pour dire adieu à M. Thiers, monte avec lui en voiture, trouve les quais barrés par la foule, oblique sur la Préfecture de police afin de se renseigner, y apprend qu'Adam est à l'Hôtel de Ville, et finit par y pénétrer par les portes dérobées, malgré les supplications de Picard, qui voulait à toutes forces ne pas aller s'enfermer dans la gueule du loup.

Quand ils arrivèrent, le général Trochu s'était enfin décidé à donner de sa personne. Il était descendu dans la grande salle, suivi de Simon et de Pelletan. Il avait fallu dix minutes avant d'obtenir le silence. Enfin l'orateur de la bande, un sieur Joly, avait pu placer quelques mots et commencer une harangue.

Il dit au général, qui l'écoutait les bras croisés, que

la perte du Bourget était une trahison, que l'armistice était une trahison, que le peuple de Paris voulait en finir avec ces éternelles temporisations, nommer une municipalité, se protéger lui-même et décharger ainsi le gouvernement de la moitié d'un fardeau trop lourd pour ses épaules.

Trochu répondit, et, comme toujours, sans se laisser émouvoir par les interpellations et les interruptions, il entama un discours aussi long qu'intéressant.

Il ne s'agissait pas de capituler, mais de négocier, et de négocier en ravitaillant Paris. Il fallait être secouru par les départements, et le meilleur moyen d'obtenir ce secours était de nommer une Assemblée. Il avait rendu Paris imprenable. Il en répondait. Quant au Bourget, sa perte n'avait aucune importance, puisqu'il n'était pas dans le plan de défense, puisqu'il aurait fallu l'abandonner quand même. Au surplus, le gouvernement allait délibérer sur les vœux qu'on lui soumettait, et saurait allier les désirs de la population avec son devoir sacré et primordial, qui était la défense de la capitale.

Violemment interrompu, le général fut hué à la suite de ce discours. Il se fâcha, et bousculant tout sur son passage, encore couvert par le prestige de l'uniforme qui empêcha ces imbéciles féroces de porter la main sur lui, il put rentrer dans la salle du gouvernement avec ses deux officiers, qui se placèrent derrière son fauteuil.

Le gouvernement commença à délibérer au grand complet, sur la question des élections. Parallèlement à lui, les maires délibéraient sous la présidence d'Arago, et en bas le premier flot d'envahisseurs encore séparé de la foule, qui continuait à vociférer sur la place de l'Hôtel-de-Ville, faisait, comme on dit vulgairement, du boucan.

Le gouvernement oubliait que quelques-uns de ses membres s'étaient engagés, par l'organe de Rochefort, à accepter les élections, et la majorité s'y montrait hostile, soutenant, avec assez de raison, d'ailleurs; que c'était créer l'anarchie, et que la Commune installée, le gouvernement de la Défense nationale n'avait plus qu'à vider les lieux. Arago vint encore une fois le supplier de déférer aux vœux des maires et d'accorder les élections.

On lui répondit qu'on allait aviser, et tout terminer selon le désir de la population. Les élections étaient acceptées. Arago alla porter ces bonnes paroles aux maires.

Il était trois heures et demie, et **Flourens** n'avait pas encore donné.

A ce moment, il arrivait sur la place, à la tête de ses bataillons, crosse en l'air, et venait se heurter aux portes fermées de l'Hôtel de Ville.

Le commandant Dauvergne veut repousser cette troupe, il reçoit un coup de poing sur l'œil. Il veut tirer son sabre, on le lui arrache des mains.

On tire des coups de fusil dans la serrure de la porte principale de l'Hôtel de Ville. On travaille cette porte avec les crosses des fusils. Elle finit par céder. **Flourens** entre à la tête de ses hommes.

. Cette fois, l'envahissement est complet. On dirait que l'immense place se vide dans le bâtiment immense.

La foule envahit le grand escalier, les bureaux, les salles, chassant les maires qui délibéraient plus que jamais, et enfin entre, à la façon d'un torrent, dans le salon où le gouvernement est assis autour de sa table, et où elle a été précédée par Arago, toujours tonitruant, mais tout à fait éploré, déposant son écharpe, et complètement démoralisé.

A ce moment précis, comme une anguille qui trouve devant elle une maille de filet rongée, Picard, toujours malin, le joyeux Picard, disparaissait par une petite porte dans un couloir, et laissait ses collègues pasticher à leur aise sur leurs fauteuils la scène fameuse du sénat romain envahi par les Gaulois. Cet homme pratique et délié allait chercher la garde.

Pour s'imaginer ce qu'était à ce moment l'Hôtel de Ville, du rez-de-chaussée aux combles, bureaux, couloirs, salons, appartements privés, nulle comparaison ne vaudra celle d'un très grand panier plein de grenouilles. Du bas de l'escalier jusqu'au fond des réduits les plus reculés, ce n'était que gardes nationaux, ou armés ou sans armes, citoyens de tout âge et de tout poil, volontaires de toute nationalité. Ce monde avait apporté avec lui ses odeurs spéciales. Les parfums de ses pipes et de ses cigarettes combattaient seuls ces fumets de chiens mouillés, ces relents de vieilles graisses étendues sur les armes et les bottes, de sueur aigrie, qui se dégagent des troupes, surtout lorsque

ces troupes sont malpropres et ont été insuffisam-
ment lavées par la pluie.

Une buée suffocante planait au-dessus de toutes
ces têtes congestionnées et transpirantes, vous prenait
à la gorge, et allait se condenser sur les vitres des
fenêtres, les glaces, les marbres, les panneaux et les
tableaux.

Petit à petit l'obscurité tombait, donnant à la scène
quelque chose de fantastique, et aux acteurs des ap-
parences de fantômes.

Autour de la table du gouvernement, derrière les
membres assis, calmes et silencieux, les gardes
nationaux étaient serrés les uns sur les autres, inces-
samment refoulés par l'arrivée de renforts nouveaux.

Les chefs arrivent, fendent cette foule, et comme
aucun d'eux n'est de taille à la dominer, ils escaladent
la table du gouvernement. Flourens, Millière, Delescluze, Blanqui, Pyat, Mottu, etc., ont transformé en
piste de cirque le tapis vert du pouvoir et arpentent la
table, piétinant sur le papier, les buvards, renversant
les sabliers, les encriers, écrasant sous leurs bottes
plumes et crayons. Ils crient tous ensemble, et comme
tous les auditeurs crient aussi, personne ne les entend.

Trochu, ses deux officiers toujours derrière son
fauteuil, fume son cigare, et regarde aller et venir
ces bottes éperonnées ou éculées au niveau de sa
poitrine.

Dans la lampisterie, les garçons de la Préfecture
n'en ont pas moins préparé les lampes, versé l'huile,
rafraîchi les mèches, nettoyé les verres. L'adminis-

tration, l'immortelle administration, a trouvé là son dernier refuge.

Ils apportent les lampes et les posent sur la table envahie, d'où quelques-uns des chefs dégringolent pour n'être point chauffés d'en bas par les carcels du gouvernement.

Cette lumière subite fait scintiller tout à coup l'or des épaulettes de Trochu et sa plaque d'argent. Instinctivement il se sent trop brillant, trop voyant, au milieu de toutes ces bêtes brutes, détache doucement ses épaulettes et les passe à Bibesco, dégrafe lentement sa plaque et la glisse dans la poche de sa tunique. Sans son képi, on pourrait le prendre pour un garde national.

L'arrivée des lampes a ramené un peu d'ordre, et Flourens parvient à se faire entendre. Il propose d'acclamer un gouvernement en tête duquel il proclame modestement son nom. On rit, on proteste, on passe outre. Une demi-douzaine de gredins, délégués par eux-mêmes, vont tenir conseil dans la salle à côté, et commencent à se chamailler comme il convient.

Pendant ce temps Flourens descend un instant sur la place, monte à cheval, et passe au milieu des bataillons qui arrivent et se massent, la crosse en l'air, ne sachant au juste ni ce qu'ils veulent ni ce qui se passe. On l'acclame de confiance.

A côté du gouvernement nouveau, on procède à la nomination d'un comité chargé de présider aux élections. On acclame Dorian comme président de ce comité, et on lui adjoint Flourens, Victor Hugo, Félix Pyat, Delescluze, Ledru-Rollin, Schœlcher, Louis Blanc, Blanqui, Millière. On annonce la formation de ce comité et les élections immédiates pour la Commune, au moyen de bulletins lancés des fenêtres sur la place. On acclame les bulletins. Ces gens-là étaient possédés de la manie d'acclamer continuellement quelqu'un ou quelque chose.

Le malheureux Dorian faisait peine à voir. Placé entre sa popularité et son devoir, il aurait bien voulu garder la première et accomplir le second. Il allait des insurgés qui criaient : Vive Dorian! au gouvernement qui ne disait rien, essayant de tamponner, de calfeutrer, de concilier.

Vers six heures, Edmond Adam parvient à s'échapper. Il feint de se trouver mal, se débat, se fait bousculer par des agents déguisés, car il y en avait même là, et disparaît pour rejoindre Picard.

A huit heures, remous; les gardes nationaux sont écartés dans le salon jaune par un flot d'hommes résolus. C'est le 106ᵉ bataillon, commandé par M. Ibos, qui arrive, pénètre dans la salle, entoure Trochu, le saisit et l'emporte. Derrière lui, dans son sillage, Ferry, Pelletan, Arago, réussissent à partir.

Les gardes insurgés se reforment devant les autres membres du gouvernement, et les rejettent dans la salle.

Favre, Simon, Garnier-Pagès, Leflô et Tamisier restent seuls, et retournent à leur chaise devant la table.

Au milieu des allées e venues de Dorian, de ses

efforts inutiles, les gouvernants protestent. Ils veulent ou qu'on les fasse prisonniers ou qu'on les laisse sortir. On leur demande leur démission. Ils la refusent, se déclarant hors d'état de la donner librement. Finalement, on les constitue prisonniers et ils se réfugient dans l'embrasure d'une fenêtre. On leur donne à manger une tranche de cheval et un morceau de pain ; ils s'endorment sur des chaises, derrière trois rangs des volontaires de Flourens, chargés de les surveiller, à moitié ivres eux-mêmes et dormant debout.

Et la confusion continue. Il y a maintenant deux ou trois gouvernements, cinq ou six comités. Blanqui ne veut pas de Flourens. Delescluze ne veut pas de Pyat. Une partie des gardes nationaux, que leurs propres acclamations ne nourrissent pas suffisamment, vont manger.

Et l'Hôtel de Ville dessine dans la nuit noire et humide, devant la grande place grouillante, les rangées de ses fenêtres illuminées, derrière lesquelles passent et repassent des silhouettes de gardes nationaux.

Dorian parlemente toujours. Il a recruté Delescluze qu'offusque la popularité de Flourens, Millière qui trouve que son collègue Flourens fait trop d'embarras, et Blanqui, lequel commence à avoir peur.

Cependant Picard, à peine hors de l'Hôtel de Ville, était venu au Louvre, où il avait trouvé le général Schmitz décidé à exécuter à la lettre les ordres du gouverneur, et à ne pas bouger.

Il s'était rendu à son ministère, et avait pris sur lui d'ordonner de battre le rappel de la garde nationale sur les boulevards. Quand Trochu et les autres membres, délivrés derrière lui, arrivèrent, les bataillons de l'ordre commençaient à se réunir, et leurs officiers assemblés à la Bourse discutaient entre eux. Adam avait joint ses efforts à ceux de Picard. Trochu donna les ordres nécessaires, et à minuit moins cinq minutes, sur la place de l'Hôtel-de-Ville débouchaient les colonnes de la garde nationale fidèle, qui peu à peu investissaient le monument.

A ce moment il y eut une alerte.

Dans le salon jaune, Jules Favre voulant ouvrir une fenêtre pour respirer, on tire quelques coups de fusil de la place, et les défenseurs de l'Hôtel de Ville ripostent. Tout s'arrête, heureusement. On referme la fenêtre, et Jules Favre se rassied.

Cependant à l'intérieur on commence à se douter de ce qui se passe au dehors. Les chefs se disent : « Nous sommes cernés », et ils deviennent un peu plus souples et dociles aux exhortations de Dorian. Flourens est remonté sur sa table. Il conseille la concorde et le départ.

Delescluze et Dorian conviennent qu'on passera l'éponge sur la journée, et que l'Hôtel de Ville sera évacué sans que personne puisse être recherché pour ce qui vient d'arriver. On se saluera. On s'en ira chacun chez soi en disant :

— Simple malentendu... Bien le bonjour... !

Les insurgés acceptent, Delescluze et Dorian descendent au dehors, s'abouchent avec Adam et Ferry. Ceux-ci, très peu rassurés sur le sort de leurs collègues restés prisonniers, craignant de les faire massacrer et d'être eux-mêmes canardés par les fenêtres, s'ils s'obstinent à vouloir entrer de vive force, acceptent l'amnistie et l'oubli. On se serre la main, et les deux parlementaires de l'Hôtel de Ville rentrent dans le palais.

A ce moment, on avertit Adam que *les mobiles de l'Indre ont reçu l'ordre de pénétrer dans l'Hôtel de Ville par un souterrain qui relie l'édifice à la caserne Napoléon, qu'ils l'ont exécuté et qu'ils entrent à l'Hôtel de Ville.*

M. Ferry refuse de s'engager dans cette voie souterraine. Adam s'y précipite, et débouche avec les mobiles dans la cour du palais.

Il essaye de le faire évacuer, et parvient à contenir les mobiles bretons pendant qu'un premier lot de gardes nationaux s'écoule au dehors.

Ferry a enfoncé une des portes latérales du monument, se précipite à son tour dans l'Hôtel de Ville et se perd dans la foule.

Finalement, tout le monde s'en va bras dessus bras dessous, Tamisier enlace Blanqui pour sortir, le gouvernement est délivré, et cette mascarade grotesque se termine vers trois heures du matin.

A peine tirés des griffes de l'émeute, assez débonnaire ce jour-là, les membres du gouvernement se réunirent au Louvre et tinrent conseil avec le gouverneur. Ils fulminaient. Ils étaient exaspérés, et c'était un spectacle réellement comique que de voir ces gens qui avaient fait leur carrière dans la Révolution, qui avaient profité de je ne sais combien d'émeutes, se redresser, superbes et indignés, dès qu'on leur appliquait leurs propres procédés.

C'est toujours la même chose. Il n'est pire gendarme qu'un émeutier converti, chambellan plus souple qu'un jacobin doré, patron plus dur qu'un ancien ouvrier.

Ils voulaient poursuivre, arrêter, déférer aux conseils de guerre, tous les gens qu'ils avaient reconnus dans cette échauffourée, qui n'avait en somme sur celle du 4 septembre qu'une infériorité : l'insuccès. Et avant de s'aller coucher, ils dressèrent des listes fort longues de personnes à arrêter le lendemain.

Mais voilà que le lendemain matin, au ministère des affaires étrangères où se réunissait le gouvernement, le préfet de police arrive, et déclare qu'il se refuse absolument à inquiéter qui que ce soit pour la journée de la veille ; que sa parole a été donnée à Dorian et à Delescluze, stipulant, au nom des insurgés, que l'émeute ne donnerait lieu à aucune poursuite. Il offre sa démission. On la refuse, et on se donne rendez-vous pour un nouveau conseil, le soir, chez le gouverneur.

A ce conseil, Picard revient sur la nécessité d'arrêter les fauteurs du 31 octobre, et Adam sur la nécessité de respecter la parole donnée.

— Qui a promis tout cela ? crie M. Ferry.

— Mais, vous-même, riposte Adam.

— Ce n'est pas vrai.

Démenti, provocation. Ses collègues donnent tort à

M. Ferry, qui s'excuse et tend la main au préfet de police.

Le gouvernement persistant à ordonner des arrestations, Adam persista à donner sa démission et quitta la préfecture de police. Quant à Dorian, dont la popularité offusquait et avait cependant sauvé le gouvernement, on le supplia tellement de rester ministre, qu'il resta.

M. Cresson fut nommé préfet de police.

On fit un procès aux auteurs du 31 octobre. On ne mit la main que sur des comparses. Le procès ne signifia rien. Il concorda avec l'armistice. Paris, qui ne se souvenait déjà plus du 31 octobre, ne comprit rien à ces débats et s'en désintéressa. Ceux que l'on condamna à mort ne moururent pas, du moins de ce chef. Quant à ceux qu'on mit en prison, ils n'y restèrent pas. La Commune arriva à temps pour faire des uns et des autres des magistrats ou des généraux.

Voilà l'histoire du 31 octobre.

Adam fit-il bien de quitter la Préfecture plutôt que de manquer à sa parole ? Incontestablement. On n'est jamais forcé de donner sa parole d'honneur, vu qu'on a toujours la ressource de se faire tuer ; mais quand on la donne, fût-ce à un condamné à mort, à un bandit, ou à un Apache, il faut la tenir, non pas pour lui, mais pour soi.

Turenne un jour fut dévalisé sur le Pont-Neuf. Il tenait à sa montre que lui avait donnée le roi. Il offrit aux voleurs de la racheter au moyen d'une somme qu'il leur compterait le lendemain chez lui. Il donna sa parole. Les voleurs l'acceptèrent. Il la tint. Et loin de les faire arrêter, il les paya très exactement.

Aux jours que je raconte, les petits-fils de ces voleurs ne manquaient malheureusement pas à Paris. C'étaient les petits-fils de Turenne qui brillaient par leur absence.

CHAPITRE XIII

ÉLECTIONS ET NÉGOCIATIONS

La modération du chancelier. — M. Thiers à Paris. — A Versailles. — Les négociations. — Tout est rompu. — Une leçon de politesse. — Paris se résigne. — Un nouveau plébiscite. — Élections municipales. — Le suffrage universel.

Ce fut un de mes collègues qui alla recevoir à Sèvres, le 30 octobre, M. Thiers revenant de son tour d'Europe et rentrant à Paris, après avoir traversé les lignes prussiennes et séjourné à Versailles où il fut reçu par M. de Moltke et entrevit M. de Bismarck, sans causer avec eux, d'ailleurs, ni de la guerre ni de la politique.

Le même collègue escorta M. Thiers, lorsqu'il retourna à Versailles dans l'après-midi du 31 octobre, muni cette fois de ses instructions et de ses pouvoirs en règle, sachant vaguement qu'une émeute venait d'éclater, mais en ignorant l'importance et ne pouvant encore en connaître les résultats.

On sait qu'arrivé au quartier général prussien, le lundi soir, il négocia le mardi et le mercredi avec M. de Bismarck, et, chose étrange, jusqu'au jeudi les

Allemands ignorèrent absolument ce qui s'était passé à l'Hôtel de Ville, le lundi.

S'il fallait en croire les trois quarts et demi des publications françaises relatives à la guerre, les journaux et l'opinion publique formée par eux, — le chancelier de Prusse, le comte de Bismarck, aurait été auprès de son maître, non seulement une sorte de Richelieu sous les volontés de qui tout pliait, qui commandait et ne rendait compte à personne de sa conduite, mais encore un homme de fer, décidé à aller jusqu'au bout des succès, à épuiser la victoire, qui avait marqué d'avance notre chute et ses propres exigences, que rien n'arrêtait, qui se souciait du reste de l'Europe comme d'une guigne, qui savait en un mot jusqu'où il pouvait aller, et ne voulait point s'arrêter avant d'y être arrivé.

Rien n'est plus faux que cette conception.

D'abord l'autorité du chancelier n'était point sans contrôle et sans limite. Il lui fallait, à chaque instant, expliquer sa conduite, discuter ses actions, convaincre le roi, lutter auprès de lui contre d'autres influences, contre l'influence du prince royal, contre l'influence de la reine Augusta, contre l'influence des familiers de cour qui avaient suivi le souverain, et enfin, et surtout, contre le parti militaire.

Cette lutte du chancelier contre le parti militaire a été incessante : elle a commencé avec la question Hohenzollern ; elle n'a fini qu'après la conclusion de la paix.

Dire que M. de Bismarck ne voulait pas la guerre

serait une naïveté. Dire qu'il la voulait quand même et à outrance serait une injustice.

Quand un joueur s'assied à une table de baccara avec quelques billets de mille francs et se dit : Je vais faire sauter la banque,—généralement il s'en va décavé.

Quand, au contraire, il a assez d'empire sur lui-même pour calculer ses audaces et se tenir prêt à la retraite, il réussit presque toujours. M. de Bismarck est avant tout ce joueur.

Au mois de juillet, quand Benedetti discutait, on passa alternativement, aussi bien à Ems qu'à Paris, par toutes sortes d'opinions opposées. Un jour on disait : « C'est la guerre » ; et il semblait aussitôt que le vieux de Moltke rajeunissait ; ses rides disparaissaient, sa figure devenait jeune, sa taille se redressait. Le lendemain on disait : « Décidément c'est la paix » ; et de Moltke immédiatement de se courber, de se casser, de vieillir.

Après Sedan, le comte de Bismarck se serait volontiers arrêté, et probablement contenté de Strasbourg avec une indemnité. C'était déjà joli. Lorsqu'en présence de M. de Moltke inquiet, pressant l'installation de ses batteries au bord de la grande cuvette au fond de laquelle s'agitait notre armée démoralisée, et espérant la foudroyer, le chancelier demanda à Napoléon III :

— Sire, est-ce votre épée que vous rendez, ou bien l'épée de la France ?

Il comptait que l'Empereur allait répondre

—·C'est l'épée de la France.

L'Empereur répondit :

— Je suis personnellement votre prisonnier. Quant à la paix, cela regarde le gouvernement de Paris.

Et un sourire de satisfaction dérida la face ascétique et monacale du chef du grand État-major. Il fallait continuer.

A Ferrières, M. de Bismarck n'aurait point repoussé la paix. Mais ses exigences avaient augmenté, et ce fut Jules Favre qui les jugea intolérables.

Quinze jours plus tard, aux premiers jours d'octobre, lorsque le général Burnside vint à Paris, le succès de sa mission tout officieuse n'aurait point déplu au chancelier. Sa veine continuait. Le comte de Bismarck poussait encore une masse. Mais il aurait volontiers « étouffé » le gain énorme déjà réalisé.

En ces premiers jours de novembre, en face de M. Thiers, il obéissait au même sentiment de prudence et de relative modération. Sans lui faire peur, Gambetta l'inquiétait. Il ne savait au juste combien de temps Paris pourrait tenir, et plusieurs fois déjà des signes d'impatience lui avaient échappé.

— Vous verrez, avait-il dit, que nous serons encore ici au printemps.

Pour s'imaginer qu'à cette époque il eût été aussi exigeant qu'il le fut trois mois plus tard, pour s'imaginer que, soit sous la forme territoriale, soit sous la forme pécuniaire, soit peut-être sous les deux formes, nous n'aurions pas été mieux traités, — il faudrait prouver que la reddition de Paris, l'écrasement définitif des armées de province, au sud, à l'est, à l'ouest et au nord, et enfin la conclusion des conventions qui créèrent l'empire d'Allemagne, ne furent d'aucun poids dans la balance, c'est-à-dire qu'il faudrait prouver l'absurde.

Donc, lorsque M. Thiers aborda M. de Bismarck, il trouva un homme disposé à traiter, en ayant arraché la permission à son maître, et ayant, pour l'arracher, combattu et vaincu les influences du parti militaire.

Au début, les négociations marchèrent assez bien. Le chancelier admettait l'armistice, le ravitaillement, ce qui était capital ; car l'armistice sans ravitaillement, c'est le blocus volontaire, c'est le siège continué sans danger pour l'assiégeant et sans espoir pour l'assiégé. Il admettait, non point les élections législatives pour l'Alsace-Lorraine, mais le choix de notables qui représenteraient les populations de ces pays.

Il ne faut pas oublier que, comme on ne traitait pas de la paix, mais d'une suspension d'armes, destinée à permettre la nomination d'une Assemblée et la formation d'un gouvernement régulier, il n'avait pas à faire connaître ses prétentions définitives sur nos terres ou notre argent.

On en était là, et M. Thiers espérait réussir, lorsque dans la nuit du mercredi au jeudi, on sut au quartier général, par les rapports d'avant-postes et bientôt après par les journaux de Paris, — qu'on se procurait avec quelques jours de retard, parfois quelques heures seulement, — les événements du 31 octobre.

Le parti de la guerre ne perdit point la carte.

Le maréchal de Moltke insista auprès du roi. Quoi ! on allait s'arrêter dans la victoire ? Quoi ! on allait accorder la paix à des gens qui s'entre-déchiraient ? Quoi ! on allait renoncer à la gloire de prendre Paris, troquant un gouvernement d'émeutiers à peu près raisonnables contre un gouvernement d'émeutiers encore pires ; au moment où la défense allait être paralysée, et l'armée régulière de Paris occupée peut-être à se battre contre la garde nationale ? Quoi, enfin ! on allait négocier, comme on négocie avec un grand peuple, avec des gens qui s'entre-tuaient, et dont la moitié allait peut-être venir demander le secours des Allemands contre l'autre moitié ! On était bien bon, vraiment ! On était plus que bon, on était dupe... On était fou !

Le jeudi matin, M. de Bismarck fut appelé chez le roi. Il discuta d'abord, se soumit ensuite, et retourna chez lui où M. Thiers vint le trouver.

Là, il lui parla des troubles de Paris que le négociateur ignorait absolument. Car les amateurs qui gouvernaient et qui avaient transigé avec l'émeute, n'avaient pas même eu l'idée élémentaire d'envoyer un parlementaire chargé de dire à leur représentant : « Vous savez, ce n'est rien, nous sommes toujours là et plus forts que jamais. » C'était bien trop simple.

Sans nouvelles, se demandant si les gens qui lui avaient donné ses instructions et confié son mandat existaient encore, M. Thiers devint une proie facile pour le chancelier résigné à continuer la guerre. Il suffit à ce dernier de faire avancer des arguments nouveaux, comme M. de Moltke poussait des troupes fraîches. Il demanda des garanties militaires, un fort ou deux. C'était demander Paris.

M. Thiers ne put retenir ce mot : « Mais c'est une indignité ! » Aussitôt M. de Bismarck, imperturbable, continua la conversation en allemand jusqu'à ce que son interlocuteur, complètement décontenancé, lui eût dit, avec des larmes dans la voix :

— Mais, monsieur le comte, vous savez bien que je ne comprends pas l'allemand.

Et le chancelier, qui sait et parle le français aussi bien qu'on le parle à l'Académie, qui connaît le génie de notre langue comme un agrégé de grammaire, de répliquer :

— Je reviens à mon langage national, parce que mon ignorance de votre langue a pu seule faire que j'aie dit ce que vous appelez une indignité.

Il a raconté lui-même l'anecdote et la leçon à ses familiers.

M. Thiers n'avait plus qu'une chose à faire : retourner au pont de Sèvres et conférer avec Jules Favre, car il ne lui plaisait point de rentrer à Paris, où il ne se jugeait plus en sûreté, qu'il devait évacuer si précipitamment au 18 mars. M. Thiers avait déjà pris ses précautions à cette époque, et recommandé son hôtel et ses vieux domestiques à Edmond Adam, le préfet de police, qui avait promis de s'en inquiéter.

M. Thiers était un ambitieux très habile, un écrivain très instruit, un vulgarisateur très clair, mais il n'a jamais été un brave à trois poils ; et la preuve, dirais-je, si j'osais risquer une plaisanterie, c'est qu'il se rasait comme un acteur ou un curé. Il aimait parler de la guerre, mais non la faire. Il aimait les revues, mais pas les boulets ni les balles. On n'est pas parfait! Étant donnée sa situation, il avait bien raison. Les gens qui se font tuer n'ont d'autre but ici-bas que d'édifier la fortune des avocats et des rhéteurs. Ce n'est pas le chien qui mange le gibier. On ne peut pas être chien et chasseur à la fois.

Donc, M. Thiers revint à Sèvres, vit Jules Favre. Le gouvernement délibéra, rejeta l'armistice avec les aggravations que désirait M. de Bismarck, et renvoya M. Thiers en province.

Il ne faudrait pas croire que si sa mission eût réussi, elle eût mécontenté l'opinion des classes moyennes de la capitale, les plus nombreuses et les seules réellement intéressantes. Ces classes étaient parfaitement résignées à une paix honorable, et commençaient à trouver que le siège durait bien longtemps, toutes prêtes, d'ailleurs, à subir, comme elles l'ont fait, de nouvelles angoisses et de nouvelles privations, dès qu'elles crurent que l'honneur commandait de tenir encore, et que tout n'était point désespéré.

L'armistice n'eût mécontenté que quelques militaires qui s'illusionnaient encore, quelques patriotes exaltés, quelques républicains tenaces qui, après avoir admis que l'Empire devait perdre la France, ne pouvaient pas admettre que la République ne dût pas la sauver, et enfin la canaille du 31 octobre qui, elle, ne désirait pas la paix, car elle ne se battait pas contre le Prussien ; on la nourrissait à ne rien faire, et elle aimait son fusil parce qu'elle espérait s'en faire un outil d'affranchissement, de jouissance et de paresse.

J'allais oublier les épiciers qui n'avaient pas encore écoulé leurs provisions, qui les cachaient pour faire monter les prix, et que l'alerte de l'armistice força à les étaler, à les offrir à meilleur marché. Tout ce qui ne fut pas vendu, disparut dans les caves, le jour où l'armistice fut repoussé, pour n'en sortir qu'à prix d'or. Ces braves gens veulent bien être patriotes, mais à la condition que le patriotisme ne nuise pas aux affaires.

Que d'hommes, hélas! croient dire : J'aime bien ma Patrie, qui disent en réalité : Je m'aime bien !

C'est pour cela que le meilleur des gouvernements est celui qui sait rattacher aux intérêts de la Patrie le plus grand nombre d'intérêts personnels et particuliers.

Alors, on adore tellement sa Patrie en s'adorant soi-même en elle, que parfois on s'oublie jusqu'à se sacrifier pour elle. Et tout va bien ainsi.

On me rendra cette justice que je m'efforce d'être franc et de ne flatter personne.

Eh bien, en toute sincérité, je dois dire qu'en mon âme et conscience, la perspective de la paix, d'une paix honorable, sérieuse, et précédée d'un ravitaillement désiré, ne fut pas pour peu de chose dans le vote du 3 novembre. On n'était point fâché de fortifier un gouvernement qui préparait la paix, et d'écraser à coups de bulletin les hordes qui criaient : « Pas d'armistice ! »

Vote confus, vote singulier, vote bizarre.

Au 31 octobre, il s'agissait, on s'en souvient, de

procéder aux élections municipales, disaient les gouvernementaux ; aux élections de la Commune, disaient les autres. Les maires, réunis à l'Hôtel de Ville, en avaient ainsi décidé, et le gouvernement avait consenti. Des affiches en ce sens furent même placardées, qui furent désavouées ensuite.

Le lendemain, il s'agissait de se prononcer par OUI ou par NON sur la question de savoir si les élections auraient lieu bientôt.

Le surlendemain, il s'agissait d'autre chose encore ; ceux qui voulaient conserver le gouvernement de la Défense devaient voter OUI, les autres devaient voter NON.

OUI ! NON !... Mais je connaissais cela. C'était le plébiscite...

Mon Dieu, oui, le plébiscite organisé par les antiplébiscitaires. Le OUI, sollicité par les partisans du NON. Les bottes de Bonaparte chaussées par les avocats.

Rien n'y manqua, pas même le vote de l'armée.

Au mois de mai, le plébiscite impérial avait eu l'inconvénient de révéler, à un homme près, le nombre de nos soldats à l'Allemagne, à notre rivale. On avait trouvé cela absurde et dangereux.

Au mois de novembre, c'est-à-dire six mois plus tard, jour pour jour, le plébiscite républicain révéla, à un homme près, à notre rival devenu notre assiégeant, le nombre de nos défenseurs. Le gouvernement, composé de ceux qui avaient justement trouvé en mai le vote de l'armée absurde et dangereux, trouva, en novembre, ce vote intelligent et sans danger.

On vota le jeudi, 3 novembre.

L'armée donna : 236,623 OUI et 9,053 NON. La population : 321,373 OUI et 53,585 NON.

Comme Napoléon III, le gouvernement fit une proclamation pour exprimer sa satisfaction et remercier le peuple de sa confiance!

C'était admirable.

Le samedi, 5, on nomma les maires, et un sieur Mottu, l'un des chefs du 31 octobre, révolutionnaire renforcé, tout à fait inconnu, fut celui de tous qui obtint le plus grand nombre de voix.

Le surlendemain, on nomma les adjoints. Les abstentions furent nombreuses; la plupart de ces magistrats représentaient des minorités.

Je désirerais que mes lecteurs m'estimassent assez pour penser, sans que je le leur dise, que je ne pris aucune part à ces différentes momeries électorales. Le mot est peut-être fort : il ne me fait pas peur.

Je ne me voyais pas bien, moi, officier, allant déposer, dans une urne, un bulletin de vote qui vaudrait autant que celui de mon général en chef et que celui du soldat qui cirait mes bottes ou pansait mes chevaux, et aucune puissance humaine n'aurait pu m'arracher un acte que je considérais comme la plus stupide et la plus révoltante des absurdités.

Je me place à ce moment au point de vue exclusivement militaire.

Si j'avais voulu envisager les choses comme citoyen, j'aurais agi de même. Ma cervelle se refuse entière-

ment à comprendre un mécanisme politique qui donne
l'équivalence absolue à la volonté d'un docteur en droit
et à celle d'un illettré, à la volonté de M. Thiers et à
celle de son concierge, à la volonté de Victor Hugo
et à celle de son porteur d'eau, à la volonté de l'arche-
vêque de Paris et à celle d'un souteneur de barrière,
à ma volonté et à celle de mon domestique.

Une nation dont l'existence repose sur cette donnée
antiscientifique, sur ce mécanisme barbare, est une
nation absurde, et dans la nature ce qui est absurde
ne dure pas. J'en suis fâché, mais c'est ainsi.

Paris, réconforté par la nouvelle de la reprise d'Orléans, vit s'envoler, sans trop de regret, ses rêves
d'armistice et de paix. Le petit train-train militaire
et gouvernemental recommença donc après la grosse
émotion du 31 octobre.

Le gouvernement pérorait et tenait séance, le gouverneur travaillait et visitait les ateliers, le général
Schmitz s'enfonçait et se complaisait dans son infer-
nale besogne, et nous autres, dans le salon vert, nous
recevions les visiteurs, écoutions leurs doléances, ré-
pondions à leurs réclamations.

Il y eut cependant quelques changements dans le
haut personnel gouvernemental. Ed. Adam avait donné
sa démission pour ne point participer, en dépit de
la parole donnée, aux arrestations des auteurs de
l'échauffourée qui eurent lieu après le vote plébisci-
taire. Le général Tamisier avait joué un rôle assez
piteux au 31 octobre. En somme, une partie de la
garde nationale s'était révoltée. Il commandait en chef

cette garde nationale, et il n'avait réussi ni à la maintenir ni à la dompter. Il avait fallu qu'une partie d'entre elle vînt l'arracher aux mains de l'autre partie. Il céda le commandement à Clément Thomas, qui paraissait plus ferme. Celui-ci eut un autre sort : il ne fut pas séquestré par ses soldats : il devait être fusillé par eux.

Le bruyant Arago ne faisait plus plaisir à voir aux membres de la Défense, depuis qu'il les avait suppliés de décréter les élections municipales, et depuis qu'il avait dénoué devant eux l'écharpe aux trois couleurs, symbole de ses fonctions. Ces messieurs ne lui pardonnaient pas de n'avoir point réussi à assurer leur sécurité dans le palais municipal. Il fut remplacé par Jules Ferry, qu'on disait très énergique, et dont j'ai raconté l'attitude en face d'Edmond Adam et le rôle militaire au 31 octobre.

On organisa les compagnies de marche de la garde nationale, et on exécuta diverses reconnaissances autour de Paris. Enfin, on prépara la grande affaire de Champigny.

Paris s'amusait, entre temps, avec les pigeons et leurs dépêches microscopiques, avec les ballons, avec les clubs, dont les orateurs étaient plus violents et plus fous que jamais.

Le moment est venu, il me semble, de crayonner en quelques lignes le croquis de Paris assiégé, et de dire quelles formes nouvelles avait revêtues la vie intérieure de la capitale, en ces jours de la fin de novembre, où l'on peut dire sans exagération que le siège battait son plein.

CHAPITRE XIV

PARIS

Paris Personne. — Tout le monde soldat. — Les vivres. — Le
rationnement. — Les queues. — Chiens et chats. — Les animaux du Jardin d'acclimatation.—Trompe et pieds d'éléphants.
— Prix des denrées. — Les théâtres. — Le gaz et les ballons.
— Les pigeons voyageurs. — Restaurants. — Cantinières et
ambulancières. — Un ami.

Le Parisien s'exagère sans doute l'importance de
sa ville, et il porte à rire quand il en fait le centre du
monde; mais on ne peut lui refuser un attachement
sérieux, profond, invétéré, au coin de terre qu'il
habite. Si le premier de ces deux sentiments a besoin
d'être excusé, le second n'a pas besoin d'être expliqué; car Paris, je l'avoue, a tout ce qu'il faut pour
séduire, non pas seulement le badaud ou le viveur,
mais le penseur et l'artiste.

Où trouver une ville qui ait une physionomie à la
fois plus vivante et plus caractéristique, plus à elle,
mieux faite pour tenter le pinceau, la plume, pour
amorcer le rêve ou piquer la curiosité?

Paris vit, Paris a un visage, des gestes, des habitudes,

des tics, des manies. Paris, quand on le connaît, n'est pas une ville, c'est un être animé, une personne naturelle, qui a ses moments de fureur, de folie, de bêtise, d'enthousiasme, d'honnêteté et de lucidité ; comme un homme qui est parfois charmant et parfois insupportable, mais jamais indifférent.

On l'aime ou on l'exècre ; il attache ou il repousse, mais il ne laisse personne froid.

Rien ne serait donc plus curieux, plus instructif, que de dépeindre, dans leur ensemble et dans leurs détails, les modifications profondes apportées par le siège dans cette vie du colosse, dans sa physionomie.

Malheureusement, il me faudrait pour cela la plume d'un grand littérateur doublé du crayon d'un grand artiste, et je confesse ma parfaite insuffisance personnelle, aussi bien que celle du cadre dans lequel j'évolue.

Je veux cependant consigner ici quelques-uns des tableaux qui ont frappé ma rétine et éveillé mon attention, par ce seul fait qu'ils ne ressemblaient pas à ce que j'avais l'habitude de voir jusque-là.

Au premier coup d'œil, ce qui saisissait dans Paris assiégé, c'était le nombre des uniformes. Tout le monde était soldat, et il n'y avait guère que les membres du gouvernement qui n'arborassent point au moins un képi, comme symbole du costume militaire. Alors même qu'aucune action n'était annoncée ni préparée, les rues, les boulevards et les places n'étaient guère sillonnés que par des gens affublés de vêtements dont les boutons, sinon la coupe, rappelaient l'uniforme.

On cousait une bande de drap rouge à son pantalon, une douzaine de boutons blancs à une vareuse ou à un veston, on se coiffait d'un képi de trente sous, on abattait ses favoris, et on était soldat, défenseur de la Patrie. Les gens isolés circulaient avec leurs fusils, se rendant à un rassemblement quelconque ; les omnibus parcouraient le boulevard, hérissés de canons de fusils et semblables à des pelotes d'épingles ou à des porcs-épics.

Dans les cafés et les restaurants, mêmes allures martiales. Les places et les carrefours, le chemin des fortifications, étaient utilisés pour les exercices, où des officiers improvisés apprenaient ce qu'ils ne savaient guère à des soldats novices qui ne savaient rien du tout.

Donc, tout le monde était soldat, ou à peu près. Quant à être bon soldat, ceci est une autre affaire. La bourgeoisie, les boutiquiers, les employés et l'aristocratie, qui fournissaient les bataillons du centre, firent leur devoir, posément, sérieusement. Quant aux bataillons des faubourgs, quant aux bataillons populaires, je mentirais en disant que c'étaient de bonnes troupes, et je dois avoir le courage de déclarer qu'ils se réservèrent généralement tant qu'on n'eut que les Prussiens à combattre, et qu'ils ne se comportèrent un peu proprement, au point de vue militaire, que lorsqu'ils eurent en face d'eux l'armée française.

Il y avait trop de ce que nous appelons des « pratiques » dans ces bataillons, et quand elle n'est pas matée par des cadres énergiques, officiers ou sous-officiers, une pratique suffit à désorganiser la compagnie qui la contient, et à laquelle ladite pratique sert à la fois d'amusement et de dissolvant.

On ne se battait pas, on ne montait pas sa garde tous les jours ; mais on mangeait tous les jours, et la question des subsistances était à la fois la plus importante de toutes les questions et celle qui, plus que toutes les autres, devait influer sur la physionomie de Paris.

Aux jours dont je parle, le rationnement était rigoureux. On aurait dû l'imposer le lendemain même de l'investissement. Mais alors, ceux-là mêmes qui gouvernaient et faisaient des proclamations ne croyaient pas à la durée du siège. Ce ne fut que plus tard que l'on pensa à tenir aussi longtemps que possible, afin d'immobiliser le plus d'Allemands qu'on pourrait autour de Paris, et de seconder ainsi l'action du jeune dictateur qui faisait jaillir des armées du sol en le frappant du pied.

On ne pensa donc au rationnement que trop tard. Si on avait appliqué à temps cette mesure, on eût pu résister peut-être un mois de plus ; car il est certain qu'au début du siège beaucoup de farine fut gaspillée.

Le rationnement infligea l'obligation de faire la queue aux portes des bouchers et des boulangers. Chaque ménage était muni d'une carte délivrée par les mairies et établissant son droit à tant de grammes de viande ou de pain. La bonne, ou la mère de famille, ou la jeune fille, ou l'enfant, stationnaient des heures entières à la porte des boutiques, sous la pluie, sous la neige, les pieds mouillés, grelottant. Et Dieu sait combien de fluxions de poitrine, combien de phtisies ou de rhumatismes furent ainsi contractés. Les malheureuses supportaient sans broncher et sans se plaindre ces expéditions fatigantes, qui étaient leurs sorties, à elles. Les femmes, pendant tout ce siège, donnèrent aux hommes des exemples de courage, d'abnégation, de dévouement, que ceux-ci n'imitèrent pas toujours assez.

C'était un spectacle à la fois navrant et touchant que celui de ces longues files de femmes, presque toutes aux vêtements noirs, groupées à la porte des fournisseurs et contenues par des gardes nationaux, avec lesquels elles commençaient d'abord par rire, jusqu'à ce que la souffrance et le froid eussent endormi la gaîté et quelquefois appelé des larmes.

Petit à petit, les magasins se vidèrent. Les réserves faites hâtivement avant le siège s'épuisèrent, et tandis que les petits enfants privés de lait mouraient en quantité, tandis que d'autres, nourris de vin sucré et de pain, devenaient rachitiques, les adultes s'ingénièrent à chercher des suppléments à la maigre pitance rationnée par l'autorité.

Les boucheries de chiens et de chats s'installèrent. Les pâtés de rats firent leur apparition. Le chat en gibelotte n'est pas mauvais, et, pour passer des gouttières dans les casseroles, la malheureuse bête n'attend pas toujours la venue des Prussiens. Le chien jeune et gras est un manger supportable. Quant au rat, au rat d'égout, bien gras et bien gros, sauf une petite odeur musquée, il double, avec beaucoup de poivre et de muscade, sans trop d'infériorité, le canard dans une croûte.

Les rats ont, à Paris, certains endroits de prédilection, comme, par exemple, le voisinage des restaurants et des hôtels. Un de leurs paradis favoris, c'est le Jardin des Plantes, où ils disputent aux animaux rares ou aux volatiles la nourriture administrative. Le séjour du Jardin des Plantes leur fut très funeste à cette époque, car les employés du Muséum en firent des hécatombes et les mangèrent.

Les commensaux des rats, c'est-à-dire les animaux de la ménagerie, qui représentent une valeur considérable, avaient été pourvus, par les soins de l'administration que dirige Milne-Edwards, de provisions suffisantes pour traverser les privations du siège. Il y avait du foin pour les herbivores, du grain pour les volatiles, et les carnassiers ne manquèrent jamais de rosses succulentes, puisque, lorsque Paris se rendit, il y restait encore plus de trente mille chevaux.

Mais, s'ils avaient de quoi vivre, ils n'avaient pas de quoi recevoir, et voilà qu'au début du siège, les animaux du Jardin d'acclimatation, chassés du Bois de Boulogne que fouillaient les obus, vinrent demander à leurs confrères l'hospitalité.

Cela ne pouvait durer bien longtemps, et il fallut se résigner à sacrifier les nouveaux venus dès le milieu d'octobre.

Voici un tableau des bêtes vendues, tuées et mangées, qui est, je crois, inédit, — qui est, j'en suis sûr, curieux, — et que je dois à l'obligeance de M. Geoffroy-Saint-Hilaire, directeur du Jardin d'acclimatation.

DATES DES VENTES.	NOMS DES ACHETEURS.	NATURE DES ANIMAUX.	PRIX.
			fr.
18 oct. 1870.	M. Courtier.	1 zèbre nain.	350
18 —	—	2 buffles	300
23 —	M. Lacroix..	2 cerfs d'Aristote . .	500
23 —	—	12 carpes	150
24 —	M. Deboos. .	2 yacks.	390
25 —	M. Groszos..	3 oies.	60
27 —	M. Lacroix..	1 petit zèbre	400
28 —	M. Bignon. .	1 lot de poules, canards, etc.	862
31 —	M. Deboos..	1 lot de canards. . .	115
3 nov. 1870.	M. X	11 lapins.	100
17 —	M. Deboos. .	2 rennes	800
21 —	—	2 antilopes nilgaux .	1.000
22 —	M. Lacroix..	1 faon axis.	300
26 —	M. Deboos. .	2 cerfs wapitis . . .	2.500
9 déc. 1870.	—	1 antilope nilgau . .	650
15 —	—	2 chameaux.	4.000
15 —	—	1 veau yack.	200
20 —	—	2 chameaux.	5.000
29 —	—	2 éléphants.	27.000

On me croira sans peine si j'affirme qu'il n'y avait dans les abattoirs de Paris aucune tradition relative à l'abattage des éléphants, et que, par conséquent, on fut un instant embarrassé pour transformer ces deux gros animaux, Castor et Pollux, en viande de boucherie.

M. Devisme, l'armurier, vint avec une carabine et une balle explosible qui devait foudroyer la bête. Castor reçut la balle dans le corps et ne fut nullement foudroyé. Il se déclara seulement une très forte hémorragie, mais qui pouvait durer longtemps sans amener la mort. L'animal, habitué à des soins continuels, semblait persuadé que sa blessure était due à un accident, et se prêtait avec la plus grande docilité à ce qu'exigeaient de lui ses bourreaux.

On lui tira, avec un chassepot, une balle conique à pointe d'acier dans la cervelle. Castor tomba, mais il fallut une troisième balle pour l'achever.

Pollux résista moins, et fut foudroyé par une balle tirée à bout portant derrière l'oreille.

Les éléphants et bien d'autres animaux furent achetés, comme on vient de le voir, par M. Deboos, le propriétaire de la boucherie anglaise de l'avenue Friedland. Cet établissement était devenu pendant le siège une sorte d'institution. Il fit un chiffre colossal d'affaires, sans chercher à réaliser de grands bénéfices. Il resta jusqu'au bout garni de viandes bizarres, appétissantes, et, bien souvent, en allant aux remparts, les gardes nationaux mal nourris protestaient par leurs cris et leurs huées contre les richesses gastronomiques suspendues à l'étal. Il fallut même que le maire de l'arrondissement, M. Carnot, et son adjoint, M. Denormandie, prissent des mesures pour assurer la sécurité de cette boucherie.

La viande d'éléphant fut vendue de 50 à 60 francs le kilogramme. Le kilogramme de trompe atteignit

80 francs. La trompe et les pieds furent d'ailleurs proclamés par les gourmets un manger délicieux.

Dans la même maison, une portée de louveteaux fut enlevée à raison de 24 francs le kilogramme. La chair en était molle et sans consistance.

L'animal qui coûta le plus cher à M. Deboos fut un petit agneau vivant, qui pesait 25 livres et qu'un franc-tireur avait dérobé aux avant-postes. Il fut payé 500 fr.

La viande de yack fut unanimement préférée à toutes les autres, et reconnue comme étant d'une qualité tout à fait exceptionnelle.

La boucherie ne vendit pas de cheval, mais elle se procura des poulains qu'elle détailla sous l'étiquette de viande d'élan. Les consommateurs déclarèrent l'élan succulent.

La viande des casoars fut achetée par le baron de Rothschild, un bon client de la boucherie, et presque tous les perroquets furent mangés par Arsène Houssaye et le docteur Ricord.

Voici encore quelques prix relevés sur les livres de M. Deboos :

Payé 2 petits sangliers.	1,200 fr.
Casoars de la Nouvelle-Hollande	200
Ours.	500
2 oies et 7 volailles diverses	155
Payé pour 2 louvards et 1 biche de Bologne	570
2 porcs-épics	100
1 kanguroo.	100
1 id.	150
1 grand casoar.	600

Toujours à propos des éléphants, je trouve et je transcris ici une lettre de M. Geoffroy Saint-Hilaire au grand boucher anglais.

Paris, le 26 décembre 1870.

Monsieur Deboos,

Au temps où nous sommes, on ne sait ni qui vit ni qui meurt ; par conséquent, il ne faut pas faire des affaires en l'air.

Ma responsabilité vis-à-vis de la Société que je représente ne me permettrait pas de vous livrer les éléphants sans en avoir encaissé le prix, ou, du moins, sans avoir entre les mains un titre quelconque. Faites-moi donc le plaisir, si vous prenez livraison de mes animaux demain ou avant que je sois descendu de garde, de remettre au gardien Blondel une lettre à moi adressée, par laquelle vous me direz que vous me remettrez le prix des deux éléphants, vingt-sept mille francs, jeudi matin, 29 décembre. De cette façon, ayant un titre dans les mains, ma responsabilité sera couverte.

Ne prenez pas ceci en mauvaise part, j'ai toute confiance en vous, mais les affaires sont les affaires.

Je vous salue cordialement,

Signé : Geoffroy Saint-Hilaire.

Voici encore un tableau très exact des différents prix des denrées alimentaires à la fin du siège :

1 kilogramme de cheval.		20 fr.
1 — de chien		8
1 — de jambon		80
1 chat.		15
1 lapin.		50
1 dindon.		150

1 œuf	5 fr.
1 rat.	2
1 pigeon.	15
1 kilogramme de beurre.	160
1 litre de haricots.	8
1 boisseau de carottes.	75
1 — de pommes de terre.	35
1 — d'oignons.	80
1 chou.	16
1 poireau	1
1 pied de céleri.	2
1 échalote	0,50
Bois vert, les 100 kil.	20

On peut conclure de la lettre de M. Geoffroy Saint-
Hilaire, vue plus haut, qu'on ne faisait pas de crédit.
C'était vrai. Tout se payait comptant. Mais, en retour,
débiteurs et créanciers avaient conclu une trêve.
Propriétaires et locataires avaient signé une suspension d'hostilités, contresignée par les concierges eux-
mêmes. Et les garçons de la Banque, au lieu de venir
de porte en porte, avec les portefeuilles d'où sortent
les billets à ordre et où s'engouffrent les billets de
banque, manœuvraient, en vieux braves qu'ils sont
presque tous, groupés en un bataillon splendide qui
protégea la Banque, non seulement pendant le siège,
mais encore pendant la Commune.

Pendant que les heureux du siècle, les richards,
faisaient des repas de Mohicans, et découvraient
dans Paris les ressources culinaires que les forêts
vierges réservent aux hardis trappeurs, je laisse à
penser quelle cuisine on mangeait dans les petits

restaurants, dans les bouillons, dans les crémeries.

Quelques grands restaurants seuls avaient conservé leur clientèle aristocratique : le café Anglais, Bignon, Voisin et Durand.

Ce fut au café Anglais qu'on mangea les dernières bouchées de pain blanc. On pétrissait dans les caves. Voisin se distingua par la façon appétissante dont il sut dénaturer les choses.

Dans les cercles, les officiers de bouche rivalisèrent de zèle et d'ingéniosité. La table des clubs fut une ressource précieuse pour nombre de Parisiens qui avaient mis leur famille en sûreté, et qui étaient revenus prendre part, en garçons, aux fatigues et aux émotions du siège. Les prix des repas n'avaient été augmentés que d'une façon insignifiante, et on pouvait manger à sa faim sans dépenser en une semaine la dot de sa femme.

Aussi les candidatures furent-elles nombreuses dans les grands cercles, nombreuses, mais repoussées pour la plupart, les anciens membres désirant ne point trop endetter la caisse chargée de subvenir à la table, et ne point épuiser trop vite les provisions accumulées.

Au Jockey-Club, il y eut cependant d'assez nombreuses admissions. La lutte est intéressante à rappeler, je le crois. On admit en janvier 1871 :

> MM. le prince de Clermont-Tonnerre.
> E. Blount.
> Arthur O'Connor.
> le baron Brunet.

MM. le baron J.-N. de Rothschild.
    le comte de Kergariou.
    le vicomte de La Londe.
    le vicomte d'Haussonville.
    Richard Wallace.
    le comte de Quinsonas.
    le comte de Vigneral.
    le vice-amiral La Roncière le Noury.
    Charles Haas.
    Jules Bégé.
    Edgar Passy.
    le vicomte Edmond de La Panouse.

Veut-on savoir maintenant ce que consommaient les dîneurs du Jockey? Voici le menu du 1er janvier 1871 :

Potage au pain.

1er Service.

Côte de bœuf rôtie.
Poule au riz.

2e Service.

Épinards au jus.
Glace groseille et vanille.

Ce n'était pas trop mal après trois mois et demi de siège, n'est-il pas vrai? Mais c'était maigre, comparé aux menus ordinaires du cercle. Ainsi, voici, comme point de comparaison, le menu du 1er janvier 1884, un menu normal.

MENU DU 1ᵉʳ JANVIER 1884 AU JOCKEY-CLUB.

Potage.

Consommé aux œufs pochés.

1ᵉʳ *Service.*

Soles à la Colbert.
Culotte de bœuf à la flamande.
Poulets sautés à la chasseur.

2ᵉ *Service.*

Cuissot de chevreuil, sauce poivrade.
Pommes de terre à la crème.
Pannequets à l'abricot.

Dessert.

Poires, pommes.
Mendiants, petits gâteaux.

Et puisque je parle du Jockey-Club, on me passera, je l'espère, un petit accès d'orgueil confraternel, et on me permettra, laissant là cuisine et victuailles, de rappeler que ce grand et aristocratique cercle eut huit de ses membres tués à l'ennemi. En voici la liste glorieuse :

Comte Robert de Vogué, capitaine au 1ᵉʳ spahis, le 6 août. Bataille de Reichshoffen.

Guy Dubessey de Contenson, colonel du 5ᵉ cuirassiers, le 30 août. Combat de Mouzon.

François Fiévet, colonel du 16ᵉ d'artillerie, le 1ᵉʳ septembre. Siège de Strasbourg.

Vicomte de Rafelis de Saint-Sauveur, capitaine au 3ᵉ zouaves, le 1ᵉʳ septembre. Blessé mortellement à la bataille de Reichshoffen.

Louis-Armand Le Sergeant d'Hendecourt, capitaine d'état-
major, le 1er septembre. Bataille de Sedan.

André Picot, comte de Dampierre, commandant le 1er bataillon des mobiles de l'Aube, le 13 octobre. Combat de
Bagneux.

Vicomte de Grancey, colonel du régiment des mobiles de la
Côte-d'Or, le 2 décembre. Bataille de Champigny.

Charles d'Albert, duc de Luynes et de Chevreuse, capitaine
adjudant-major au 1er bataillon des mobiles de la Sarthe,
le 2 décembre. Combat de Loigny.

Je devrais peut-être, pour obéir à la loi des contrastes, après avoir parlé de la vie encore confortable,
après tout, des citoyens riches, dépeindre avec couleurs noires, avec force bitume, l'existence du pauvre,
de l'ouvrier sans travail, du mendiant. Cela me serait
difficile, pour une excellente raison. C'est que le siège
de Paris fut certainement la période de notre histoire
où l'on compta le moins d'indigents. En effet, l'État
payait et nourrissait tout homme valide, sa femme et
ses enfants, et l'Assistance publique, c'est-à-dire encore l'État, se chargeait des autres.

Par la force des choses, Paris, à cette époque,
devint une sorte de grand atelier national, et on ne
me sortira pas de l'idée que si les ateliers nationaux
de 1848 amenèrent les journées de Juin, l'oisiveté
forcée et rémunérée du siège a été pour beaucoup
dans la genèse de la Commune.

D'autant plus que le vin et l'eau-de-vie furent les
seules denrées dont on avait assez pour ne pas les
rationner. Aussi les gardes nationaux en profitèrent-ils,
et tout le monde sait que la consommation de l'alcool

fut énorme pendant toute cette période. Joignez à cela les excitations continuelles des clubs, les fièvres entretenues par les dépêches invraisemblables et les proclamations, obligatoirement ardentes, qui tombaient de temps en temps au milieu de la population; les alternatives continuelles d'enthousiasme, de colère, de déceptions et d'espérances; le trouble porté dans les idées par des spectacles nouveaux, les paniques succédant aux confiances; l'ébranlement cérébral produit par le grondement continu, dans les derniers jours, des canons qui bombardaient; les inquiétudes perpétuelles,—et vous aurez les éléments de ce qu'on a appelé la folie obsidionale.

Et encore les Parisiens de Paris, encadrés dans leur voisinage, connaissant leur quartier, soutenus par la solidarité des relations, s'en tiraient-ils tant bien que mal; mais que dire de ces infortunés qui avaient fui devant l'invasion, et s'étaient engouffrés dans Paris sans y connaître personne? Que dire encore des pauvres diables chassés de chez eux par le bombardement, et rabattus par les obus vers le centre?

On avait réquisitionné pour tout ce monde des logements inoccupés, dont quelques-uns étaient fort luxueusement décorés, et habités d'ordinaire par des familles aristocratiques. On campait dans des salons admirables. On étendait, entre des murs recouverts de satin ou de moulures dorées, des cordes sur lesquelles on faisait sécher le linge lavé, ou les langes des bébés. On grillait du cheval dans des cheminées de porphyre. Et ces réfugiés ahuris ne savaient se diriger dans les rues inconnues, restaient là, hébétés, sans penser, sans savoir où ils étaient et où ils en étaient.

En ces premiers jours de décembre, Paris la nuit, — et la nuit vient vite en décembre, — était tout simplement lugubre.

La Compagnie du Gaz, si habilement dirigée par M. Camus, avait fait tout ce qu'elle avait pu. Elle avait, au début, des approvisionnements considérables de combustible, mais quels approvisionnements auraient pu résister aux huit cent mille becs de gaz qui brûlent sur la voie publique à Paris, et aux millions de becs allumés dans les locaux particuliers? Ceux-là furent privés les premiers d'éclairage, puis, peu à peu, les lampadaires des rues allumés devinrent plus rares. Dans quelques-uns on mit des lampes à pétrole, dans d'autres des bougies; mais la plupart restèrent sombres, laissant grandir autour d'eux les immenses taches d'ombre qui s'étendaient sur la ville.

Paris sans gaz est effrayant. Quand on marche à travers champs, fît-il noir comme dans un four, on a le sentiment que tout repose, que tout dort autour de soi. A travers Paris il en va autrement. Dans le silence et dans l'obscurité, on a le sentiment que quelque chose d'énorme et de malade se remue et se traîne autour de vous. On est positivement terrifié. On se croirait dans une cave pleine de frôlements suspects, de plaintes sourdes, de chausse-trapes béantes, alors que la terreur paralyse et qu'on sent sur sa tête ses cheveux qui se hérissent et se décolorent.

La Compagnie du Gaz, à mesure qu'elle restreignait son allumage, versait son personnel inoccupé dans les cadres d'un bataillon, puis de deux bataillons organisés par elle, et merveilleusement organisés.

Et elle ménageait ses ressources de combustible pour faire face au gonflement des ballons, et pour la compensation des fuites dans le système des conduites.

Tout le monde connaît l'histoire des ballons pendant le siège. Ce fut sur la place Saint-Pierre, à Montmartre, que fut établie leur gare, et le premier qui s'éleva, le 12 septembre, fut un ballon captif de 1,200 mètres cubes, qui devait servir d'observatoire militaire, et qu'on lança avec le premier paquet de lettres le 24 septembre.

Quant à la compensation des fuites dans les conduites, elle était de la première nécessité, voici pourquoi. Tout le monde sait que le gaz d'éclairage est combustible, mais non détonant; il ne forme de mélange détonant que lorsqu'il est mélangé avec l'air dans une certaine proportion.

Pour éviter ce mélange, il faut que les conduites soient toujours remplies. Moyennant quoi, on n'a pas à redouter de voir, comme on le craignait pendant le siège, un quartier sauter parce qu'un gazomètre ferait explosion.

D'abord un gazomètre ne fait pas explosion. Le gaz qu'il contient se brûle en une gerbe immense, si on y met le feu, et puis c'est tout. L'exemple s'en est produit alors. Un obus allemand a éclaté dans un gazomètre. Le gaz a brûlé et s'est échappé en quelques secondes, comme un météore gigantesque et flambant, par l'ouverture produite par l'obus, et cela s'est terminé ainsi. Un autre obus a éclaté dans un autre gazomètre, et cette fois-là, le gaz n'a même pas été enflammé. Le personnel du Gaz avait préparé dans chaque usine des plaques de tôle toutes boulonnées, prêtes à remplacer les parties perforées. Ces mesures de précaution ont été appliquées, et des réparations ont été exécutées sous le feu.

Il serait injuste de ne pas mentionner l'organisation d'une ambulance et les généreux sacrifices pécuniaires, que la défense de la capitale doit à la puissante Compagnie parisienne.

Je viens de parler des ballons, et c'est à vous que je pense aussitôt, pauvres petits messagers, chétives créatures, qui avez porté sous votre aile tant de joies, de tristesses, d'espérances et de douleurs, ô pigeons voyageurs, lignée de la colombe de l'Arche, qui, comme elle, partiez de l'arche dont Trochu était le Noé, et qui ne reveniez pas, hélas! aussitôt qu'elle, avertir, un rameau d'olivier au bec, les passagers que le déluge était fini, que les eaux rentraient dans leur lit, que l'Allemand regagnait sa patrie agrandie aux dépens de la nôtre.

Si vous aviez vécu dans l'antiquité, braves petites estafettes, on vous eût dressé des autels, ou tout au moins ouvert des refuges, comme à Venise. Vous n'avez pas seulement été fidèles, vous avez été aussi héroïques, car on a trouvé souvent vos petits corps gelés et tombés au pied des arbres où vous aviez cherché asile, en ces nuits terribles, où le froid faisait descendre le mercure à vingt-cinq degrés au-dessous de zéro.

Mais nous sommes, nous autres, aussi ingrats que vaniteux. La France vous a traités comme elle traite ses grands hommes, ô pigeons voyageurs! Non seulement elle vous a oubliés, mais après le siège combien d'entre vous n'ont-ils pas terminé leur épique carrière au fond d'une casserole, tandis que vos fils étaient déshonorés par le transport quotidien des inepties versaillaises!

Eh bien, moi, je l'avoue, je suis assez chauvin ou assez bête, comme on voudra, pour n'avoir jamais mangé un pigeon depuis quatorze ans.

Lors donc qu'un ballon partait, il emportait suspendus à ses cordages des paniers où se becquetaient de nombreux couples de pigeons voyageurs. Quand le ballon échappait aux Allemands, quand les pigeons, par conséquent, n'étaient pas accommodés à la choucroute et aux saucisses, il les portait au siège du gouvernement, et là on les chargeait de dépêches de la façon suivante :

La queue de ces oiseaux est composée de neuf grandes plumes : sur celle du milieu on fixait un petit tube de plume dans lequel était enroulée la dépêche écrite sur un morceau de papier pelure et infiniment réduite par la photographie.

La puissance de réduction des appareils employés était telle, que les quatre pages du *Journal officiel* de Tours ou de Bordeaux tenaient sur un papier grand comme un timbre-poste. Un pigeon emportait ainsi jusqu'à vingt mille dépêches particulières, soit le chargement d'une voiture avec le papier et les caractères habituels.

Il repartait, s'élevait en l'air, prenait le vent, et se dirigeait aussitôt sur Paris. Lorsqu'il n'était pas gelé en route, lorsqu'il n'était pas tué par les fusils prussiens, il arrivait à Paris et rentrait dans son colombier, en levant avec sa tête une petite trappe qui retombait derrière lui et l'emprisonnait. Il n'y avait plus qu'à détacher le tuyau de plume, qu'on portait à l'administration des Postes.

Le petit morceau de papier pelure, à cause de la finesse des caractères, ressemblait à un fragment de papier gris. On l'enfermait dans un appareil de lentilles grossissantes traversées par un jet de lumière électrique, et sur le mur la dépêche se reflétait, immense, au milieu d'un panneau de lumière de plusieurs mètres carrés.

Assis devant une table et faisant face au mur, vingt employés transcrivaient alors les dépêches sur autant de feuilles détachées que cela était nécessaire, et on remettait aussitôt au gouvernement et aux particuliers les télégrammes arrivés et écrits sur papier jaune, portant en tête un petit rectangle imprimé avec ces mots : *Indication du service* ; et, au-dessous, celui-ci, écrit à la plume par les employés : *Pigeon.*

La majeure partie des pigeons voyageurs fut fournie au gouvernement par M. Cassier, qui, lui-même, le 27 octobre, avait emporté en ballon un grand nombre de ces petits messagers qu'il avait de ses propres mains remis en liberté.

Au mois de juillet 1871, c'est-à-dire six mois après le siège, j'eus la curiosité de lui demander ce qu'étaient devenus ces pigeons. Il me répondit qu'il lui en restait quatre en tout. Les autres, au nombre de plus de deux cents, avaient succombé à leurs fatigues.

J'extrais ceci de la lettre qu'il m'adressa.

Voici la liste des pigeons qui ont survécu aux fatigues des courses, et qui ont fait le service pour le gouvernement depuis le mois de septembre dernier, époque à laquelle je les ai offerts au général Trochu pour la défense nationale.

1° Un mâle rouge ayant été emporté de Paris par M. de Kératry, revenu au milieu du mois d'octobre (celui-là sans série officielle).

2° Une femelle rouge partie de Tours le 19 décembre 1870 et porteur de la dépêche officielle série n° 36; arrivée à Paris, le 20 décembre.

3° Une femelle bleue, partie de Saint-Pierre-des-Cors, le 12 ou le 13 janvier, avec dépêche série 45.

4° Une femelle écaillée, partie de Saint-Maur, le 18 janvier, par un temps épouvantable, et arrivée le 20 janvier. C'est ce pigeon n° 4 qui clôt la série des dépêches officielles; c'est lui qui est arrivé le dernier à Paris pendant le siège.

Donc Paris, sans gaz, se couchait tôt en cet hiver inoubliable, et cependant, de temps en temps, il trouvait encore le moyen d'aller au théâtre, et la

Compagnie du Gaz allumait encore, de-ci de-là, quelques rampes devant les acteurs.

La Comédie-Française joua pendant tout le siège, au moins deux fois par semaine, son répertoire ordinaire. Les artistes de l'Opéra, réunis en société, donnèrent quelques spectacles coupés. D'autres théâtres, la Porte-Saint-Martin surtout, ouvrirent leurs portes pour des représentations à bénéfice. Il s'agissait de secourir une ambulance, de fondre un canon, de fournir à un bataillon, à une compagnie contenant des artistes, le moyen d'accomplir une bonne œuvre, et on jouait un drame, une comédie, avec intermèdes.

Les *Châtiments* de Victor Hugo constituaient un intermède quasi obligatoire. J'avoue que je n'aimais pas ces chants de haine éclatant au milieu de Paris obscur et étreint par la main de l'ennemi. Mais tout le monde se gargarisait de cette poésie; et de même que jadis, quand j'étais petit, dans toutes les bonnes soirées j'entendais invariablement une demoiselle roucouler « Petite fleur des champs », de même que plus tard, j'avais avalé des millions de fois, les « Feuilles mortes », de même, quand je m'égarais au théâtre, au concert, j'étais certain de voir survenir un monsieur sombre qui disait, en roulant des yeux féroces :

> L'enfant avait reçu deux balles dans la tête.

Et tout le monde faisait aussitôt une moue irritée et convaincue. Et pendant que l'on s'apitoyait sur les deux balles égarées dans la tête de cet enfant hypothé-'

tique, les obus allemands éventraient à quelques centaines de mètres de véritables enfants.

Je me souviens encore d'avoir reçu la lettre suivante
de faire part, d'un si saisissant laconisme :

Monsieur et madame Jules Legendre ont la douleur de
vous faire part de la mort de leurs filles Alice, âgée de
13 ans et demi, et Clémence, âgée de 8 ans, frappées par un
obus prussien.

J'ai dit deux mots déjà des admirables et pauvres
femmes qui stationnaient à la porte des bouchers et
des boulangers. Et les autres? me direz-vous. Elles
étaient toutes sublimes ou charmantes.

Il y avait les ambulancières, d'abord. Je n'ai pas
l'intention de dresser la liste de toutes les ambulances
publiques ou privées, ni même de conduire mes lecteurs au palais de l'Industrie, où l'arsenal général de
la lingerie était installé, et où le coup d'œil était des
plus étranges et des plus grandioses. Je veux seulement rappeler que les Parisiennes les plus distinguées tinrent à honneur de porter le tablier blanc,
actrices aussi bien que bourgeoises et grandes dames.
Je n'oserais citer des noms, de peur d'en oublier. Je
ferai une exception cependant en faveur de cette
femme aimable et tout à fait supérieure qui s'appelle
Mme Adam. Soit comme particulière, soit comme
femme d'un des premiers fonctionnaires de la capitale,
pendant que son mari fut préfet de police, elle se
consacra avec l'ardeur qu'elle apporte en toutes
choses, non seulement au soulagement des blessés,

mais aussi à la lutte contre la misère, aux ventes de charité. Elle eut, en un mot, toutes les patriotiques initiatives.

Et les vivandières! Quel régal pour les yeux lorsqu'elles s'avançaient crânement derrière leur bataillon, dans leur spencer noir et rouge, avec la fine botte ou la molletière de maroquin, le képi sur le côté de la tête et le petit tonneau au bord de la hanche.

Quelques actrices avaient brigué cette mission en vue : Dica Petit et Lina Munte étaient cantinières dans le bataillon de la rue de Bondy; Berthe Legrand, rue Drouot; Massin, rue Saint-Honoré, etc. C'était charmant, d'autant plus qu'un jour de bataille, les galants bataillons n'auraient jamais laissé les Allemands endommager leurs jolies petites cantinières qui avaient l'air d'être en porcelaine. On passait tout de même quelques bons moments.

D'ailleurs, une chose contribuait à rendre plus supportables les invraisemblances de la situation : c'était l'aménité des rapports, la cordialité exquise qui s'étaient établies entre tous ces gens de niveaux sociaux différents, mais qui se touchaient le coude dans le même rang et se liaient dans la sainte confraternité du même danger couru, de la mort affrontée ensemble. Je pourrais citer des milliers de traits de dévouement qui se sont passés sous mes yeux. En voici un entre autres.

Le 28 novembre dînaient ensemble chez Bignon : le comte de Coriolis, officier d'ordonnance du général

Mellinet; le duc de Castries, sous-lieutenant de cavalerie; M. Arthur Meyer, et le capitaine de Neverlée.

On devait sortir et se battre le lendemain. On buvait donc du champagne.

Tout à coup Neverlée, un beau et intelligent garçon que j'avais connu en Chine, dit, en levant sa coupe, comme pour un toast :

— C'est mon dernier verre de champagne. Je serai tué demain.

Les autres de se récrier.

—Je serai tué demain, répétait obstinément Neverlée.

A ce moment survint un Américain, M. Hutton, qui avait été arrêté comme espion prussien au commencement du siège, puis relâché. Il s'était placé dans les ambulances, et il passait pour un monsieur très bien informé.

Il tenait à la main un des premiers exemplaires de la proclamation de Ducrot, qu'il était allé chercher à l'état-major du général.

— Mort ou victorieux, répétait-il.

Le surlendemain, Neverlée était tué à quelques mètres d'un mur crénelé. Lui et son cheval avaient reçu trente-huit balles.

Le duc de Castries, qui aimait Neverlée comme un frère, décida, je ne sais à quel prix, un cocher de fiacre à le mener sur le champ de bataille. Il retournait les morts les uns après les autres, et trouva enfin sous un monceau de cadavres le corps de son ami, qu'il ramena côte à côte avec lui dans la voiture.

N'était-ce pas beau?

CHAPITRE XV

VILLIERS-CHAMPIGNY

La conséquence logique, inévitable, de la journée du 31 octobre, du plébiscite qui l'avait suivie, de la rupture des négociations et de la bonne volonté des Parisiens, était tout indiquée. Il fallait que le gouverneur préparât une grande action militaire en un point quelconque des lignes d'investissement.

L'état-major discuta dans quelle direction il convenait d'essayer de rompre le cercle de fer. S'élever au nord ne menait à rien. C'est par là qu'arrivait le torrent d'hommes casqués qui se répandait sur le reste de la France.

Au sud, il fallait aborder et enlever les positions à

peu près inexpugnables de Châtillon, perdues par nous dès le début du siège.

Restaient l'ouest et l'est.

A l'ouest se trouvait la Normandie, contrée tout indiquée pour un ravitaillement facile et abondant, qu'il était utile d'enlever à l'ennemi afin d'en profiter nous-mêmes. On étudia donc la sortie par l'ouest, et on avait la presque certitude qu'à cet endroit le cordon allemand était moins épais qu'ailleurs.

Cependant les armées de province évoluaient autour d'Orléans en appuyant sur leur droite. Les rencontrer, les fondre avec une armée de sortie de Paris, recoudre, en quelque sorte, ainsi au reste du territoire le lambeau parisien détaché et incisé par l'armée allemande, était sans contredit la manœuvre la plus rationnelle. Les vivres de ce côté étaient moins abondants, moins faciles à conquérir. Mais la victoire eût donné plus de résultats militaires, et produit un immense effet moral. On décida qu'on sortirait par l'est.

On prépara des équipages de ponts, pour les jeter sur la Marne entre Joinville-le-Pont et Nogent. On réquisitionna les bateaux-omnibus pour le transport des blessés et d'une partie du matériel. On indiqua aux généraux que leurs troupes seraient massées dans le champ de manœuvres de Vincennes.

Le mouvement commença le 28 novembre. Il fut annoncé à la population par trois proclamations affichées ensemble, la première signée par les membres du gouvernement, la seconde par le gouverneur seul, la troisième par le général Ducrot, qui allait commander en chef l'armée engagée.

Cette dernière était tout à fait antique. Elle électrisa les Parisiens. Elle contenait les mots fameux : « Je ne rentrerai que mort ou victorieux. »

A propos de cette phrase célèbre, je suis, je le crois, à même de donner un détail inconnu. Le général Ducrot dînait, dans les derniers jours de novembre, rue de Miromesnil, et parmi les convives se trouvait Ferdinand de Lesseps. Au café, on apporta de l'Imprimerie nationale au général les épreuves de sa proclamation. Il la lut. De Lesseps, tirant son crayon, dit au général :

— Il faut ajouter là cette phrase : « Pour moi, j'y suis bien résolu, je ne rentrerai que mort ou victorieux. »

— Diable ! dit Ducrot, vous n'y allez pas de main morte !

Et après quelques secondes d'hésitation il reprit :

— Si vous y tenez absolument, va pour : « mort ou victorieux. »

Et, c'est ainsi que la célèbre phrase tant reprochée à Ducrot est de M. de Lesseps.

Deux diversions avaient été ordonnées pour masquer le mouvement, détourner l'attention des Allemands, et attirer leurs troupes loin du point réellement menacé. L'une était une attaque sur la presqu'île de Gennevilliers. L'autre une attaque sur Choisy-le-Roi, pendant laquelle les marins enlevèrent d'assaut la Gare-aux-Bœufs, avec une bravoure admirable.

Pendant la nuit du 29, les troupes prirent position

sur le polygone de Vincennes, amenées par des trains
de chemin de fer qui se suivaient à quelques centaines de mètres d'intervalle ; l'artillerie roulait sur
les routes durcies par le froid, avec un bruit de
tonnerre lointain. On devait passer immédiatement
la Marne. Les ponts étaient prêts. Mais la rivière avait
crû. Il fallait les allonger. Le gouverneur, qui était allé
coucher à Vincennes, se rongeait les poings. Rien à
faire ! Attendre que le génie eût réparé la faute de la
Marne.

Le 30, avant l'aube, les divisions s'ébranlaient enfin
et couraient à l'ennemi, qui avait eu vingt-quatre
heures pour se préparer à les recevoir.

La redoute de la Faisanderie commença à tonner, et
ses obus, passant par-dessus la tête de nos fantassins
en marche, arrivaient jusqu'aux lignes prussiennes.

Trois divisions prirent part à cette première journée.

Les divisions Blanchard et Renault, poussant droit
devant elles, rejetèrent l'ennemi jusqu'au pied des
pentes de Champigny, pendant que la division Susbielle
attaquait Mesly et Mont-Mesly sur la droite. Elle s'en
empara, mais dut les abandonner devant un retour
des Wurtembergeois, renforcés par des réserves fraîches. Elle se replia sur Créteil. Les mobiles, décimés,
avaient donné le signal du recul et entraîné la ligne.
Là était tombé le général Ladreyt de La Charrière ; ce
brave soldat mourut comme un héros. De l'endroit
où nous étions postés derrière le gouverneur, nous
avions vu hésiter, puis fléchir, et, finalement, reculer

les têtes de colonnes devant les Allemands, qui étaient réellement magnifiques au feu : arrivant en masse sombres, et, au moment de s'éparpiller en tirailleurs, levant tout à coup, comme un seul homme, leurs fusils sur leur tête en poussant des hourrahs assourdissants, ce qui avait pour résultat de grandir en quelque sorte les bataillons, comme des figures grotesques de cirque. Les mobiles, qui n'avaient jamais vu chose pareille, prirent peur. Ladreyt de La Charrière s'élança vers eux, et, voulant les entraîner, il mit son képi au bout de son sabre en criant: » En avant!» Il n'était certainement pas à cinquante mètres des Prussiens. Tout à coup, le képi et le sabre tombèrent ensemble, une balle avait fracassé le poignet du général. Trois minutes après, il tombait lui-même, la cuisse percée d'une balle. On le rapportait.

Cette retraite laissait à découvert la droite des troupes qui opéraient contre Champigny. Dans l'après-midi, on reforma les mobiles et on ramena la division Susbielle à l'attaque.

Ses efforts vinrent expirer au pied des crêtes de Villiers que les Prussiens avaient fortifiées, qu'ils garnissaient, et qui donnèrent leur nom à cette première affaire.

Le soleil se couchait. C'était fini pour ce jour-là.

Avant de rentrer à Vincennes, le gouverneur m'envoya porter un pli à l'aile gauche qui s'était maintenue dans ses positions, et où se trouvait alors Ducrot.

Je fis, en allant et en revenant, deux rencontres bien dramatiques. A l'aller, je me croisai avec le général de division Renault qu'on rapportait, la jambe brisée par un éclat d'obus.

Pauvre vieux Renault! quel soldat! En Afrique on l'avait surnommé « Renault l'Arrière-garde. » Il ne comprenait que la baïonnette, et n'aurait jamais permis, s'il l'eût osé, à ses soldats de tirer un coup de fusil. Avant chaque action, il faisait affûter son sabre, comme un bon ouvrier qui va se servir d'un outil familier.

On le transporta chez lui. Il vécut quatre jours encore, sans même se douter qu'on lui avait coupé la jambe, entêté à lire les journaux pour connaître les nouvelles, presque toujours en proie à un délire terrible, dans lequel il accusait constamment le pauvre général Trochu, qui était devenu sa bête noire, et le couvrait d'injures.

Au retour, la rencontre que je fis n'était pas seulement dramatique, elle était navrante, et en quelque sorte providentielle.

Il faut savoir que dans les derniers jours de novembre, alors qu'une bataille était vaguement annoncée et attendue, les demandes de permis de circulation délivrés aux personnes qui désiraient aller chercher des blessés sur les champs de bataille, s'étaient multipliées dans des proportions considérables.

Or, plusieurs fois déjà, la sortie de ces garde-malades volontaires qui s'en allaient avec des tapissières, des fiacres, des chars à bancs, des voitures de maître, sur les terrains de combat, avaient gêné le mouvement de nos troupes lorsque, selon la formule consacrée, elles se repliaient en bon ordre, et amené des scènes de confusion. Le gouverneur, qui en avait été témoin, avait donné l'ordre de suspendre la distribution des permis que nous avions toujours été chargés, pendant nos heures de service, de délivrer nous-mêmes.

L'avant-veille de la sortie, je reçus, dans le salon vert, la visite de deux dames, fort bien mises, qui venaient demander, avec un permis, la faveur d'aller chercher un blessé et de le soigner chez elles.

Je refusai d'abord, et l'une d'elles, les larmes aux yeux, m'ayant dit : « Voyez-vous, Monsieur, j'ai mon neveu à l'armée de la Loire. Et il me semble que ce que je ferais pour un de nos pauvres soldats l'empêcherait d'être jamais abandonné sur un champ de bataille, s'il avait le malheur d'être blessé », — je répondis que les ordres étaient formels, et qu'il m'était impossible de les satisfaire.

Elles se retirèrent. Je ne sais pourquoi, lorsqu'elles furent parties, un remords me traversa l'esprit et me serra le cœur. J'envoyai un planton derrière elles. Il les rattrapa dans la cour et les pria de remonter.

— Je vais, leur dis-je, Mesdames, abuser de ma situation. Le gouverneur ratifiant toujours les décisions que prennent ses officiers, je vais vous signer un permis, et... à la grâce de Dieu !

Elles se confondirent en remerciements, et je n'y pensai plus.

Or, pendant que je revenais de l'aile gauche, à la nuit tombante, laissant à mon cheval fatigué la bride sur le cou, regardant à l'horizon les lueurs du couchant, tout à l'heure rouges, maintenant violettes, sur lesquelles se découpaient en noir les accidents de terrain des hauteurs voisines, et certain que ma bête livrée à elle-même ne foulerait, sur cette terre déjà baignée d'ombre, aucun des blessés que j'entendais gémir à droite et à gauche sous les morsures du froid qui rendait leurs plaies cuisantes et livides,—j'aperçus, à quelque distance devant moi, un fiacre à galerie, attelé de deux chevaux qui allaient au pas. Et comme j'arrivais derrière la voiture, je vis une femme en noir se pencher par la portière. Elle disait au cocher :

— Plus doucement, je vous en supplie.

Il me sembla reconnaître l'une de mes visiteuses du Louvre, la tante du soldat de l'armée de la Loire. Elle avait donc enfin son blessé !

Je m'approche pour la saluer. Les deux pauvres dames étaient là, assises sur la banquette de devant, et entre elles étaient étendues les jambes bottées d'un officier, couché plutôt qu'assis au fond de la voiture.

Je me penche, j'aperçois des aiguillettes sur l'uniforme déboutonné. Le blessé tourne la tête. C'était mon frère, le secrétaire d'ambassade, l'officier d'ordonnance du général Berthaut; un éclat d'obus lui avait traversé l'épaule. Il délirait. Il ne me reconnaissait pas. Je sautai à bas de cheval. J'entrai dans la voiture, j'embrassai les mains des deux femmes étonnées.

Je leur demandai leur adresse que j'avais oubliée. Je leur confiai le pauvre garçon, les prévenant que j'irais, si mon service le permettait, passer la nuit auprès de lui.

Et je rejoignis le gouverneur à Vincennes.

Je ne sais comment, le général remarqua ma figure bouleversée :

— Eh! mon pauvre d'Hérisson, me dit-il, vous avez une mine d'enterrement. Rassurez-vous, nous ne sommes pas battus. Je suis très content de cette première journée. Malheureusement nous ne pourrons pas recommencer la partie dès demain. Ces jeunes troupes se désorganisent avec une rapidité, quand elles ont vu l'ennemi! Une ou deux heures de contact à bonne portée, et malgré leur courage et leur bonne volonté, elles se transforment en troupeaux. Nous arrangerons tout cela demain. Vous verrez.

Je lui racontai ma triste aventure.

Il m'envoya sur-le-champ porter des dépêches au général Schmitz, et me dit de rester à la disposition du chef d'état-major.

La journée du lendemain se passa sans combats et fut employée à la réorganisation des troupes, qui avaient souffert non seulement de la bataille, mais encore du froid enduré pendant la nuit qui la suivit. On enterra les morts. On creusa des fossés. On se fortifia dans Champigny. On fit la soupe, et on se réchauffa du mieux qu'on put. Les couvertures manquaient.

Ce furent les Allemands qui attaquèrent le lendemain matin, et ce jour-là, 2 décembre, fut livrée la terrible bataille de Champigny.

Je n'avais pas été désigné pour suivre le gouverneur, et c'était la première affaire un peu importante qui allait se passer sous Paris, sans que j'y prisse ma modeste petite part. Cela me contrariait.

Le Louvre était à peu près vide. Le général Trochu et tout son état-major étaient sur le champ de bataille, et, en dehors des officiers d'administration et du personnel des bureaux, il ne restait dans ce grand bâtiment désert, dans ces grandes salles toujours si animées, et ce jour-là si froides et si vides, que le général Schmitz et moi.

Le général me fit appeler par un planton, me fit signe de m'asseoir, vint lui-même prendre un fauteuil auprès de la cheminée et me dit :

— Je ne voulais pas vous envoyer au feu aujourd'hui. C'était de toute justice, car vous avez marché plus souvent qu'à votre tour. J'aurais désiré vous éviter cette affaire afin de vous permettre de soigner votre frère. Berthaut m'en a parlé, et je suis allé le voir. Son état moral est au moins aussi grave que son état physique, et je comprends que vous soyez inquiet des suites de la blessure qu'il a reçue avant-hier.

Entre militaires, on n'est guère habitué à des attentions semblables, à une pareille bonté, à une prévoyance si paternelle, et— pourquoi ne pas l'avouer?— je fus attendri jusqu'aux larmes. Le général continua :

— Je suis néanmoins obligé de vous prier d'aller rejoindre immédiatement le général Trochu. Écoutez-moi bien. C'est très important. Il vient d'arriver un pigeon porteur de graves dépêches. Gambetta nous prévient que l'armée de la Loire est en mouvement, et que le 6, il espère qu'elle sera campée dans la forêt de Fontainebleau. Faites seller votre meilleur cheval et partez. Il est de la plus haute importance que le général soit prévenu le plus tôt possible, et qu'il dirige les opérations de la journée en parfaite connaissance de cause. Avez-vous bien compris?

— Oui, mon général.

— Eh bien, répétez-moi ce que je viens de vous dire... C'est cela. Une fois sur le terrain; renseignez-vous, et dirigez-vous immédiatement vers l'endroit où sera le général.

J'allai prendre un crayon sur le bureau afin de fixer par une ligne mes instructions, de peur d'être trahi par ma mémoire, quoique la commission fût des plus simples : Armée de la Loire. 6 décembre. Forêt de Fontainebleau.

— N'écrivez rien, me dit le général Schmitz en étendant le bras pour m'arrêter. Si j'avais voulu que vous écrivissiez quelque chose, je vous aurais simplement donné une lettre à porter. Votre mission est tout à fait verbale. Comprenez donc que si vous étiez pris ou tué avant d'avoir joint le général Trochu, ces renseignements trouvés sur vous seraient aussi importants pour l'état-major allemand qu'ils peuvent l'être pour nous.

— Permettez, dis-je à mon tour au général, laissez-moi faire. Si je suis tué ou pris, bien malins seront ceux qui pourront déchiffrer mes notes.

Ét j'écrivis au crayon les quelques mots cités plus haut, sur la manchette empesée de ma chemise, en caractères chinois.

Cinq minutes plus tard, je galopais sur le pavé glissant et sur le macadam durci que la gelée avait rendu sonore.

A Joinville-le-Pont, je rencontrai les premières troupes. C'étaient des bataillons de marche de la garde nationale. Ils étaient en réserve, avaient formé les faisceaux, et, le pain de munition piqué sur les baïonnettes, ils attendaient l'ordre de se porter en avant. La redoute de la Faisanderie et les batteries installées sur les bords de la Marne canonnaient ferme le champ de bataille.

Je franchis les ponts, et j'enfilai la grande route bordée d'arbres qui conduit directement à Champigny. Sur un des bas côtés de la route, stationnait une file de voitures d'ambulance.

A droite, dans les champs, on a installé une sorte de campement d'ambulanciers et de brancardiers. On dirait une ruches d'abeilles. Continuellement ils sortent à vide et rentrent chargés. Les uns s'en vont dans les terres charger les blessés, les autres les transportent jusqu'à la rivière, où les reçoivent les bateaux-mouches à l'arrière desquels flotte le drapeau blanc à la croix rouge. Sur une longueur de plusieurs centaines de mètres, les convois douloureux se succèdent, et quelques-uns tout à coup, en route, se transforment en convois funèbres. Les porteurs, alors s'arrêtent, déposent le cadavre à terre, l'abandonnent, et vont plus loin charger un blessé qui peut-être tout à l'heure, à son tour, sera cadavre. Ne pas croire que les gardes nationaux chargés de cette lugubre besogne aient des mines attristées. En un rien de temps ils s'y habituent, et, au milieu des morts et des blessés, ils causent, ils plaisantent, ils rient. Là sont encore, circulant dans ce fouillis indescriptible et sanglant, quelques vaillantes Parisiennes appartenant à toutes les conditions sociales, et quelques-unes aux plus hautes. Toutes sont vêtues de noir, avec le tablier blanc et le brassard de Genève. Elles ont apporté ou fait apporter avec elles des petits fourneaux de campagne, pareils à ceux qui servent le matin aux Halles aux marchandes de café noir, de « petit noir », comme on dit. La plupart tête nue, manches relevées, elles vont, viennent, actives, douces, dévouées, tendres et belles comme des anges consolateurs, portant à deux mains des tasses de bouillon chaud, de chocolat fumant. C'était un spectacle à fendre l'âme. Dix degrés de froid !

Oh ! femmes, pauvres femmes ! chères femmes ! vous méritiez mieux des hommes. S'ils avaient dépensé en courage la moitié de ce que vous avez dépensé en dévouement, s'ils eussent versé de leur sang la moitié de ce que vous avez versé de vos larmes, je jure que nous nous en serions tous tirés.

Je galope toujours. Un peu plus loin, la route est encombrée de soldats, je suis forcé de ralentir ma course de peur d'en écraser quelques-uns. Je descends le talus de droite ; au bas, je trouve un brancard qu'entourent plusieurs personnes, et sur lequel on a couché un officier de la Croix de Genève. Son cheval a été tué ; lui-même a été blessé par un éclat d'obus. C'est un Parisien bien connu, M. Ellissen, que son ardeur a entraîné jusqu'au plus fort du feu.

J'ai eu soin de m'informer de l'endroit où j'ai chance de rencontrer le gouverneur. Un capitaine de mobiles, légèrement blessé au bras gauche, me dit que le général est dans Champigny. Je continue mon chemin et j'arrive aux premières maisons du village, attaqué le matin même par les Allemands, pris par eux, repris par nous, et qu'enfin nous avons mis en état de défense.

Il y a là un tel encombrement de troupes, massées les unes sur les autres, qu'il me serait impossible de passer si les sous-officiers, reconnaissant mes fonctions à mes aiguillettes, ne donnaient aux soldats l'ordre de se ranger sur mon passage. Je vais au pas, et il me faut un bon quart d'heure pour gagner les dernières maisons de Champigny.

Je débouche enfin en plein champ de bataille.

De ma vie, dans aucun des combats auxquels j'ai assisté, je n'ai entendu un vacarme aussi effroyable. Les détonations roulent sans qu'une seconde les sépare et les isole. Les canons par centaines, les fusils par milliers, les mitrailleuses par vingtaines, hurlent et crachent à la fois le plomb et la fonte. Il faut renoncer à s'entendre quand on se parle.

Je demande à un colonel où est le gouverneur. Nos deux chevaux se touchent, nos jambes se choquent ;

je mets ma bouche près de son oreille pour parler, lui sa bouche près de mon oreille pour répondre, et nous sommes obligés, pour nous comprendre, de crier comme si nous étions chacun sur une colline avec une vallée moyenne entre nous deux.

Il a bien vu le général Trochu, mais il l'a perdu. Il doit être sur la gauche de Champigny. Pendant que nous crions ainsi de toutes nos forces dans une attitude confidentielle, deux obus allemands viennent tomber derrière nous au milieu des troupes entassées. Ni l'un ni l'autre n'éclatent; le contact mou du corps humain les a empêchés de frapper rudement la terre et de s'enflammer par la percussion. Ils ont fait, en tombant sur ces hommes, le bruit exact d'une grosse pierre qui s'enfonce dans la boue : Flac! L'un n'a fait de mal à personne, je ne sais par quel prodige; l'autre a littéralement broyé deux soldats. Leurs camarades s'écartent instinctivement et laissent, dans un vide béant, les deux pauvres diables écrabouillés, sans forme humaine, aplatis et comme répandus sur la terre froide.

Je veux sortir de Champigny en obliquant sur la gauche. Un lieutenant, dont la compagnie est abritée derrière le mur du dernier jardin, s'approche vivement de moi, m'attire à lui et me crie :

— Ne prenez pas par là, mon capitaine! Vous n'auriez pas fait dix mètres au delà de cette maison, sans que, vous et votre cheval soyez foudroyés sur place.

C'est très joli, et je ne demande pas mieux que de

faire un petit détour; je ne tiens pas absolument à être tué; j'ai besoin au moins de voir auparavant mon général. Cependant, pour le rejoindre, il faut traverser toute la partie découverte du champ de bataille, et ces champs déserts et sillonnés par les projectiles, où tout à l'heure étaient rangées les troupes réfugiées maintenant dans Champigny.

Enfin, je découvre une issue un peu moins dangereuse. Au moment où je vais reprendre le galop, un obus pénètre dans une maison et produit, en y éclatant, un tel déplacement d'air que plusieurs soldats sont blessés, non point par les éclats, mais par les matériaux de cette maison, projetés dans toutes les directions.

Je vois passer au-dessus de ma tête une fenêtre garnie de ses volets, qui va, dans le jardin voisin, écraser un massif de groseilliers. Les cheminées dégringolent; c'est une pluie de tuiles, de poutrelles ou de planches, de moellons et de plâtras de toutes sortes, des nuages de poussière à ne plus se reconnaître pendant quelques instants.

J'aime autant ne pas rester là et bouger un peu. Je remets au galop ma pauvre bête, qui tremble sous moi et qui est couverte de sueur, en dépit d'un froid violent qui gèle mes pieds et fait subir à mes genoux le supplice du brodequin.

J'ai entrevu à gauche de Champigny, lorsqu'on tourne le dos à Paris, une route qui chemine à travers champs, sur une chaussée assez élevée. Je calcule que ce mouvement de terrain va me servir de rempart, et j'imagine que je lui dois la vie.

Donc, au lieu de suivre la chaussée, sur laquelle se croisent un tas d'objets en métal tout à fait incommodes et gênants pour la circulation, je descends dans les champs. La chaussée courant sur ses talus dépasse ma tête et me sert d'abri. Je galope ainsi dix minutes, n'ayant à redouter que les boulets français qui passent au-dessus de moi, pas très haut. Quant aux balles des Allemands, j'en suis absolument préservé, et leurs obus ont une trajectoire qui les emporte bien au delà.

Sur ce champ de bataille, couvert de vivants tout à l'heure, et où les morts et les mourants semblent si nombreux qu'on dirait des régiments couchés pour la grande halte, — c'est bien, hélas! pour la plupart, la grande, la dernière halte, — il n'y a de valide qu'un seul homme, un prêtre des Missions étrangères.

Seul, isolé, sans avoir l'air de se douter du danger qu'il court, il accomplit son devoir et vaque à son ministère; il circule sous les obus et les balles avec cette allure lente, tranquille, qu'il aurait en traversant le soir, pour aller confesser, une église à moitié endormie avec des femmes agenouillées sous la lampe du sanctuaire.

Pour le moment, il est penché, dans sa grande robe noire, et agenouillé près d'un mobile à qui sa petite figure, pâle, sans barbe, et grimée par la souffrance, donne l'air d'un enfant de douze ans. Il lui a pris la tête sur son bras droit, et, l'oreille penchée sur la bouche du soldat, il le confesse! J'arrive à lui, il lève les yeux, pose doucement à terre la tête de son mobile et vient à moi.

— Avez-vous vu le gouverneur?

— Oui, monsieur l'aide de camp, me dit-il, il est là-bas, à cinq ou six cents mètres d'ici, tout à fait perpendiculairement à cette route.

— Merci.

Et je pars. Au bout de quelques pas, je me retourne sur ma selle. Il a repris son mobile et lui fait baiser son crucifix.

Ah! que c'est bête de vouloir supprimer cela, de chasser les aumôniers, et de n'avoir plus à offrir aux agonisants, au lieu des prières d'antan, qu'une *Marseillaise* avinée!

Qui expliquera le mystère de l'association des idées? Je pensai tout à coup, en le voyant ainsi à moitié couché, les bras loin du corps, qu'effectivement il ressemblait assez à un corbeau, et le « couâ » stupide du voyou parisien me traversa la cervelle.

— Pourquoi pas, après tout? me disais-je. C'est bien trouvé. Ces gens-là sont des corbeaux, mais de divins corbeaux, qui s'abattent sur les champs de bataille, au milieu de la charogne humaine, pour picorer les âmes.

Quelques instants après, j'avais enfin rejoint le gouverneur; poussant mon cheval contre le sien, je lui répétai à l'oreille, mot pour mot, les paroles du général Schmitz. Il me sembla qu'un éclair de joie, sorti des yeux, illuminait un instant cette figure grave, sévère. Cela dura une seconde seulement, puis

il tourna légèrement la tête comme quelqu'un qui
n'a pas confiance.

— Vous êtes sûr des noms, me dit-il?

J'en étais d'autant plus sûr que je les lisais sur ma
manchette.

— Bien, reprit-il. Vous avez fourni une longue
course. Restez près de moi : je vais faire marcher ces
messieurs.

Appelant alors successivement plusieurs officiers
d'ordonnance, il les fit partir l'un après l'autre, porteurs d'ordres divers.

Le général Trochu avait l'air content, et sa figure,
assez habituellement renfrognée, était positivement
plus ouverte qu'à l'ordinaire.

Nous nous portions tantôt sur un point, tantôt sur
un autre, partout où l'on se battait et où il jugeait
que sa présence pourrait donner du courage et de
l'entrain aux troupes.

A un moment, deux ou trois cents mobiles, en désordre, revinrent sur nous tout courant et tournant
le dos à l'ennemi. L'état-major se déploya devant eux
comme un véritable escadron de gendarmerie, et ils
s'arrêtèrent, assez piteux, à la vue du gouverneur
qui les interpellait.

Ce diable d'homme, même sous le feu, savait faire
des phrases charmantes, distinguées, persuasives,
correctes. Il les rassembla et leur adressa quelques
mots affectueux, paternels.

— Suivez-moi, leur dit-il enfin.

Marchant alors sur les tirailleurs allemands, il ne

s'arrêta que lorsque les balles ennemies sifflèrent autour de nous avec ce petit bruit strident que l'on apprend vite à connaître, et qui indique que le projectile est animé de toute sa vitesse. C'était la bonne distance. Les braves petits moblots, rassurés, reprirent leur place et se mirent à tirailler comme des hommes.

Un officier d'ordonnance de Ducrot venait de parler au gouverneur.

— C'est bien, avait-il répondu ; attendez un instant avec ces messieurs.

Nous nous portâmes alors à gauche, et gravîmes une petite éminence sur laquelle une de nos batteries, placée en amphithéâtre, faisait merveille. Elle faisait si bien que l'ennemi semblait n'avoir qu'une idée : la démonter. Il ne se passait pas de minute sans qu'un obus tombât, tantôt à droite, tantôt à gauche. Heureusement, peu d'entre eux éclataient.

Le général semblait avoir choisi l'endroit où tous ces effrayants projectiles s'étaient donné rendez-vous. Nous étions tous immobiles sous cette pluie de fer, et le gouverneur lorgnait tranquillement les positions ennemies, qu'on distinguait parfaitement à l'œil nu. Si nous voyions circuler les Prussiens, ils pouvaient aussi nous voir, d'autant plus que nous formions une masse compacte et assez brillante. Bientôt nous devînmes l'objectif des pointeurs allemands, et le nombre des obus redoubla autour de nous.

La persistance du général à rester sur ce point, sans qu'aucun intérêt exceptionnel et particulier l'y maintînt, finit par nous paraître bizarre, à nous autres

petits officiers, et j'entendis échanger autour de moi,
à voix sourde, la conversation suivante :

— Ne trouvez-vous pas que le général a tout à fait
l'air de vouloir se faire tuer?

— C'est absolument ce que je me disais.

— Du reste, ça le regarde. Mais, franchement, je ne
vois pas la nécessité qu'il peut y avoir à ce qu'il nous
fasse tous tuer avec lui.

— Bah ! qu'est-ce que cela fait?

— Ce n'est rien que cela, dit en intervenant l'officier
de Ducrot, qui s'était rangé à côté de nous. Si vous
voyiez Ducrot! Celui-là, il est absolument fou. Il monte
depuis ce matin un cheval blanc comme la neige, et
il galope tout le temps devant les Prussiens. Je voudrais avoir autant de francs, pas de rente, — mais de
capital, — qu'il a été tiré aujourd'hui de coups de fusil
ou de canon, à lui personnellement adressés. Croi-
riez-vous qu'il a chargé les Saxons, à lui tout seul? Il
en a sabré un avec sa petite épée, comme s'il avait eu
en main une latte d'ordonnance. C'est absolument
insensé.

Et un jeune capitaine qui se reposait les deux coudes
sur ses fontes, psalmodia les mots déjà célèbres :
« Mort ou victorieux. »

Quel était le but du général Trochu? Avait-il du
danger cette habitude et ce mépris qui arrivent jusqu'à le faire méconnaître, à l'oublier, à n'y pas penser,
et s'était-il placé là, comme il se serait placé ailleurs?
C'est possible. Mais j'avoue que, pendant quelques
minutes, j'ai fermement cru qu'il cherchait la mort.

Pourtant, un projectile étant venu tomber sous le nez de son cheval, qui pointa, rester plus longtemps là eût été se suicider. Le gouverneur calma sa bête et lentement la retourna dans la direction de Champigny. Nous nous trouvions alors entre nos réserves qui avançaient, et la droite de Ducrot qui se portait en avant. L'officier d'ordonnance de ce dernier nous quitta après avoir pris les ordres du gouverneur.

Nous dessinions un mouvement général en avant.

La partie du champ de bataille que nous traversions étaient littéralement pavée de morts et de blessés et parcourue par une dizaine de frères de la Doctrine chrétienne, qui faisaient simplement et héroïquement leur devoir. Le général salua en passant, et les grands chapeaux noirs se levèrent un instant.

Un fantassin, à qui un éclat d'obus avait fracassé l'épaule et le bras gauches, couché à terre, se souleva sur son bras droit.

— Vous êtes le général Trochu? cria-t-il... Eh bien... vive la France !

Le gouverneur, sans s'arrêter, salua encore et répondit :

— Et nous la sauverons, si Dieu le permet.

Un peu plus loin, deux pauvres chevaux, décharnés, de notre artillerie, attelés au même caisson, ont été blessés. On a coupé les traits et on les a laissés là. L'un d'eux se tient immobile sur trois jambes, la quatrième est un moignon rouge. L'autre, qui a dans le flanc un trou dans lequel un enfant pourrait cacher sa tête, est couché à terre, broutant tranquillement la bonne herbe gelée, craquante, pralinée de givre, qui le nourrit, le rafraîchit et le désaltère. La pauvre bête est aussi paisible que dans son écurie. Elle aura fait au moins un bon repas avant de mourir.

Nous avons cessé d'être dans la zone dangereuse, et involontairement on se met à respirer plus franchement.

C'est devant nous et à plus de cinq cents mètres, par conséquent sur un espace aussi abrité et sûr, pourrait-on croire, qu'un boudoir de jolie femme, que vient d'être blessé par un obus absolument égaré, parti on ne sait d'où, le brillant et infortuné commandant Franchetti, le chef d'un escadron d'éclaireurs levé par lui et admirablement monté. Ducrot l'a envoyé en arrière pour faire avancer des caissons d'artillerie de réserve. La blessure est mortelle. Pauvre, pauvre garçon !

C'est là un de ces hasards qu'on appelle providentiels quand ils sont heureux, et fatals quand ils sont malheureux.

En somme, l'affaire avait bien marché. Nous nous étions battus une première journée. Nous avions passé une seconde journée sur place à nous refaire et à nous reconstituer. Nous venions de tenir une troisième journée dans des conditions honorables. Non seulement nous n'avions pas été refoulés, mais les troupes campaient sur des positions occupées par l'ennemi.

Alors ? Alors... voilà tout. Sortir ? Personne parmi les généraux n'en avait seulement la pensée, et la preuve, c'est qu'on n'avait même pas fait emporter aux soldats leurs couvertures pour passer la nuit. Quant à des convois de vivres nécessaires à une armée en marche, ils étaient inutiles puisqu'on devait rentrer, puisqu'on devait rentrer quoi qu'il arrivât, et eût-on dispersé, anéanti, la portion de l'armée prussienne qui était devant nous.

Les gardes nationaux seuls s'imaginaient qu'on allait sortir. Pauvres gardes nationaux ! leur intelligence fut mise pendant le siège à de rudes épreuves, et ils ne comprirent pas grand'chose à ce qui se passait. ils ne se doutèrent pas un seul jour des possibilités et des nécessités de la situation, et personne n'eut jamais le courage de les leur expliquer, personne n'osa leur dire : « Mes bons amis, votre devoir est de résister le plus longtemps que vous pourrez, et, par de continuelles batailles, de faire le plus de mal possible à l'ennemi, que vous retenez autour de vous, et dont vous débarrassez ainsi le reste de la France. Mais ne vous imaginez pas un seul instant que vous pourrez percer les lignes d'investissement d'une façon utile, c'est-à-dire pour sortir et aller vaincre avec les armées de province. Cela ne s'est jamais vu, et ne se verra jamais. La victoire la plus complète sur un point ne vous rendrait pas la liberté. »

Ce que ne pouvait comprendre non plus le garde national, c'est que devant les Prussiens combattant à cinq cents lieues de chez eux et cependant bien vêtus, suffisamment nourris, toujours frais, nos soldats, à une heure de la capitale, chez eux, crevassent de froid. J'avoue que, sous ce rapport, j'étais un peu de la garde nationale.

En décembre, à quatre heures et demie, il fait nuit. Ce fut donc dans le crépuscule, que rayaient seuls quelques coups de fusil isolés, tirés là-bas, que nous parcourûmes derrière Trochu les rangs des troupes qui venaient de se battre. Ducrot n'était point là. Il avait au cou une éraflure produite par un éclat d'obus, et se reposait quelques instants.

Quand nous rentrâmes à Vincennes, derrière nous la plaine qui précède Champigny, les bords de la Marne qui décrit devant cette plaine une boucle bien connue des Parisiens, étincelaient de grands feux allumés par les soldats.

Je n'ai jamais bien compris, par exemple, pourquoi Trochu crut devoir rendre compte, en style d'opéra, de son retour à son logis du fort de Vincennes, pourquoi il se tint pour obligé d'annoncer à l'histoire qu'il était bien fatigué, pourquoi, dans sa proclamation, il déclarait que cette seconde bataille était encore plus décisive que la première, — ni l'une ni l'autre n'était décisive et ne pouvait l'être ; — pourquoi enfin les excellents membres du gouvernement éprouvèrent le besoin de lui adresser une lettre collective et publique afin de le féliciter, et de lui apprendre qu'ils auraient désiré partager ses fatigues et sa gloire. Ce partage eût été facile. Il y avait à Champigny de la besogne pour tous, et si ces avocats répugnaient à se mêler aux hommes pour combattre, étant trop âgés ou trop pacifiques, ils auraient pu aider les femmes à soigner les blessés. Je sais bien que c'eût été inutile et même un peu grotesque. Mais alors, pourquoi dire qu'on désire une chose inutile et grotesque?

Mon Dieu, délivrez-nous de la littérature en matière de gouvernement!... Ainsi soit-il!...

Il ne fallait pas songer à laisser plus longtemps devant l'ennemi, qui se massait à chaque heure plus profondément, nos jeunes troupes désorganisées par le feu et démoralisées par le froid. Les malheureux soldats grelottaient dans leurs capotes, et les deux tiers pouvaient à peine remuer.

Dans la nuit et dans la matinée du lendemain nous portâmes partout les ordres de retraite, et tout le monde rentra chez soi.

Nous eûmes trois semaines de repos.

Quant au rendez-vous donné par Gambetta pour le 6 décembre dans la forêt de Fontainebleau, nous ne fûmes pas seuls à y manquer, car l'armée de la Loire venait de perdre Orléans, battait en retraite, et, ce même 6 décembre, je portai à Sèvres une réponse du gouverneur au général de Moltke, qui avait eu la prévenance de nous faire part de ce succès de ses armées, et de nous offrir de le faire vérifier par un officier français sorti de Paris.

Pendant ces quelques jours de désœuvrement, Paris s'occupa de son garde-manger, et tout à coup le bruit courut que les vivres allaient manquer. Il y eut quelques jours de panique, que le gouvernement dut combattre. Il le fit en déclarant ceci : « La consommation de pain ne sera pas rationnée. » Et, peu de jours après, le rationnement commença. Ainsi, un mois plus tard, la capitulation allait succéder de bien près à cette autre déclaration : « Le gouverneur de Paris ne capitulera pas. » Remarquons que tous ces gros mensonges étaient commis par les mêmes hommes qui reprochaient, avec raison, à l'Empire de toujours mentir. Ils lui avaient emprunté non seulement le plébiscite, mais encore le mensonge.

Par exemple, le vin ne manquait pas, ni l'eau-de-vie, ni l'absinthe. Ils ne manquaient pas assez, car on en faisait une consommation véritablement surprenante. Oncques ne se virent tant de pochards que pendant le siège. Histoire de s'étourdir, disaient-ils, et de remplacer le solide par le liquide.

On les substituait si volontiers l'un à l'autre, que le vieux Clément Thomas, effrayé des progrès de l'alcoolisme, dut faire un exemple, et signaler publiquement un bataillon qui était arrivés aux avant-postes de Créteil en décrivant des zigzags. Le commandant lui-même titubait. Le général déclara que, dans ces conditions, la garde nationale dont il était le chef constituait un danger de plus. On ne lui pardonna point cette franchise. Il venait de signer son propre arrêt de mort, qui fut religieusement exécuté, comme on sait, dans un jardin de Montmartre, le 18 mars 1871.

Ce qu'il y avait de particulier, c'est que ces pochards absolument incapables de faire un service quelconque, étaient les plus enragés à réclamer les sorties. Il était aussi difficile de les contenir dans Paris que de les retenir devant l'ennemi. Quel monde !

Le 21 décembre, on se battit sur toute la moitié nord du périmètre de Paris, du Mont-Valérien à Nogent. Les Prussiens, qui avaient appris à reconnaître les signes précurseurs des sorties, et notamment la fermeture des portes qui les précédait, étaient partout sur leurs gardes.

C'était forcé. Pour masser une troupe inexpérimentée et jeune, comme était la troupe française, il faut un temps infini. Les officiers improvisés ne comprennent pas grand'chose. Les soldats improvisés ne comprennent rien du tout. Ils ne sont jamais prêts. On perd, à les aligner homme par homme, un temps infini. Et quand on a, tant bien que mal, casé tout son monde, quand on se met en marche, les colonnes s'enchevêtrent, les bataillons donnent les uns dans les autres, les convois, les batteries, bouchent les routes; c'est un fouillis nouveau dont il faut se dépêtrer.

En face de nous, avec trois mots, les chefs prussiens faisaient évoluer leurs bataillons, leurs compagnies, sans désordre, sans-à-coup, sans trouble, comme les enfants qui s'amusent à concentrer ou à éparpiller une troupe de bonshommes de bois fixés sur un treillage mobile, qui s'allonge ou se raccourcit sous la pression de leurs petites mains.

Les marins se battirent comme des diables au Bourget, dans ce bourg fatal qui nous avait déjà coûté si cher et qui se trouvait maintenant faire partie du plan général de défense. Six semaines plus tôt, il ne faisait pas partie de ce plan. Pourquoi? je n'en sais rien.

La nuit fut terrible ; je ne me souviens pas d'avoir jamais eu aussi froid que dans les quelques galopades qui me furent imposées le soir. Les hommes gelaient littéralement dans les fossés et les tranchées creusées à la hâte, dans les gourbis, dans les maisons ouvertes à tous les vents. Le froid les endormait, et bon nombre d'entre eux ne se réveillaient point. Ce soir-là j'entendis pour la première fois les hommes dire ouvertement : « Nous en avons assez. »

J'avais un ami dans l'état-major du général Blaise, et comme je passais à proximité de la Ville-Evrard, je fis une pointe pour lui serrer la main, car je savais que là je trouverais le général.

En effet, il était avec ses officiers autour d'un grand feu de poutres et de planches provenant des décombres des maisons effondrées par nos obus et les obus allemands. Assis à califourchon sur une chaise de paille, les bottes au foyer dont la chaleur faisait monter de leurs pieds une petite vapeur, le général et ses officiers devisaient de la journée, le cigare ou la pipe à la bouche, et s'interrompaient de temps à autre pour lamper une gorgée de vieux rhum à une gourde commune. Je descendis de cheval, et j'attachai ma bête à un arbre. La grande souffrance du cavalier, c'est le froid aux pieds ; je n'étais pas fâché d'emmagasiner en moi un peu de la bonne chaleur de ce bivouac. On me fit place dans le cercle, et la conversation, ranimée par l'arrivée d'un nouveau venu, devint tout à fait gaie. Nous étions là, rôtis de face et gelés de dos, nous retournant par intervalles inégaux sur notre gril, et entourés de sentinelles, lorsqu'un bruit étrange nous mit debout.

— C'est une trompette prussienne, dit le général. D'où diable cela peut-il sortir ?

Il n'avait pas fini sa phrase, que les soupiraux des caves des maisons qui nous entouraient s'allumèrent, et je le vis tomber la face contre terre à côté du feu.

Je crus un instant que nous avions tous sauté, et que le foyer avait atteint un fourneau de mine. C'était invraisemblable.

Les auteurs de la catastrophe étaient des soldats saxons, réfugiés dans les caves des maisons qu'on avait oublié de fouiller, grâce à l'incurie générale au milieu d'une troupe où personne ne connaissait ni n'appliquait les prescriptions du règlement. Ces Saxons espéraient sans doute s'échapper à la faveur du désarroi que leur décharge devait jeter dans nos rangs. Ils furent cernés et massacrés.

On rentra encore après cette bataille, et, quelques jours plus tard, il fallut abandonner le plateau d'Avron, que le feu des batteries nouvelles installées par les Prussiens et subitement démasquées, rendait intenable.

Ce fut le dernier épisode militaire parisien de l'année 1870..

Sa sœur cadette, 1871, se leva suffisamment lugubre. On échangea des cartes cependant, et des visites. Quelques raffinés se procurèrent, je ne sais où, par exemple, des roses et des violettes pour des personnes aimées. Les confiseurs trouvèrent le moyen d'écouler

quelques sacs de bonbons. Mais les étrennes les plus
courantes, les plus recherchées, les plus intelligentes,
furent les comestibles. On était accueilli par des cris
de joie, quand on arrivait avec un bouquet composé
d'un chou entouré d'une fine collerette de papier dé-
coupé, ou d'une botte de carottes pareillement ornée.
Quelques nababs allèrent jusqu'à la volaille. Les
gens simples échangeaient des boîtes de conserves.
On réveillonna, on mangea du boudin, on fit des
crêpes et des bons mots.

Je sais des Parisiens, — ceux-là sont les meilleurs,
— qui, s'ils avaient vécu à Pompéi, auraient nargué la
lave et auraient certainement été retrouvés, par le
xvıı⁰ siècle, dans l'attitude peu romaine et peu clas-
sique du citoyen dans la position du pied de nez.

Il n'est pas toujours nécessaire d'être solennel,
gourmé ou pleurnicheur, pour accomplir son devoir,
plus que son devoir même ; et personne, en France
du moins, n'a posé en principe que l'héroïsme ne
pouvait marcher de front avec la gaîté.

A l'heure où j'écris, la gaîté, je le sais, est en fuite,
ou, pour emprunter au siège une expression familière,
« se replie en bon ordre »; mais je crains bien, hélas !
que l'héroïsme ne l'ait précédée dans cette débâcle
des vieux sentiments français.

CHAPITRE XVI

BUZENVAL

Toujours la Commune. — Un éventail. — Un piédestal grandiose. — Sur les toits du Mont-Valérien. — A travers champs. — Oubliés! — Par la brèche! — Les prisonniers allemands. — Les outranciers. — Un conseil de guerre. — Le général Vinoy. — L'émeute à l'Hôtel de Ville. — Fusillade. — Un incendie à la Halle aux vins.

L'insuccès du Bourget avait causé l'irritation de la garde nationale, d'où sortit la journée du 31 octobre.

L'insuccès des opérations militaires de décembre alluma de nouveau cette irritation, rendit de l'espoir aux émeutiers. Pour calmer cette irritation et détruire cet espoir, le gouvernement pensa qu'une nouvelle bataille était nécessaire. Elle fut plus meurtrière et aussi inutile que les précédentes, et amena la journée du 22 janvier.

Les soubresauts de Paris n'étaient point variés. Tantôt à la défaite succédait l'émeute, et tantôt à l'émeute, la défaite. Alternativement fille et mère l'une de l'autre, l'émeute et la défaite se partageaient la capitale.

Après Champigny, après le second combat du Bourget, après l'évacuation du plateau d'Avron, les clubs continuant à tonner, les farceurs sinistres qui allaient organiser la Commune commencèrent à s'agiter.

Leur thème était toujours le même. Le gouvernement était incapable. Il fallait que Paris prît en mains la défense de ses destinées.

Et la garde nationale se fédérait, et la garde nationale manifestait. Et petit à petit, entrait dans l'esprit des chefs cette pensée cruelle, impie, et cependant toute logique, que ce monde turbulent ne se tiendrait tranquille que lorsqu'il se serait fait un peu tuer, et que, pour guérir Paris de sa fièvre, pour faire tomber son exaltation, il fallait lui soustraire quelques pintes de sang.

— Ces gaillards-là ne seront contents que lorsque nous leur aurons démontré, *ad hominem*, qu'ils sont incapables de s'en tirer, et qu'il est temps de poser les armes, chuchotait-on tout bas dans les états-majors.

C'est épouvantable, je le sais bien. Mais comment faire, comment prouver à des gens incapables de rien entendre aux choses militaires, qu'il n'y avait plus qu'à rester immobile, l'arme au pied, attendant sous les obus qui commençaient à tomber sur Paris, car le bombardement était le cadeau, les étrennes, de la Prusse à la capitale, jusqu'à ce qu'il restât tout juste assez de pain dans la huche pour qu'on eût le temps d'en aller chercher d'autre ?

Les militaires, dans ces cas-là, ont un moyen pratique et simple : « Vous voulez vous battre? allons-y. »

Et l'on partit pour Buzenval.

Cette fois, il ne faisait plus froid, mais il avait plu ; la terre était détrempée, et les routes sur lesquelles nos pauvres canons ne cessaient de rouler, complètement défoncées.

Le 18 janvier, Paris s'emplit du bruit des armes. Dans la nuit du 18 au 19, les troupes se massèrent sous le Mont-Valérien.

L'objectif était Versailles, le commandant en chef était Trochu en personne, et l'armée était divisée en trois colonnes : l'aile gauche, sous Vinoy, attaquait Montretout ; le centre, Buzenval, sous le général de Bellemare ; et l'aile droite, sous Ducrot, débordant le parc de Buzenval, s'étendait jusqu'à la Celle Saint-Cloud.

Cette armée, par conséquent, faisait à gauche conversion, la droite marchant, et se dépliait comme un éventail immense, qui aurait eu le Mont-Valérien et la Seine pour pivot.

L'aile droite avait le plus d'espace à parcourir pour entrer en ligne. Elle fut en retard, gênée dans son évolution par des convois d'artillerie et l'entassement des autres colonnes sur les routes.

La gauche et le centre commencèrent l'action, et à dix heures, la redoute de Montretout ainsi que le mur de Buzenval étaient emportés. Cela marchait bien.

Sur les toits en forme de terrasse du plus haut bâtiment du Mont-Valérien, le gouverneur s'était placé. Position unique, qui lui permettait de suivre

de l'œil et de la lorgnette tous les mouvements de
son armée ; piédestal superbe, que n'eut probablement
jamais aucun commandant en chef, aucun conqué-
rant.

Entouré de tout son état-major, il n'avait qu'à
donner un ordre, l'officier désigné s'inclinait, descendait, trouvait son cheval à la poterne, l'enfourchait,
et, suivi par le regard du gouverneur jusqu'à l'endroit
indiqué, faisait mouvoir les troupes sous les yeux de
celui qui venait d'ordonner le mouvement. C'était
un spectacle admirable et grandiose.

Nous marchions à tour de rôle. Chacun recevait
une mission au petit bonheur, importante ou insignifiante, selon son numéro de roulement. Vers onze
heures, mon tour arriva. Il fallait aller à Montretout,
à gauche, au plus fort de l'action, et faire avancer les
troupes dans la direction de la maison Zimmerman,
où devaient se retrancher le soir même, et se com-
porter héroïquement, les mobiles de la Loire-Infé-
rieure sous les ordres de leur brave commandant le
baron de Lareinty.

Auprès de la poterne où attendaient nos chevaux,
se tenait un escadron d'escorte qui fournissait aux
officiers des cavaliers d'ordonnance, par un roulement
analogue à celui qui fonctionnait sur les toits du
Mont-Valérien. Le premier sentiment de tout homme
qui va risquer sa vie, est de bien dévisager avant tout
le compagnon que le hasard lui donne, et qui peut le
sauver ou le laisser mourir. Le cavalier qui me suivait
avait une bonne figure de soldat blond, honnête et

fort, et il maniait sa monture d'une façon tout à fait rassurante.

Je devais rester jusqu'à ce que le mouvement ordonné eût produit son effet, et rentrer ensuite au fort pour rendre compte au gouverneur.

Nous partîmes au petit trot, puis, bientôt, nous nous embarquâmes au galop. Derrière nous, les batteries du Mont-Valérien tiraient sans interruption, et la direction de leur tir m'indiquait celle que je devais suivre. Je fis un léger crochet pour gagner la campagne sous la trajectoire des obus, et je pris à travers champs. A mesure que je descendais, je voyais moins distinctement le but de ma course, et, abandonnant les indications du canon, il me fallut prendre pour objectif le crépitement de la fusillade.

Nos chevaux enfonçaient jusqu'à mi-jambe dans la terre boueuse. Un capitaine d'état-major, également au galop, venait à ma rencontre. Mais comme il gravissait la côte que je descendais, son cheval à moitié enlisé semblait galoper sur place. Quand nous fûmes à quelques mètres l'un de l'autre, nous nous reconnûmes. C'était le comte Delamarre, un de mes collègues du Jockey.

— Vous y allez? me cria-t-il sans s'arrêter.

— Comme vous voyez, lui dis-je.

— Eh bien, bonne chance !

Nous étions déjà séparés, tous deux pressés, lui de revenir, moi de partir, et d'autant moins disposés à flâner en route, que nous étions, lui à la fin, et moi au commencement de la zone dangereuse.

Là circulaient des voitures appartenant aux ambulances étrangères. Dans cette foule d'infirmiers volontaires, la majorité était absolument dévouée et sincère, mais qui pouvait dire qu'il n'y avait pas de traîtres au milieu d'elle ? Quand on a vu les choses de près, quand on a lu les dépositions, les documents, toutes les paperasses des enquêtes, on demeure persuadé qu'il y avait là un personnel tout à fait disposé à prévenir l'ennemi de ce qu'il savait.

Ma commission faite et le mouvement exécuté, je m'en retournai vers le Mont-Valérien ; j'avais à peine tourné mon cheval dans cette direction, quand un obus vint tomber si près de moi et du cavalier qui me suivait, et dont la monture effarée par le bruit s'était instinctivement rapprochée de la mienne, que je fus couvert de terre et de boue : j'entendais en même temps un concert de sifflements aigus, de bourdonnements graves, mêlés de notes sonores et de notes douces, tous les bruits, en un mot, que produisent, en traversant l'atmosphère, les éclats d'obus, suivant leurs formes et leurs dimensions.

Au moment où je bataillais avec mon cheval qui, vigoureusement cinglé, voulait s'emballer, je fus dépassé par mon cavalier. Il était encore en selle. Mais un éclat lui avait enlevé tout le bas-ventre, et emporté tous les intestins. La partie supérieure de son corps ne tenait plus à la partie inférieure que par l'épine dorsale, et, depuis les côtes jusqu'aux cuisses, un trou énorme et rouge était béant. Il allongea les bras et tomba, pendant que son cheval, blessé au garrot, s'élançait à travers l'espace avec un bruyant cliquetis d'étriers vides. Un grand frisson me secoua.

Trois kilomètres plus loin, j'allais sortir de la zone dangereuse, lorsque je me trouvai tout à coup au milieu d'un bataillon de mobiles, dont les hommes, vautrés dans la boue, étaient cachés à l'ennemi par un pli de terrain.

— Que faites-vous là, mon commandant? dis-je au chef de bataillon.

— Nous attendons des ordres.

— Mais toute l'armée est en avant. Vous êtes trop peu nombreux pour constituer une réserve.

— Je crois en effet que nous avons été oubliés, car il y a sept heures que nous sommes ici.

— Portez-vous en avant. Vinoy vient justement de demander du monde.

— C'est possible, mais nous attendons des ordres.

— Eh bien, je vous donne l'ordre de vous porter en avant.

— Je n'ai pas d'ordre à recevoir de vous, capitaine.

— Vous avez raison, car vous auriez dû marcher de vous-mêmes et vous rapprocher dès que vous vous êtes vus oubliés. Je suis officier d'ordonnance du général en chef, et si vous ne ralliez pas immédiatement vos hommes, si vous n'exécutez pas le mouvement que je vous indique, c'est un autre que moi qui viendra vous transmettre les volontés du gouverneur, et, très probablement, dans d'autres termes que ceux que j'ai l'honneur d'employer.

Il ne répondit rien, rallia ses hommes et se mit en

route, après m'avoir lancé un regard noir dont je me suis longtemps souvenu.

Rentrée au fort, et immédiatement nouvelle excursion, à droite, cette fois. A l'extrémité du parc de Buzenval, il y a un mur qui semble arrêter l'action de ce côté. Il faut aller demander pourquoi on n'emploie pas le canon.

J'arrive, et voici ce que je découvre.

Un régiment de garde nationale est là, depuis le matin, en bataille devant le mur et un peu plus bas.

Dans ce mur il y a une brèche, et les Prussiens, de l'autre côté, couvrent cette brèche de balles, pour empêcher qu'on ne débouche derrière cette muraille qui les abrite.

Les tambours battent la charge, le colonel commande : « En avant! » le régiment crie : « Vive la République! » et... personne ne bouge. Il y a trois heures que cela dure. Ducrot en personne est venu crier : « En avant! » On lui a répondu par des cris, et personne n'a remué.

On n'a pas de canon sous la main pour abattre le mur. Alors arrive une compagnie de ligne commandée par un lieutenant maigre, à l'air dur. C'est, je crois, le lieutenant Napoléon Ney.

Il place ses hommes devant la garde nationale, et commande à un sergent de franchir la brèche à la tête de sa section. Le sergent part, entend siffler les balles, et fait signe que c'est impossible. Le lieutenant fait le geste de lui arracher ses galons. Le soldat le repousse et marche droit à la brèche. Il tombe criblé

de balles. Mais derrière lui la compagnie entière est
arrivée, elle hésite devant le trou, et je vois le lieutenant saisir ses soldats à bras-le-corps et les bourrer
littéralement dans la brèche. Ils la franchissent, se
déploient en tirailleurs, délogent les Prussiens. Le
mur est dépassé.

Je retourne une seconde fois au fort. C'est encore
mon tour de marcher, car tous mes collègues ont été
envoyés en mission pendant mon absence. Cette fois
la consigne n'a rien de périlleux. Il s'agit simplement
de ramener à Paris une soixantaine de prisonniers
allemands. Ils se forment quatre par quatre, et, flanqués
de mobiles à droite et à gauche, ils partent.

Persuadés que personne chez nous ne comprend
l'allemand, ils échangent en marchant des réflexions
naïves, amusantes et caractéristiques.

— On dit qu'ils tuent les prisonniers, dit l'un.

— Ce n'est pas vrai, répond un autre. Seulement il
ne doit pas y avoir de quoi manger.

— Ça ne fait rien, reprend un troisième, je suis
encore content d'en être quitte sans blessure, et
comme cela, au moins, je verrai Paris.

Et leurs yeux brillent à ce mot : PARIS, véritable
terre de Chanaan où ils commençaient à désespérer de
jamais entrer, en dépit des promesses de leurs chefs.

Grâce à cette mission pacifique, j'évitai de partager
avec le gouverneur le plus grand danger qu'il ait couru
pendant tout le siège.

La nuit tombait. Pour essayer un suprême effort
avant la chute du jour, en ce combat qu'il savait

devoir être le dernier, le général Trochu descendit du fort et vint au milieu des troupes, afin de les animer par sa présence. Il passait entre les différents corps. Ici, les fantassins, un peu las, un peu dégoûtés; là, les gardes nationaux, dont quelques bataillons avaient héroïquement fait leur devoir, mais dont la majeure partie avaient couronné par une débandade leurs longues et furieuses demandes de sortie torrentielle. La ligne interpellait la garde nationale.

— En avant! criait-elle, messieurs de la guerre à outrance, c'est le moment de vous montrer.

Et les messieurs de la guerre à outrance ne se montraient pas.

En quittant le champ de bataille, à la nuit, et après avoir reconnu qu'il fallait encore abandonner les positions conquises, les crêtes couronnés et menacées par les réserves fraîches allemandes, le général, entouré de ses officiers, suivi d'une escorte, traversait un champ sur lequel passaient en désordre des gardes nationaux rentrant à Paris.

Tout à coup, une voix cria : « Les uhlans! les uhlans! » Plusieurs coups de feu retentirent aussitôt.

— Mais, c'est moi, Trochu!... cria le général en s'avançant. Ce fut inutile. La fusillade éclata, nourrie cette fois, et l'état-major eut à supporter presque à bout portant le feu d'une centaine d'hommes avant que ceux-ci fussent revenus de leur erreur et de leur panique.

L'obscurité, heureusement, rendait les coups incertains.

—Nous en sommes quittes à bon marché, dit le gouverneur qui croyait tout son monde intact. Au même instant, un de ses officiers d'ordonnance, le lieutenant d'état-major de Langle s'affaissait sur le cou de son cheval. Une balle de chassepot l'avait atteint en pleine poitrine et l'avait traversé de part en part. Son frère, officier de mérite, avait été tué au début de la guerre.

Quel retour ce dut être pour Trochu que cette rentrée à Paris, après ce dernier effort, cette dernière bataille qui rendait impossible toute nouvelle action militaire, arrêtait les opérations, et forçait les généraux à passer la parole aux diplomates !

Si les généraux avaient été plus habiles qu'heureux, les diplomates n'allaient guère être plus heureux qu'habiles.

Et c'est ainsi que la dernière parole que le gouverneur entendit prononcer par son armée, fut ce cri sinistre : « Les uhlans! »

Les dépêches s'étaient succédé toute la journée, confiantes, rassurées, et Paris s'endormit une fois encore dans l'espérance.

Le lendemain, il lut une dernière dépêche du gouverneur qui annonçait la retraite, et exprimait cette opinion rassurante qu'on n'aurait jamais assez de brancardiers pour relever les blessés.

Les membres du gouvernement étaient complètement atterrés lorsqu'il rentra au Louvre. Quant à l'opinion publique, elle s'était énergiquement prononcée contre lui, non pas seulement l'opinion des violents, — celle-là était connue depuis longtemps, — mais l'opinion des modérés, des bourgeois, de tout le monde.

On tint immédiatement une sorte de grand conseil auquel assistèrent, avec le gouvernement, non seulement les généraux, mais encore les maires de Paris.

— Il n'y a rien à faire, dirent les généraux.

— Votre position n'est plus tenable, dirent les maires au gouverneur. Retirez-vous.

— Je ne donnerai pas ma démission. Révoquez-moi, répliqua le général qui entama un long discours sur l'état de l'armée, sur l'inconvénient des jeunes troupes, et qui, néanmoins, laissa percer le désir de renoncer à sa situation militaire.

« Révoquez-moi » est bientôt dit; mais qui pouvait révoquer le général Trochu? Ses collègues? Il avait autant de droits qu'eux. Le peuple? Comment? par quel procédé?

Enfin, révoqué ou démissionnaire, le gouverneur de Paris se retira, tout en conservant la présidence du gouvernement. Il ne pouvait agir autrement en face de l'attitude, unanime cette fois, de la population. Inutile, je pense, de dire que ceux-là mêmes qui s'étaient montrés, à Buzenval, les plus prompts à la fuite, ne furent pas les plus lents à le charger. Ils ne lui pardonnaient pas leur triste conduite.

Le lendemain, un conseil de guerre fut réuni, auquel on convoqua les généraux, les colonels, jusqu'aux commandants. Tous se courbèrent devant l'inexorable nécessité de mettre bas les armes.

Le même jour, vers minuit, les amis de Flourens envahirent Mazas et en tirèrent leur idole. Le lendemain 22 janvier, on tenta de recommencer le 31 oc-

tobre, mais, cette fois, l'Hôtel de Ville ne fut pas
envahi. Les mobiles bretons garnissaient le palais
municipal. Les gardes nationaux massés sur la place
tirèrent sur eux : ils ripostèrent. Il y eut des morts et
des blessés, et les ambulances à drapeaux blancs barrés de croix rouges, après avoir recueilli les victimes
du devoir tombées sur le champ de bataille, recueil-
lirent les victimes de l'émeute tombées dans les rues.
Chaudey, l'adjoint du maire de Paris, était ce jour-là
à l'Hôtel de Ville. Il fut accusé d'avoir commandé le
feu. Il devait partager plus tard le sort de Clément
Thomas.

Avec le commandement du général Trochu pre-
naient fin les fonctions du général Schmitz. Le chef
d'état-major général suivait son chef dans sa retraite,
et le général Vinoy, qui remplaçait le général Trochu,
avait choisi comme collaborateur le général de Valdan. Notre mission était terminée.

Le général Trochu, au lendemain de sa chute, nous
dit un mot qui m'est resté dans la mémoire, parce qu'il
était à la fois empreint de mysticisme et d'un orgueil
naïf, colossal, presque blasphématoire.

— Je suis, nous dit-il, le Jésus-Christ de la situation !

La comparaison était-elle empreinte d'un goût
exquis? Je l'ignore. En tout cas, elle péchait un peu
par la base, car Jésus-Christ mourut, et Trochu vit
encore; Jésus-Christ sauva l'humanité, et Trochu ne
sauva rien du tout.

L'avouerai-je? Je quittai sans regret le Louvre. Ce
métier d'écureuil qui court tout le temps dans un

petit manège sans avancer jamais, commençait à me peser, et j'aspirais au repos.

Le dernier épisode de ma carrière auprès du général fut assez singulier. Une bombe allemande, tombant sur une des casemates de la Halle aux vins, en avait percé la voûte, et avait éclaté au milieu d'un amoncellement de barils d'eau-de-vie qui prit feu. Ce fut un punch gigantesque dont les flammes bleuâtres, dépassant les noires ramures des arbres des quais, intriguèrent le gouverneur. J'allai aux renseignements. Il régnait dans ces parages une telle odeur d'alcool, les émanations en étaient tellement suffocantes, que je succombai promptement à une douce ivresse, et qu'arrivé à cheval, je revins sur une chaise.

Au moment où je caressais la perspective de grasses matinées, faiblesse bien excusable chez un homme qui, depuis longtemps, n'avait pas dormi à son aise, les événements allaient me reprendre et me faire assister à un spectacle qui, pour n'être pas aussi grandiose que celui d'une bataille, n'en était pas moins captivant, enivrant, troublant.

Je veux parler des négociations relatives à l'armistice qu'il me reste à conter.

CHAPITRE XVII

A VERSAILLES

Au lendemain du 22 janvier, la population terrifiée par cette chose épouvantable : des mains françaises faisant concurrence aux mains allemandes pour verser le sang français ; le chassepot collaborateur du krupp ; la garde nationale inoffensive devant le Prussien, meurtrière devant le Français, — était tout à fait résignée à la paix. On en avait assez.

Le 23 janvier, on vint me prier de la part de Jules Favre de me rendre au ministère des affaires étrangères. Le ministre paraissait en proie à la plus vive et à la plus démonstrative des émotions. Il me prit les deux mains, et me demanda de porter le lendemain matin, avant le jour, une dépêche à l'adresse de M. de Bismarck.

Je ne devais laisser voir cette dépêche qu'à l'officier parlementaire allemand à qui je la remettrais en mains propres.

— C'est donc fini? dis-je à Jules Favre.

— Oui, me répondit-il. Nous n'avons plus maintenant de pain que pour quelques jours. Dieu seul connaît les épreuves par lesquelles la population parisienne va nous faire passer lorsque nous allons être obligés de lui dire la vérité. C'est à nous de prévoir les conséquences possibles et désastreuses du fanatisme patriotique qui l'anime. Le gouvernement n'entend pas se soustraire aux responsabilités qu'il a assumées, mais son devoir impérieux est d'assurer du pain à la capitale.

« L'administration s'est trompée. Nous espérions pouvoir résister quelques jours encore. Ce dernier espoir nous est arraché.

« Portez cette dépêche, et arrangez-vous pour qu'elle soit remise à M. de Bismarck le plus tôt possible. Prenez à cet effet toutes les précautions nécessaires. Je n'ai pas besoin de vous dire quelle confiance il faut que j'aie en vous, pour vous charger d'une pareille mission et vous confier un pareil secret. Personne, absolument personne, ne doit rien savoir. Il y va de la tranquillité de Paris, de la vie des citoyens, de tout enfin.

Par excès de prudence, le ministre aurait désiré que je n'allasse point parlementer au pont de Sèvres. Je lui fis observer que, puisqu'il était pressé, mieux valait choisir l'endroit ordinaire de nos entrevues militaires. Préférer un autre point de la ligne d'investissement, c'était s'exposer à attendre deux jours la réponse du chancelier, tandis que, par la voie de Sèvres, nous aurions cette réponse le jour même, selon toutes les probabilités.

Enfin, je laisserais de côté l'itinéraire habituel ; grâce à un laissez-passer spécial enjoignant à tous les chefs de poste d'abaisser devant moi les ponts-levis, de jour ou de nuit, je gagnerais Sèvres par le Bois de Boulogne, alors absolument désert. La dépêche serait remise avant le jour, et sans qu'on pût se douter, même aux avant-postes, qu'on parlementerait ce jour-là.

En effet, le lendemain au petit jour, après avoir attendu une heure et quart le parlementaire allemand, je lui remettais le pli de Jules Favre à l'adresse de M. de Bismarck un peu avant sept heures du matin ; j'en avisai aussitôt le ministre par un exprès, et comme je n'avais rien à faire là, pour ne pas rester inutilement exposé à la canonnade, j'allai demander asile, en attendant une réponse de Versailles, au général Dumoulin qui habitait à Boulogne la villa du baron de Rothschild.

Dans quel pitoyable état je retrouvai cette maison superbe et coquette ! Et comme ils me semblaient lointains ces jours, pourtant si près de moi, où ce pavillon réunissait, après les courses de Longchamps, l'élite de l'aristocratie et la fleur de l'élégance européenne !

Vers deux heures et demie, un mobile m'apportait un billet au crayon ainsi conçu :

Poste du parlementaire, 2 heures 1/4.

A Monsieur le comte d'Hérisson,

Le parlementaire prussien vient de se présenter et m'a prié de vous dire qu'il était porteur de la réponse de M. de Bismarck. Il m'a dit en outre que M. le ministre avait l'autorisation de traverser les lignes prussiennes. Une voiture est à la disposition de M. le ministre.

L'officier de poste,

Saintoin.

Ainsi le poste entier pouvait savoir que Jules Favre se rendait à Versailles !

Une heure plus tard, j'entrais dans le cabinet de Jules Favre.

A la vue de la dépêche allemande, il se montra des plus émus, et se reprit à plusieurs fois avant de pouvoir la décacheter. Ses mains tremblaient.

Il me demanda si, matériellement, il lui serait possible de se rendre à Versailles le jour même.

Je lui répondis que j'avais d'abord tout préparé pour qu'il pût quitter Paris le lendemain de très grand matin, comme je venais de le faire, mais qu'en constatant l'indiscrétion du parlementaire prussien, qui venait de mettre le poste français au courant des instructions de M. de Bismarck, j'avais cru bien faire en demandant la cessation du feu au pont de Sèvres jusqu'à six heures du soir. S'il voulait partir sur l'heure, je me chargeais de le conduire à ce pont sans accident, pourvu qu'il me laissât régler l'ordre et la marche du cortège.

C'est que, si l'opinion moyenne à Paris était à peu près résolue à la paix, ainsi que je viens de le dire, il y avait encore bien des exaltés qui auraient considéré comme une trahison la démarche de Jules Favre, et qui, pour l'entraver, n'auraient reculé devant rien, pas même devant un crime. Or, il suffisait de rencontrer à un poste quelconque quelques-uns de ces exaltés, d'avoir la malechance de tomber sur ceux d'entre eux qui étaient clairvoyants, soupçonneux, déjà en éveil, pour que tout fût mis en question.

Il me semblait donc prudent de brusquer les choses, avant que le bruit du voyage du ministre rentrât dans Paris avec les hommes de garde au pont de Sèvres.

J'avais, dans la cour des affaires étrangères, le coupé dont se servait jadis l'Empereur, conduit par son ancien cocher, et attelé de deux excellentes postières des écuries impériales.

En partant immédiatement, quoiqu'il fallût compter avec les détours rendus nécessaires par les barricades qui hérissaient les routes, nous pouvions encore arriver à Sèvres avant la reprise du feu.

— C'est bien, me dit Jules Favre. Partons.

Quelques instants après, nous roulions dans la direction du Bois de Boulogne, le ministre, son gendre,

M. Martinez del Rio, qui avait tenu à l'accompagner, et moi.

Au poste du Bois de Boulogne, le ministre, qui était au fond, entre son gendre et moi, s'effaça derrière nous deux. J'obstruais avec mon corps la portière de droite, penché complètement en dehors, et brandissant mon laissez-passer. A la portière de gauche, M. Martinez del Rio exécutait la même manœuvre.

Sans être reconnus, sans que les gardes nationaux se fussent opposés au passage du ministre, — c'était la grande appréhension de Jules Favre, — sans avoir rencontré aucun Drouet préparant pour nous une deuxième édition du retour de Varennes, nous entrâmes dans le bois.

Là, tout marcha assez bien, quoique à chaque instant nous fussions obligés de rétrograder devant un fossé coupant une route, devant une barricade formée d'arbres fraîchement abattus, et de faire des détours pénibles. Tous ces obstacles, qui n'eussent été qu'un jeu pour un cavalier, n'étaient point faciles à franchir avec une voiture assez lourde, à demi blindée sous son vernis, et chargée de quatre personnes. Il fallait les tourner.

Au sortir du Bois, rien n'est plus facile, en temps ordinaire, que de se rendre à Sèvres. Mais à cette époque, les choses les plus simples habituellement devenaient des difficultés insurmontables. Ainsi, nous ne pouvions songer à suivre le quai, le bord de l'eau. Nos chevaux eussent été tués par les tirailleurs allemands de l'autre rive, avant d'avoir fait cent mètres,

et notre voiture eût été criblée. Il fallut se jeter sur .
la gauche. Mais là, maisons écroulées, palissades
arrachées des terrains vagues, obstruaient complètement le chemin.

Espérant trouver une issue, nous nous engageons
dans une avenue particulière : c'est un labyrinthe qui
ne nous mène à rien. Enfin, en enfonçant une grande
porte cochère, en traversant des jardins maraîchers,
en brisant des rangées entières de cloches à melons,
nous finissons par gagner une route praticable et
abritée qui nous mène jusqu'au pont.

Nous dûmes attendre assez longtemps dans le hangar où j'abritais d'ordinaire mon cheval, la Maison
du Parlementaire. L'officier allemand, ne supposant
pas que nous dussions revenir ce même jour, avait
regagné ses pénates, situées, je crois, du côté de
Chaville.

Nous montâmes dans la petite barque qui avait,
quelques semaines auparavant, porté Burnside et sa
fortune. Les factionnaires prussiens l'avaient trouée
comme une écumoire à coups de fusil, jusqu'à sa
ligne de flottaison à vide. Le poids de nos corps ayant
fait descendre cette ligne au-dessous du niveau du
fleuve, l'eau entrait de toutes parts par une centaine
de petites bondes naturelles. C'eût été exquis pour conserver du poisson : c'était un peu primitif pour transporter des chrétiens. Nous avions réellement peur de
couler. Nous commençâmes par boucher avec des
fragments de nos mouchoirs déchirés, avec des
bourres de papier, les plus grands trous. Une vieille

casserole de fer-blanc, ramassée au fond de la barque, fut transformée en écope, et me permit de rejeter l'eau qui filtrait par les autres petits trous et par les joints.

La Seine charriait des glaçons de deux à trois mètres carrés qu'il fallait éviter, ce qui était facile, car le courant n'est pas rapide en cet endroit, et la glace le ralentissait encore.

La nuit était noire, et, sous le ciel bas, la Seine eût semblé un fleuve d'encre, si les incendies de Saint-Cloud n'eussent jeté sur la surface des eaux des lueurs rougissantes. On eût dit, par places, des flaques de sang qui coulaient sous un dôme de fumée et de brouillards. C'était biblique, c'était grandiose, c'était tout ce qu'on voudra, mais c'était horrible.

Avec son chapeau haut de forme, sa redingote noire d'avocat mal habillé, sa figure échancrée comme un croissant de lune attristée, et sa serviette ministé-rielle, Jules Favre était beaucoup trop moderne pour figurer le Dante; pas plus que je n'eusse pu, avec ma tunique, mon pantalon à bandes rouges et mon képi, donner une idée exacte de Virgile. mais si les person-nages laissaient à désirer, le cadre de l'Enfer les entourait, complet, sombre, lamentable, et dessiné par la réalité avec des proportions plus énormes, certainement, que celles des visions de l'immortel poète italien.

Sur la rive allemande de la Seine, — la guerre avait enfanté cette monstrueuse expression géographique, — plusieurs officiers prussiens attendaient Jules

Favre autour d'un vieux berlingot de campagne, fermé, doublé de toile perse blanche à fleurs bleues, et entouré d'une escorte de·uhlans.

On s'aborda en se saluant de part et d'autre, et je vis que les officiers allemands, qui probablement avaient reçu leurs instructions, affectaient de croire que le ministre ne faisait que traverser les lignes prussiennes pour se rendre à Londres, afin d'assister à une conférence qui s'y tenait alors, en vue de régler la question de la mer Noire.

Plusieurs jours auparavant, M. Jules Favre, en effet, invité par le gouvernement anglais à cette conférence, avait demandé un laissez-passer au comte de Bismarck. Celui-ci avait d'abord consenti au voyage. Puis, craignant qu'il ne profitât de cette réunion diplomatique pour implorer l'assistance des neutres, n'admettant point que l'Europe reconnût la République en discutant avec elle, avant que lui, comte de Bismarck, eût décidé s'il devait traiter avec elle ou ramener l'Empire, il avait finalement refusé le sauf-conduit. Jules Favre, à qui le voyage ne souriait guère, avait même écrit à M. de Bismarck et l'avait remercié de son refus, qui, disait-il, le rappelait au sentiment de ses devoirs.

Le ministre ne me demandant pas de l'accompagner plus loin, il n'y avait pas de raison pour que j'offrisse ma compagnie. Je le laissai donc s'éloigner dans son berlingot entouré de uhlans. Je vis disparaître le petit cortège au détour d'une rue, et, pour l'attendre, je restai à coucher à Sèvres.

Il ne revint pas le même soir, et ne reparut que le lendemain assez tard dans l'après-midi.

Son premier mot, en me retrouvant sur le quai auprès de ma barque, fut celui-ci :

— Ah ! mon cher enfant, j'ai eu tort de ne pas vous emmener. J'ai trop souffert. Si vous voulez, nous ne nous quitterons plus lorsque je retournerai à Versailles.

Quand on causait avec Jules Favre, à cette époque, et encore maintenant, lorsqu'on parcourt ses dépêches, sa correspondance, ses rapports, ses livres, on s'aperçoit qu'il joua tout le temps le rôle de ce personnage de je ne sais quelle comédie qui traverse toute une pièce en répétant continuellement : « Que je souffre, mon Dieu, que je souffre ! Oh ! ma tête, ma tête ! » Cela est très comique. Mais, à cette époque, il exprimait ces plaintes avec tant de conviction, il mettait une telle sincérité dans ses jérémiades, qu'il n'excitait pas d'autre sentiment que celui de la commisération.

Je lui répondis que j'étais à son entière disposition, et, en revenant dans le coupé de l'Empereur, il me raconta en détail ses deux entrevues avec le chancelier. Son récit, que j'écrivis le soir même, diffère sensiblement de celui qu'il prétend, dans son livre, avoir dicté le lendemain et qu'il a publié.

Il avait été conduit directement à l'hôtel de Mme Jessé, à Versailles, 23, rue de Provence, demeure tout à fait modeste qu'occupait M. de Bismarck, et qui n'avait pour le retenir que l'avantage de sa proximité avec la Préfecture, où logeait le roi de Prusse, devenu depuis moins d'une semaine l'empereur d'Allemagne.

Après les politesses préliminaires, Jules Favre ayant dit qu'il venait reprendre les négociations de Ferrières, M. de Bismarck avait brusquement répliqué :

— La situation n'est plus la même, et si vous maintenez votre principe de Ferrières : « pas un pouce, pas une pierre », — il est inutile que nous causions davantage. Mon temps est précieux, le vôtre aussi. Je ne vois pas la nécessité de le perdre.

Et, changeant d'idée, regardant son interlocuteur :

— Vous avez beaucoup blanchi depuis Ferrières, monsieur le ministre, ajouta-t-il.

Jules Favre allégua les soucis du gouvernement, les amertumes de la défaite, et le chancelier, revenant à l'objet de l'entretien, exprima l'idée que le ministre venait bien tard, et annonça qu'il était sur le point de traiter avec un envoyé de Napoléon III.

La scène se passait dans un petit salon, au premier étage de la maison, et M. de Bismarck désignait à son interlocuteur une porte derrière laquelle était censé attendre l'ambassadeur de l'Empereur.

Il expliqua que rien ne lui serait plus facile que de ramener ce souverain détrôné et de l'imposer à la France ; que Napoléon III trouverait bien, parmi les prisonniers français détenus en Allemagne, une armée de cent mille hommes tout à fait dévoués, qui lui suffirait pour se maintenir le jour où les Allemands se retireraient ; qu'au pis aller, il restait encore la ressource de convoquer quelque part l'ancien Corps Législatif, et de traiter avec lui.

Il s'animait en parlant, et dit à peu près ceci :

— Au fond, pourquoi est-ce que je traiterais avec vous? Pourquoi est-ce que je donnerais à votre République une apparence de légalité en signant une convention avec son représentant? Au fond, vous n'êtes qu'une bande de révoltés ! Votre Empereur, s'il revient, a le droit strict de vous faire fusiller tous comme traîtres et comme rebelles.

— Mais s'il revient, s'écria Jules Favre éperdu, c'est la guerre civile, c'est l'anarchie!

— En êtes-vous bien sûr? Et d'ailleurs, la guerre civile, en quoi pourrait-elle nous nuire, à nous, Allemands?

— Mais, monsieur le comte, vous ne craignez donc pas de nous réduire au désespoir? Vous n'avez donc pas peur d'exaspérer notre résistance?...

— Ah! vous parlez de votre résistance! dit le chancelier en interrompant avec éclat. Ah! vous êtes fier de votre résistance? Eh bien, Monsieur, sachez que si M. Trochu était un général allemand, je le ferais fusiller ce soir. On n'a pas le droit, entendez-vous, on n'a pas le droit, en face de l'humanité, en face de Dieu, pour une vaine gloriole militaire, d'exposer, comme il le fait en ce moment, aux horreurs de la famine une ville de plus de deux millions d'âmes. Les lignes ferrées sont coupées de toute part. Si nous n'arrivons pas à les rétablir en deux jours, et cela n'est pas certain, il vous mourra, par jour, cent mille personnes de faim, à Paris. Ne parlez pas de votre résistance : elle est criminelle !

Jules Favre, tout à fait décontenancé, l'avait prié, supplié, de ne pas infliger à la France, après ses désastres, la honte de subir un Bonaparte. Puis il avait commencé à vanter tous les avantages de la République, régime impersonnel, qui, seul, pouvait subir les conditions dures ou blessantes du vainqueur sans en être renversée, qui, seul, était capable d'assurer à l'Allemagne l'exécution des traités.

Bref, avant de se séparer, M. de Bismarck avait engagé Jules Favre à formuler par écrit les conditions qui lui paraissaient désirables et qu'ils avaient discutées. Le lendemain matin, et après avoir vu l'Empereur et M. de Moltke, le chancelier avait remis au ministre le plan d'un projet de convention.

Armistice de 21 jours. — Désarmement de l'armée, qui resterait prisonnière de guerre à Paris. — Les anciens bataillons de la garde nationale, au nombre de soixante, resteraient armés pour maintenir l'ordre ; les autres seraient dissous, ainsi que tous les corps francs. —L'armée remettrait ses armes et *ses drapeaux* ; les officiers conserveraient leur épée. — L'armistice s'étendrait à toute la France, et on tracerait la situation respective des deux armées. — Paris payerait une indemnité de guerre et livrerait ses forts aux Allemands. — Ceux-ci n'entreraient point dans l'enceinte pendant la durée de l'armistice. Les canons garnissant les remparts seraient culbutés dans les fossés. — Les élections législatives auraient lieu pour la nomination d'une Assemblée chargée de se prononcer sur le traité de paix définitif.

Il n'y avait encore là que les bases de la convention d'armistice qui fut signée à Versailles, le 28 janvier. Jules Favre espérait bien en atténuer les rigueurs, et les négociations continuèrent entre lui et le comte de Bismarck jusqu'au jour de la signature. A diverses reprises, pour les choses militaires, M. de Moltke et ses officiers, ainsi que deux généraux français, y furent mêlés.

J'assistai, en qualité de secrétaire et d'aide de camp du ministre, si on peut parler ainsi, à toutes ces discussions sauf, comme je viens de le dire, à la première entrevue. Il serait oiseux, fastidieux pour le lecteur de les suivre pas à pas, et de rapporter les unes après les autres des conversations qui toutes tournaient dans le même cercle. Cependant elles donnèrent lieu à des incidents saillants, caractéristiques, intéressants, qui ont fixé mes souvenirs et que je crois utile de rapporter.

C'est en revenant de sa première entrevue avec le chancelier, que le ministre m'avait raconté le résumé de la conversation que j'ai citée plus haut. Il avait trouvé en rentrant ses collègues réunis à son ministère, et leur avait exposé les premiers résultats de sa conférence. Ils l'avaient félicité, disant que, dans la situation désespérée où l'on se trouvait, ce qu'il avait obtenu était tout ce qu'on pouvait désirer. On avait abordé l'examen de la contribution de guerre, et Jules Favre avait été autorisé à aller jusqu'à 500 millions, si M. de Bismarck les exigeait.

Le lendemain matin, au lieu de rester à Sèvres comme la veille, je montai avec Jules Favre dans le berlingot de campagne, et j'entrai derrière lui dans la maison Jessé.

M. de Bismarck, qui ne se levait généralement pas de bonne heure, vint bientôt nous rejoindre dans le salon du rez-de-chaussée. Là, le ministre me nomma au chancelier, qui me regarda, l'espace de deux secondes, comme on regarde une personne déjà entrevue, et nous fit monter au premier étage.

La conversation commença. Nous étions tous trois assis autour d'une table ronde. Le chancelier causait, Jules Favre répondait; moi je prenais des notes, et *fixais sur le papier les dispositions acquises et les détails convenus.*

Je fus frappé d'abord du contraste que présentaient les deux interlocuteurs. Le comte de Bismarck portait l'uniforme de colonel des cuirassiers blancs : tunique blanche, casquette blanche avec turban jaune. Il avait l'air d'un colosse. Sanglé dans son uniforme, la poitrine bombée, les épaules carrées, éclatant de santé, de force, il écrasait de son voisinage l'avocat courbé, maigre, long, désolé, dans sa redingote qui plissait de tous les côtés, et sur le collet de laquelle ruisselaient ses cheveux blancs. Il n'y avait, hélas! qu'à jeter un regard sur les deux négociateurs, pour reconnaître le vainqueur et le vaincu, le puissant et le faible.

Jules Favre, ce jour-là, insista surtout sur la nécessité de conserver les armes à toute la garde nationale.

Il avait fait son deuil de la mobile, et de l'armée régulière, dont une seule division devait rester armée, en y joignant les troupes spéciales de police et les pompiers. Mais la garde nationale lui tenait au cœur. Il exposait qu'il serait impossible de la désarmer, qu'elle se révolterait, que le sang coulerait, que lui permettre de garder ses fusils était le seul moyen de lui faire supporter l'armistice.

Cela dura fort longtemps, car lorsque le général Trochu n'était pas là pour l'éteindre, Jules Favre à son tour était fort prolixe.

Enfin le comte de Bismarck consentit; mais je me souviens qu'il adressa à Jules Favre cette parole prophétique :

— Soit, mais croyez-moi : vous faites une bêtise. Et tôt ou tard il vous faudra compter avec les fusils que vous avez l'imprudence de conserver à ces exaltés.

Il fut encore parlé de la contribution de guerre, et le chancelier dit en riant que Paris était une si grande dame et une personne si opulente, que ce serait lui faire injure que de lui demander moins d'un milliard.

— Nous ne pourrons jamais le payer, Excellence, dit Jules Favre. La guerre a totalement ruiné Paris. Nous arriverons à cent millions avec bien de la peine.

Enfin on transigea à deux cents millions, comme on sait.

L'heure du dîner avait sonné, et le chancelier nous invita à nous asseoir à sa table. Jules Favre, qui voulait mettre au net les notes prises par moi, s'excusa

et pria qu'on lui montât son dîner. Je suivis donc seul
le chancelier dans la salle à manger du rez-de-chaussée,
où attendaient une douzaine d'officiers et de fonctionnaires de la chancellerie, tous en grand uniforme.

Le chancelier, qui occupait le milieu de la table, me
fit placer à sa droite.

Je me souviens que la table, fort bien servie d'ailleurs, et garnie de l'argenterie massive d'un nécessaire
de campagne, était éclairée par deux bougies seulement, enfoncées dans les goulots de deux bouteilles
vides. Il n'y avait que ce détail, peut-être calculé, qui
rappelât le campement.

A peine installé, le chancelier se mit à manger de
bon appétit, tout en causant, et en buvant de fortes
rasades de bière et de champagne alternées dans une
grande timbale d'argent à son chiffre.

Tout le monde causait en français.

A un moment, à ma profonde stupéfaction, M. de
Bismarck me dit :

— Monsieur d'Hérisson, ce n'est pas la première
fois que j'ai le plaisir de vous rencontrer.

— C'est vrai, Excellence. Mais je ne pouvais pas
me figurer qu'un incident, aussi insignifiant pour
vous que remarquable pour moi, avait pu se fixer dans
votre mémoire, où de si grands intérêts, de si vastes
desseins et de si grandioses succès se disputent la place.

— Attendez, continua-t-il ; c'était en 1866, à Bade,
sur le perron de la maison Mesmer, où demeurait le
roi de Prusse. Vous m'avez été présenté par la princesse Menschikoff.

C'était vrai, et je fis volontiers chorus avec les officiers de la chancellerie, qui se trémoussaient d'admiration et s'exclamaient :

— Quelle mémoire ! C'est prodigieux ! Quel homme
étonnant ! Il n'y a que lui !

Était-ce à cause des relations fugitives jadis ébau-
chées entre nous ? Le chancelier, qui depuis plus de
six mois n'avait vu que des militaires français ou cap-
tifs ou humiliés, n'avait causé avec des civils que
pour leur imposer des sacrifices ou pour repousser
des demandes, éprouvait-il une involontaire détente
morale devant un officier libre, et qui, assis à sa table,
ne pouvait le traiter ni en ennemi, ni en maître ?
Mon attitude volontairement dégagée, insouciante,
contrastait-elle avec le maintien de Jules Favre, qui,
la veille, était resté, pendant tout le repas, comme
affaissé sur la chaise que j'occupais, et enterré sous
ses cheveux, paraissant, quand on lui parlait, sortir
brusquement d'un cauchemar, et de temps en temps
s'essuyant les yeux avec sa serviette ; et ce contraste
plaisait-il au chancelier ? Grand mangeur et grand
buveur, aimait-il voir mon juvénile appétit, car les
privations du siège m'ayant servi d'apéritif, je man-
geais ferme et buvais sec ?

Je n'en sais rien. Mais je constatai bientôt à des
signes imperceptibles que je n'étais point désagréable
au comte de Bismarck. Il me poussait, me donnait la
réplique, m'excitait à parler. On eût dit d'une maîtresse de maison désireuse de faire briller un de ses
convives.

Quand je vis que cela prenait, comme on dit familièrement, je me lançai, et je me mis à « blaguer » à
la parisienne avec ces messieurs de la chancellerie.

— Ne croyez pas, leur dis-je, entre autres histoires,
que nous soyons aussi affamés que cela. Et puis, chez
nous, il y a un ressort tel, que ce qui accable les autres
peuples nous fait rire et plaisanter. Ainsi, au commencement du siège, on en voulait beaucoup aux
sergents de ville. On voulait les noyer tous, ni plus
ni moins. Alors ils coupèrent leurs moustaches et se
mirent à circuler par trois, pour se prêter main-forte
au besoin. Aujourd'hui, on ne pense plus à eux et ils
vont par deux. On affirme qu'ils sont obligés d'agir
ainsi parce que les deux qui restent ont mangé le
troisième.

Et les admirateurs du comte de Bismarck, peu variés
dans leurs formules :

— Quelle gaieté ! C'est prodigieux ! Ces Parisiens
sont étonnants ! Il n'y a qu'eux...

Puis je me mis à leur raconter la campagne de
Chine, des histoires de l'autre monde.

Cela valait mieux, me semblait-il, que de parler de
politique où je n'entendais rien, ou de la guerre du
moment où je n'aurais trouvé que des sujets attris-
tants pour moi.

Mon rôle n'avait ni l'importance ni le caractère de
celui de Jules Favre, et je suis même persuadé que
les petites concessions que je parvins personnellement à arracher, comme on va le voir, à M. de Bismarck, je les dus à mon entrain, à la gaîté persis-

tante de mon caractère, et à une liberté d'esprit que j'affectais continuellement.

M. de Bismarck ne ressemble en rien à nos hommes d'État. Il n'est pas le moins du monde solennel. Il est même foncièrement gai, et, au milieu des plus graves questions, il lance volontiers une plaisanterie, un trait humoristique sous lequel on sent toujours la griffe puissante du lion.

Il faut croire, au reste, que mes histoires ne lui déplaisaient point, car je lis dans le livre du docteur Moritz Busch, son secrétaire, intitulé : *le Comte de Bismarck et sa suite pendant la guerre de France* :

En échange de ces historiettes et d'autres, le chef raconta à d'Hérisson différentes choses qu'on pouvait ne point encore savoir dans les clubs et les salons parisiens, et qu'on y apprendrait avec plaisir. Par exemple, la conduite de Rothschild à Ferrières, et la métamorphose par laquelle le grand-père Amschel, d'un petit juif en devint un grand, grâce à l'Électeur de Hesse. Il l'appela à différentes reprises *juif de la cour*, et en vint ainsi à caractériser les juifs de la noblesse polonaise.

M. de Bismarck, en effet, me raconta qu'on avait eu vivement à se plaindre de l'accueil fait aux Allemands à Ferrières. C'était, d'après lui, l'intendant du baron de Rothschild plutôt que le baron lui-même, qu'il fallait accuser. « Mais, ajouta-t-il, tel maître, tel valet. »

Et il partit de là pour me dire combien en Allemagne on déteste et on méprise les juifs, comment la bonne société les tient à l'écart.

Franchement, il m'était impossible de le suivre sur
ce terrain, et je lui confessai qu'en France, pour le
moment, nous n'avions pas les mêmes répugnances.
Il devait bien comprendre d'ailleurs que je ne pouvais
partager ses sentiments, et que, officier français, j'étais
d'autant plus disposé à admirer le courage du baron
de Rothschild, qu'en montrant ce courage le baron
risquait plus que bien d'autres. Il est bien possible
que le grand-père Amschel ait beaucoup aimé l'argent;
mais, aujourd'hui encore, alors que bien des années
ont passé sur cette conversation, il me faut constater
que ses petits-fils, tout en aimant cet argent, savent
le dépenser non seulement royalement, mais intelligemment, mais artistiquement.

Je ne puis oublier que, tout récemment encore,
lorsque je voulus entreprendre des explorations
scientifiques et des recherches archéologiques qui
sont plus honorables pour les nations que lucratives
pour ceux qui les subventionnent, c'est dans la haute
société israélite que j'ai trouvé les quatre cinquièmes
des fonds nécessaires.

Je me hâtai donc de détourner la conversation du
terrain antisémitique où M. de Bismarck la plaçait,
et je lui fis raconter des histoires de chasse. Là-dessus
il est intarissable.

Quand nous remontâmes pour trouver Jules Favre,
qui écrivait toujours, la glace était rompue, et le plénipotentiaire français parut tout à fait étonné des
termes familiers qu'employait le chancelier pour terminer avec moi la conversation entamée à table.

Et voilà que ce même soir, comme une grande coquette qui désire se montrer sous tous les aspects, M. de Bismarck, après m'avoir ébloui par les traits pétillants d'une bonne humeur à la fois rude et charmante, allait me faire entendre les éclats d'une colère formidable. Pour me servir d'une métaphore plus appropriée à cet homme véritablement grand, j'avais entendu le lion au repos ronronner comme un chat qu'on caresse, j'allais l'entendre rugir furieusement, debout, la queue droite et la crinière au vent.

Au cours de ces longues et pénibles négociations, je me souviens d'avoir vu trois fois le chancelier de l'Empire sérieusement en colère. Je vais conter cette première crise d'emportement ; la seconde se produisit à propos de la défense de Saint-Quentin, que M. de Bismarck jugeait en chef allemand furieux d'avoir vu une ville ouverte forcer, par une résistance inattendue, une armée allemande à revenir sur ses pas, et couvrir la retraite d'une armée française. Il ne pouvait pardonner au courage et au patriotisme d'un simple lieutenant, devenu commandant par la force des choses, d'avoir surpris le grand état-major allemand et d'avoir dérangé ses calculs. Ce lieutenant était mon ami, M. Xavier Feuillant.

Enfin j'eus l'honneur d'exciter personnellement la troisième crise de cette colère grandiose dans des circonstances que je raconterai bientôt, et où je fus plus heureux que prudent : *felicior quam prudentior*, dit la syntaxe du bon Lhomond.

Donc, ce soir-là, il s'agissait de Garibaldi.

En remontant chez lui, le chancelier avait fait déposer sur la petite table ronde autour de laquelle
nous nous asseyions, une soucoupe blanche contenant trois superbes cigares de la Havane. Ses admirateurs lui en envoyaient de Hambourg de nombreuses caisses qui s'empilaient sur la commode. Du
reste, l'enthousiasme national ne le laissa manquer
de rien pendant toute la campagne, et la maison
Jessé vit entrer alors les produits les plus exquis de
la gastronomie allemande, les vins les plus recherchés,
la bière la plus parfaite qu'on ait jamais brassée de
l'autre côté du Rhin.

Il répétait souvent à ses familiers : « Si on veut que
je travaille bien, il faut qu'on me nourrisse bien. » Et
il disait au Prince Royal, qu'il avait invité à sa table,
et qui s'extasiait sur les bonnes choses qu'on lui servait : « Voyez-vous, Altesse, les habitants de la Con-
fédération du Nord tiennent absolument à avoir un
chancelier gras. » Ils obtinrent ce chancelier tel qu'ils
le rêvaient, ces bons habitants, puisque, plus tard,
revenu en Allemagne, il dut se faire dégraisser. Et
s'il travailla bien à Versailles, incontestablement il
mangea encore mieux et fit bien manger ses hôtes,
ceci soit dit en passant.

Au moment où commençait l'entretien, le chancelier prit la soucoupe aux trois cigares, et, la tendant
à Jules Favre :

— Fumez-vous? demanda-t-il.

Jules Favre s'inclina pour refuser, et déclara qu'il
ne fumait jamais.

— Vous avez tort, lui dit bonnement le cuirassier diplomate. Lorsqu'on aborde un entretien qui peut quelquefois amener des discussions, engendrer des violences de langage, il vaut mieux fumer en causant. Quand on fume, voyez-vous, continua-t-il en allumant le havane, ce cigare que l'on tient, que l'on manie, que l'on ne veut pas laisser tomber, paralyse un peu les mouvements physiques. Moralement, sans nous priver en aucune façon de nos facultés cérébrales, il nous assoupit légèrement. Le cigare est une diversion, cette fumée bleue qui monte en spirale et qu'on suit malgré soi des yeux, vous charme, vous rend plus conciliant. On est heureux, la vue est occupée, la main est retenue, l'odorat est satisfait. On est disposé à se faire des concessions mutuelles. Et notre besogne, à nous autres diplomates, est faite de concessions réciproques et incessantes. Vous avez, vous qui ne fumez pas, sur moi qui fume, un avantage : vous êtes plus éveillé; et un désavantage : vous êtes plus enclin à vous emporter, à céder au premier mouvement, poursuivit-il avec un soupçon d'intention railleuse. Du reste, je suis sûr que le capitaine doit fumer.

Et il poussa la soucoupe devant moi. J'avoue, me plaçant à un point de vue moins élevé que celui du chancelier, qu'un bon cigare m'a toujours tenté. Je crus néanmoins devoir refuser. Je voulais être tout oreilles, n'être distrait par rien, et, en outre, je me sentais hiérarchiquement trop inférieur à ces deux hommes pour que je me permisse de le prendre avec eux sur le pied d'égalité de personnes qui fument ensemble.

La négociation commença posément, doucement. Avec une franchise étonnante et une logique admirable, le chancelier disait simplement, sincèrement, ce qu'il désirait. Il allait toujours droit au but et interloquait à tout propos Jules Favre, habitué à ses finasseries d'avocat, au maquignonnage diplomatique, et ne comprenant rien à cette loyauté parfaite, à cette façon superbe et peu conforme aux anciens errements, de traiter les questions.

Le chancelier s'exprimait en français avec une facilité que je n'ai guère trouvée que chez les Russes, qui s'assimilent notre langue avec tant de promptitude et de bonheur, et pour qui les difficultés de leur langage rendent jeu d'enfant l'étude des idiomes étrangers. Il se servait d'expressions à la fois élégantes et fortes, trouvant, sans effort et sans recherche, le mot propre qui classe une pensée, qui définit une situation.

Tout en tirant du portefeuille ministériel les pièces au fur et à mesure qu'on en avait besoin, et en écrivant les notes que l'on me dictait, je me régalais de cette leçon inattendue de rhétorique et de conversation.

Lorsqu'il fut question de Garibaldi et de l'armée de Dijon, les yeux du chancelier brillèrent et prirent tout à coup l'expression d'une colère sauvage. On sentait qu'il comprimait avec peine des rancunes à la fois franches et violentes.

— J'entends, dit-il à Jules Favre, que nous le laissions, lui et son armée, en dehors de nos conditions d'armistice. Ce n'est pas un des vôtres. Vous pouvez bien me l'abandonner. Il a en face de lui un petit corps d'armée dont l'effectif est égal, ou à peu près, à celui de ses troupes. Qu'ils se débrouillent ensemble. Ne nous occupons pas d'eux.

Jules Favre répondit que cela était tout à fait impossible. Certes, on n'avait pas demandé l'aide de Garibaldi. Une première fois, il avait offert son concours et celui de ses deux fils au gouvernement de la Défense nationale, par une dépêche adressée à Rochefort, le 5 septembre, au matin. On avait refusé ce concours. Mais les circonstances ayant fait du condottiere italien le général d'un corps d'armée français, ce serait une lâcheté à lui, représentant de la France, d'abandonner Garibaldi, de l'exclure d'un armistice qui devait profiter à tous, et, par contre-coup, son corps d'armée, composé à peu près uniquement de Français.

La province, du reste, en acceptant les offres de services de Garibaldi, que Paris avait cru devoir décliner, avait enveloppé cet étranger dans les plis du drapeau national, et il était impossible de l'abandonner.

Pendant cette allocution, bien plus longue et certainement plus éloquente que le pâle résumé que j'en trace, et tandis que Jules Favre prouvait que l'honneur du pays était engagé dans une pareille question, la colère du comte de Bismarck avait augmenté.

Il s'agitait sur sa chaise; il avait même posé son

cigare à moitié consumé et fumant encore sur le bord
de la soucoupe, et, frappant très sèchement avec
l'index sur la table, il s'écria :

— Il faut pourtant que je le prenne, car j'entends
le promener dans Berlin, avec un écriteau dans le dos
et ces mots : « Voilà la reconnaissance de l'Italie. »
Comment ! Après tout ce que nous avons fait pour ces
gens-là !... C'est ignoble !

Je me permis alors une chose assez hardie, mais
qui, vis-à-vis d'un homme de la distinction et surtout
de l'éducation du comte de Bismarck, pouvait avoir
une chance de réussir, et qui réussit en effet.

Je pris la soucoupe aux cigares ; moitié souriant,
moitié incliné, dans l'attitude du respect et de la sup-
plication, je la lui tendis.

Il resta quelques secondes sans comprendre, puis,
la flamme de ses yeux s'éteignit tout à coup.

— Vous avez raison, capitaine, dit-il, il est inutile
de se fâcher. Cela ne mène à rien... au contraire !

Et la conversation reprit son diapason habituel,
modéré. L'armée de Garibaldi, et Garibaldi lui-même,
furent compris dans l'armistice.

Cependant, MM. de Bismarck et Jules Favre ne pouvaient à eux deux tout conclure. Il y avait des questions techniques à résoudre, pour lesquelles l'intervention des militaires était nécessaire, et il fut convenu
que le gouvernement de Paris désignerait un général,
muni des pleins pouvoirs du commandant en chef,
qui viendrait le lendemain conférer avec M. de Bismarck d'abord, et ensuite avec M. de Moltke.

Le soir même, après notre rentrée à Paris, il fut décidé que le général de Beaufort d'Hautpoul serait chargé de cette mission désagréable, et je fus prié de porter au général une dépêche lui ordonnant d'accompagner le ministre à Versailles en qualité de négociateur militaire.

Ce brave et digne soldat, qui demeurait avenue de Neuilly, manifesta devant moi une surprise et un chagrin extrêmes, quand il eut pris connaissance de la dépêche. Il se promenait à grands pas dans son salon, gesticulant et s'écriant :

— Il est impossible qu'on me demande une pareille chose! On n'a pas le droit de déshonorer la carrière d'un vieux soldat, en l'obligeant à mettre son nom au bas d'une semblable capitulation. Est-ce que je suis responsable, moi? Est-ce que j'ai commandé en chef, moi? Jamais je ne ferai cela... J'aime mieux mourir...

Et il se mit à pleurer comme un enfant. Ses larmes coulaient de ses joues de brique et s'égouttaient le long de ses blanches moustaches. C'était navrant. Il en revenait toujours à la même idée :

— Mais pourquoi m'a-t-on choisi? Pourquoi moi plutôt qu'un autre ?

On conçoit que je n'étais pas parti sans savoir d'avance ce que je devais répondre à ses objections, parfaitement prévues par l'état-major et par le gouvernement. Je fis donc observer au général qu'il était le plus ancien divisionnaire de l'armée de Paris.

— Mais pas du tout, répliqua-t-il vivement. Il y a à Paris des divisionnaires de ma promotion.

Je répliquai que c'était vrai, mais que, parmi ces divisionnaires, il était le plus ancien comme brigadier.

Il n'y avait plus rien à répondre. La mission qu'on lui imposait était horrible, effrayante ; certainement, elle devait coûter à son honneur de vieux soldat : mais ce même honneur lui fit accepter le sacrifice qu'on lui demandait, lui fit comprendre que son devoir l'obligeait à se soumettre, à obéir.

Quelques heures plus tard, nous nous retrouvions à Versailles, assis à la table de M. de Bismarck. Le pauvre général d'Hautpoul portait sur son visage la trace du combat terrible que s'étaient livré en lui-même sa fierté et son devoir. Ses traits étaient réellement décomposés, et il avait vieilli de dix années pendant le trajet. Brusque, sombre, taciturne, il était assis, sa serviette sur les genoux, touchant à peine aux plats qu'on lui servait, la gorge serrée, et ne répondant que par des monosyllabes aux questions empreintes de courtoise sympathie et de déférence que lui adressait le chancelier.

Il but coup sur coup trois grands verres d'eau, et, à la suite de je ne sais plus quelle observation faite par un officier allemand, il partit subitement, comme si un ressort s'était détendu en lui-même, et répondit vivement :

— Ah ! c'est bien heureux pour vous que nous soyons venus traiter, car nos troupes sont animées d'excellents sentiments. Mes mobiles et mes gardes nationaux sont devenus de parfaits soldats, et s'il n'avait dépendu que de moi, au lieu de dîner ici tranquillement comme vous le faites en ce moment, vous seriez loin, vous et votre dîner.

Lorsque, à table, un silence profond s'établit tout à coup au milieu d'une conversation animée, « il passe un ange », disent quelques-uns ; d'autres prétendent qu'on « a jeté un froid ». Il y eut en effet un grand froid ou plutôt, j'aime mieux la première figure : un ange passa. C'était l'ange du patriotisme qui planait au-dessus de nos têtes.

La fin du repas fut des plus pénibles. En nous levant de table, je m'étais placé derrière Jules Favre. M. de Bismarck indiqua de la main à ses convives la porte du salon. Ils comprirent l'ordre muet de leur chef et disparurent. Le chancelier vint nous joindre, et, désignant du geste, par-dessus son épaule, le général d'Hautpoul qui tambourinait fiévreusement, à l'autre bout de la pièce, sur une vitre :

— Si vous avez l'intention, dit-il au ministre, de ramener ce monsieur, autant vaut dire que vous ne voulez pas traiter, et nous pouvons, dès à présent, rompre les négociations.

Jules Favre s'excusa. Il expliqua que le général était venu à son corps défendant, et uniquement pour obéir, pour accomplir un pénible devoir. Il promit au chancelier que le lendemain il serait accompagné d'un autre plénipotentiaire militaire.

Les Allemands, pour expliquer cette scène inattendue, ont raconté que le général avait trop bu, qu'il était gris. Pauvre brave homme ! Il n'avait absorbé que trois verres d'eau. Ils ont, en cette circonstance, fait preuve d'à peu près autant de bonne foi que lorsqu'ils affirmèrent avec aplomb n'avoir jamais tiré sur un parlementaire.

Ce même jour, en arrivant à Versailles, je m'étais acquitté d'une commission, à moi donnée la veille par le général Trochu. Dépouillé de tout pouvoir militaire, il était confiné dans ses fonctions de président du gouvernement, et avait perdu à peu près tout prestige, toute influence sur ses collègues. Il m'avait appelé auprès de lui, et m'avait dit:

— Mon cher capitaine, puisque vous allez journellement à Versailles, rendez-moi un service. Je connais personnellement le prince Wittgenstein, aide de camp de l'Empereur. Je voudrais que vous lui remissiez cette lettre en mains propres.

Je tendis la main.

— Attendez, attendez, ajouta-t-il. Je ne veux pas vous transformer, aujourd'hui que je n'ai plus de dépêches militaires à vous faire porter, en un facteur de la poste. Et si, en dehors des négociations suivies par le ministre des affaires étrangères, j'adresse une lettre à Versailles, je désire que vous en connaissiez le contenu.

J'allais résister par politesse, par discrétion, lorsque je me souvins fort à propos d'une observation que m'avait faite jadis le général de Montauban. C'était aux Indes; nous avions à faire une course en voiture à travers Singapour. Le général m'avait invité à monter le premier, et j'avais insisté pour me dérober à ce que je jugeais un excès d'honneur. Il me fallut cependant m'exécuter, et, une fois en voiture, le général m'avait dit :

— Je vous ai fait monter parce que, tout à l'heure, c'est de ce côté de la voiture qu'il faudra vous tenir comme interprète. Je ne vous en veux pas d'avoir voulu me céder le pas. Mais retenez qu'entre militaires surtout, la première politesse c'est l'obéissance.

J'avais été mortifié, et la leçon s'était gravée dans ma mémoire. J'écoutai donc sans protester la lettre du général au prince Wittgenstein. C'était un petit chef-d'œuvre de style et de sentiment. L'ancien gouverneur s'adressait au cœur de son vieux camarade, à ses sentiments d'honneur, d'équité, et, sans s'abaisser, le suppliait de peser, autant qu'il serait en son pouvoir, sur l'esprit de l'Empereur dont il était l'aide de camp et l'ami, afin que Paris vaincu fût respecté, comme il méritait de l'être.

Après cette lecture, le général ajouta :

— Il ne sera pas dit que je n'aurai pas tout entrepris dans l'intérêt de la ville que j'ai été chargé de défendre.

Je cachetai moi-même la lettre et je l'emportai.

L'Empereur demeurait à la Préfecture, dans ce même bâtiment qui allait bientôt servir de palais à M. Thiers. Le prince Wittgenstein était de service auprès de lui. Je me dirigeai vers la demeure impériale, à la porte de laquelle un factionnaire croisa la baïonnette devant moi : le brave Saxon ne pouvait comprendre qu'un militaire français armé eût l'audace de chercher à pénétrer chez son souverain. L'of-

ficier du poste ne partagea point les scrupules de sa
sentinelle, et me fit conduire par un planton à l'appartement du prince.

Si je raconte cet épisode assez insignifiant, c'est
parce que le spectacle que présentait alors la salle des
Pas-Perdus, servant de vestibule ou de salon d'attente
aux appartements impériaux, me frappa et me remua
profondément.

Là attendait une véritable armée de généraux, d'officiers de tout grade, de tout âge et de toutes armes,
tous en grand uniforme battant neuf, tous chamarrés
de broderies, de grands cordons, de décorations de
toute espèce. Les casques étincelaient, les molettes
des éperons bruissaient, les sabres sonnaient sur les
dalles de marbre. Et quelles carrures athlétiques et
fières, quels regards brillants de joie, chargés d'orgueil ! Quelle assurance tranquille et reposée !

Tout cela respirait le succès, la santé, l'opulence et
la force.

Au moment où j'arrivais, l'Empereur sortait. Les
grenadiers présentaient les armes, on entendait dans
la cour le bruit des bottes d'une troupe qui s'aligne,
les piaffements et les hennissements d'un troupeau
de chevaux fringants qui attendaient leurs maîtres,
quelques commandements brefs d'officiers, et, au
milieu de haies vivantes d'officiers courbés, par-dessus
les dos arrondis que zébraient les cordons multico-
lores, je vis passer, du coin où je m'étais précipitamment enfoncé et caché, le moderne Charlemagne,
proclamé une semaine auparavant, dans la grande

galerie des glaces du palais de Louis XIV, le souverain maître qui nous tenait tous sous son genou et qui s'avançait, calme, souriant, le casque à la main, laissant voir sa tête de vieillard et sa physionomie à la fois paternelle et rude.

Et quand, par la pensée, je franchis, avec la vitesse de 'éclair, la route parcourue déjà si souvent, et que je revis nos généraux tristes, sombres, sans suite, sans escorte, fuyant en quelque sorte les troupes qu'ils avaient commandées, ces uniformes souillés, fatigués par les travaux du siège, et ces pauvres soldats déguenillés, — je retrouvai agrandi, élevé à la hauteur de l'épopée, le contraste navrant que me présentaient journellement, dans le petit salon de la rue de Provence, les ministres des deux nations, Bismarck le colosse, et Jules Favre l'urne lacrymatoire.

Je me mordis les lèvres jusqu'au sang pour refouler un sanglot, devant cette involontaire résurrection, dans mon cerveau, de nos malheurs et de nos hontes, se dressant en face de ces gloires et de ces prospérités...

Le même jour encore j'entendis un curieux échange d'impressions et d'opinions entre M. de Bismarck et Jules Favre, car il ne faudrait par croire qu'ils causassent tout le temps uniquement de l'objet de leur mission. La conversation, généralement guidée par le chancelier, s'égarait souvent et effleurait capricieusement tous les sujets possibles.

Jules Favre venait de parler de l'amour de la

France pour la liberté, de son goût pour la République, de ses sentiments républicains.

— Êtes-vous bien sûr, riposta le chancelier, que la France soit aussi républicaine que vous le dites?

— Certainement, dit Jules Favre.

— Eh bien, je ne suis pas tout à fait de votre avis, monsieur le ministre. Avant de traiter avec vous, nous n'avons pas été, vous le pensez bien, sans étudier l'état moral de votre pays et sans nous en rendre un compte exact. Malgré cette guerre fâcheuse pour vous, imposée à Napoléon III par la nation française plutôt que désirée par lui, ainsi que je vous l'ai déjà dit, — et c'est même ce qui nous a permis, après avoir renversé l'Empire, de combattre encore la France, la France, notre vieille et véritable ennemie, — malgré les désastres et les défaites de votre armée, rien n'était plus facile, croyez-moi, que de rétablir l'Empire. Je ne vous soutiendrai pas qu'il eût été acclamé à Paris, mais il eût été certainement accepté ou subi par les campagnes. Un plébiscite aurait fait le reste.

«Non, si nous n'avons pas traité avec les Bonaparte, c'est que nous avons trouvé plus avantageux de traiter avec vous. Quant au prétendu amour de la France pour la République, il eût disparu avec une facilité merveilleuse.

«Il n'y a pas longtemps que vous êtes au pouvoir. Attendez. Lorsque vous aurez manié les hommes pendant quelques années, de libéral que vous êtes vous deviendrez autoritaire; de républicain, monarchiste. Croyez-moi : on ne peut pas conduire une grande nation, ni la rendre prospère, en dehors du principe d'autorité, c'est-à-dire de monarchie.

Et comme Jules Favre protestait :

— Vous y arriverez, continua le chancelier ; ce sera malgré vous, je veux bien l'admettre, mais vous y arriverez tout de même. Vous êtes trop clairvoyant pour de pas le reconnaître bientôt, et trop bon patriote pour persister alors dans vos erreurs. Regardez-moi, moi qui vous parle. Comment ai-je débuté ? J'ai été libéral, et ce n'est que par la force du raisonnement, par l'évidence des faits et par l'expérience des hommes, qu'aimant ma patrie, voulant son bien, sa grandeur, je suis devenu conservateur, autoritaire, si vous préférez. C'est l'Empereur qui m'a converti. Ma reconnaissance pour lui, ma respectueuse affection, datent de ce temps éloigné et de cette époque difficile, où il avait tellement pris confiance en moi qu'il me soutint seul envers et contre tous. Si aujourd'hui je suis l'homme que vous voyez, si j'ai rendu quelques services à ma patrie, c'est uniquement à l'Empereur que je le dois, et je ne me lasse pas plus de le dire que je ne me lasse d'aimer mon souverain.

Jules Favre ne répliqua rien à cette profession de foi ; je m'imagine que, plus tard, lorsqu'il demanda pardon à Dieu et aux hommes, l'écho déjà lointain des paroles du chancelier dut vibrer dans sa pauvre cervelle fatiguée.

J'ai expliqué comment la mission militaire du général d'Hautpoul se termina le jour même où elle commençait. Ce fut le chef d'état-major général du nouveau gouverneur, le général de Valdan, successeur du général Schmitz, qui fut chargé de discuter les termes de la partie militaire de la convention d'armistice. Cette discussion ne fut pas dirigée par le comte de Bismarck. Elle eut lieu à l'hôtel qu'occupait le maréchal de Moltke.

Étaient présents : le maréchal, un officier général et deux colonels d'état-major allemands, M. de Bismarck, Jules Favre, le général de Valdan et moi.

Après les avoir discutées, le maréchal de Moltke dictait les différentes clauses de la convention militaire, et le texte était écrit en double par un colonel allemand et par moi.

Nous étions installés dans une pièce assez grande, à deux fenêtres. Le maréchal, tournant le dos au jour, présidait, ayant à sa gauche le général de Valdan, à sa droite M. de Bismarck; à côté de M. de Bismarck, Jules Favre était assis, séparé du reste des officiers allemands par une table sur laquelle le colonel prussien, remplissant les fonctions de secrétaire, et moi, nous écrivions.

Avec sa figure rasée, souffreteuse et comme craquelée d'une infinité de petites rides, M. de Moltke n'avait pas l'air d'un militaire comme nous aimons à nous les représenter en France. Il ressemblait plutôt à un bénédictin, à un ascète, ou à un vieil acteur.

Chacune de ses paroles, nette, aiguë, précise, semblait produite par la vibration d'une languette d'acier. On sentait instinctivement que cet homme jouissait profondément de tenir sous sa main les humbles plénipotentiaires de la France humiliée, de Paris vaincu.

Revêtu d'un uniforme des plus simples, il portait noué à la boutonnière, et non cousu à la poitrine, le ruban de la Croix de Fer. La plupart des officiers allemands portent de même cette décoration, et les officiers russes en font autant pour leur principal ordre militaire, la croix de Saint-Georges. Il avait au cou une croix d'émail bleu qui ressemblait à une croix de Malte.

Dans sa blanche tunique, simple et imposante à la fois, et en dépit du voisinage du vainqueur de toutes nos armées, le comte de Bismarck, au milieu de ce petit état-major, ressemblait encore à un monarque entouré de sa cour.

Le général de Valdan était en petite tenue avec épaulettes, et Jules Favre avait naturellement pour uniforme son éternelle redingote, qui, lorsqu'il était assis, prenait sur sa poitrine l'apparence d'un soufflet d'accordéon. Le général et le ministre avaient un air triste et morne, bien compréhensible d'ailleurs.

Lorsqu'on eut à déterminer les différents points que devait occuper autour de Paris l'armée prussienne, et à énumérer les forts qui lui seraient livrés, le général de Valdan dit qu'il était désireux d'épargner aux Parisiens l'humiliation de livrer le fort de Vincennes.

— Il y a là pour nous, ajouta-t-il, un souvenir historique respectable. Vincennes, lors de l'invasion, a été glorieusement sauvé par le général Daumesnil.

Le maréchal de Moltke répondit très vivement et

très sèchement qu'il regrettait beaucoup, mais qu'on n'était point réuni pour discuter sur des questions de sentiment ou d'histoire, et que, vu la situation du fort complètement entouré de bois, il était de la plus haute importance stratégique qu'il fût occupé par les armées allemandes.

Le général de Valdan expliqua qu'il ne croyait point que la position fût si importante, et que, s'il tenait à la soustraire à l'occupation prussienne, c'était uniquement, — il en demandait pardon au maréchal, — afin de donner un semblant de satisfaction patriotique et morale aux Parisiens, satisfaction qui, dans l'espèce, était une question politique intéressant les deux nations, pouvant faciliter leurs rapports.

Le maréchal insista, et l'on allait passer outre, lorsque je crus pouvoir me permettre d'intervenir timidement.

— Monsieur le maréchal, dis-je, je demande mille fois pardon à Votre Excellence, mais je crois qu'elle se trompe.

— En quoi, monsieur le capitaine? me répondit M. de Moltke, qui me regarda en clignant des yeux comme lorsqu'on veut apercevoir un objet dans le lointain.

— Mais... parce que le fort de Vincennes n'est nullement entouré de bois. Il y a bien à côté la forêt de Vincennes, mais on ne peut pas dire qu'un fort à proximité d'une forêt soit entouré de bois.

— Je vous demande pardon à mon tour, monsieur le capitaine, répliqua le maréchal; le fort est complètement entouré de bois. Du reste, il est facile de s'en rendre compte.

Et prenant la carte qu'un de ses officiers s'était empressé de lui passer, il l'étendit sur la table où nous écrivions.

Cette carte était coloriée, et, en effet, on apercevait le fort de Vincennes entièrement environné d'une teinte verte.

— Mais cette carte n'est pas exacte! m'écriai-je aussitôt. Il n'y a pas de bois de ce côté. Puis ici, à droite, on a totalement oublié d'indiquer le camp de Saint-Maur.

— En êtes-vous sûr? dit le maréchal, étonné de l'assurance de mes affirmations.

— Parfaitement sûr, Excellence, et je n'ai pas grand mérite à cela : mon frère, officier d'ordonnance du général Berthaut, est resté campé assez longtemps à Saint-Maur avec la mobile, que commandait le général, pour que j'aie eu tout le loisir d'étudier les environs du fort de Vincennes.

— Voyons votre carte, dit en se retournant vivement le maréchal au général de Valdan.

Celui-ci fit un léger haut-le-corps, en levant les deux mains en même temps pour indiquer qu'il n'avait pas apporté de carte, et se retourna à son tour vers Jules Favre, qui lui non plus ne s'était pas muni d'un engin qu'on aurait pu cependant croire indispensable.

Cette scène rapide me rappela un duel dans lequel je fus témoin avec le comte Exelmans. Chacun des deux groupes de témoins avait cru qu'on se battrait avec les épées de l'adversaire, de sorte que, arrivés sur le terrain, loin de Paris, les landaus traditionnels attendant sous bois, il ne manqua plus qu'une chose pour se battre : les épées de combat.

Jules Favre avait compté sur le général, et probablement le général avait compté sur Jules Favre.

Heureusement, j'étais muni de la carte que le général Schmitz avait fait distribuer à tous les officiers de l'état-major : elle ne me quittait pas. Je prouvai péremptoirement que le camp de Saint-Maur n'était ni un mythe ni un rêve, à la pénible surprise du maréchal de Moltke.

Le maréchal ne parut pas étonné que je connusse l'endroit mieux que lui, mais il sembla vexé qu'on eût constaté, devant de nombreux témoins, qu'il avait une carte inexacte. Il en éprouva l'ombre d'un sentiment de confusion. On rectifia la ligne tracée au crayon rouge qui marquait la limite de l'occupation allemande.

Et le fort de Vincennes fut ainsi préservé par... « le général de Valdan », écrivit Jules Favre.

On était au 26 janvier. Rien n'était encore officiellement terminé, mais les choses étaient assez avancées pour qu'on pût affirmer d'avance que la négociation aboutirait, et qu'une rupture était impossible.

Nous écrivions, Jules Favre et moi, au premier étage de la maison Jessé, depuis près de deux heures. Mon travail étant fini, je descendis pour prendre un peu d'air dans le jardin du chancelier, et dégourdir mes jambes peu faites à l'immobilité bureaucratique. J'y étais à peine depuis quelques minutes, arpentant l'allée du fond, lorsque M. de Bismarck vint me rejoindre et me demanda, avec sa courtoisie habituelle, si, au lieu de tourner comme un écureuil dans ce jardin, je ne préférerais pas venir faire avec lui une promenade en ville.

Je regardai d'abord le chancelier avec une certaine stupéfaction, car, en somme, l'armistice n'était point encore signé, et la promenade du comte de Bismarck avec un officier d'ordonnance du général Trochu prenait une importance politique.

Je me hâtai, d'ailleurs, d'accepter; mais je sollicitai pourtant la permission d'aller demander au ministre de combien de temps je pouvais disposer. Le chancelier comprit fort bien que c'était là un prétexte poli, que je voulais avertir Jules Favre, et ne pas prendre sur moi de promener dans Versailles un uniforme français à côté d'un uniforme allemand.

Je mis en deux mots Jules Favre au courant de la situation.

— Allez-y, me dit-il; si pénible et si fausse que soit pour vous la situation dans laquelle vous allez vous trouver, il faut l'accepter. Le chancelier a ses raisons. Il désire sans doute faire connaître à tout Versailles, par conséquent à l'Europe entière, le point où en sont les choses, et qu'il ne considère plus une rupture comme possible.

M. de Bismarck m'attendait en bas, à la porte donnant sur la rue. Je m'effaçai pour le laisser sortir, mais il insista pour que je passasse le premier. Je note toutes ces petites choses, parce que les moindres détails de ces journées se sont fixés ineffaçablement dans ma mémoire.

Nous étions rue de Provence. Nous tournâmes à droite, et nous débouchâmes presque aussitôt sur le boulevard de la Reine.

Ce boulevard était encombré d'officiers allemands et de dames. C'était l'heure où les élégantes Prussiennes qui avaient rejoint leurs maris venaient se faire voir aux officiers des différents états-majors. On témoignait à M. de Bismarck un respect à peu près aussi profond et aussi empressé que celui qu'on professe, partout ailleurs qu'en France, envers les membres des familles souveraines.

Ce respect tout naturel, qui n'hésite jamais à se manifester, ne m'étonnait pas. Élevé en Allemagne, je connaissais, pour l'avoir côtoyée, admirée et enviée, la hiérarchie sociale qui règne en ce pays, où le peuple ne cherche pas à ramener tout le monde à son niveau, et où chaque classe de la société rend aux classes supérieures les marques de déférence qu'elle obtient des classes inférieures.

La surprise fut grande de voir un officier français marchant à la gauche du comte de Bismarck et causant avec lui. La nouvelle de cette promenade, dont tout le monde avait saisi le sens, se répandit avec la rapidité de l'éclair. On télégraphia à Londres, à Berlin et à Vienne que le chancelier de l'Empire d'Allemagne s'était promené dans un lieu public avec l'aide de camp du ministre des affaires étrangères de France.

Et que de mères, le lendemain, que de femmes et de filles durent remercier Dieu, de leur annoncer ainsi le prochain retour d'êtres chéris qu'elles craignaient chaque jour de ne plus jamais revoir!

Le soir, en nous quittant, et au moment où nous montions en voiture, M. de Bismarck dit à Jules Favre :

— Nous sommes d'accord sur tous les points, n'est-ce pas?

— Parfaitement, répliqua Jules Favre.

— En ce cas, il est inutile de brûler plus longtemps notre poudre. Je vous propose de faire cesser le bombardement aujourd'hui même, ce soir à minuit. M. de Moltke est prêt à télégraphier partout en conséquence. Cela vous va-t-il?

— Ah! monsieur le chancelier, dit Jules Favre en se précipitant sur la main que lui tendait le comte, vous me rendez bien heureux, je n'osais pas vous le demander. Permettez seulement, Excellence, que ce soit Paris qui tire le dernier coup de canon.

— C'est convenu. Adieu.

Le soir, quoique bien fatigué, je voulus me donner le plaisir de voir passer cette minute tout à fait psychologique, comme disait le chancelier; et j'allai me promener sur les quais. Les batteries de Meudon, celles de Châtillon, faisaient rage.

Je me souviens que j'entendis le premier coup de minuit au pied de l'horloge du Palais de Justice.

Il faut croire que les montres de l'armée allemande

étaient bien réglées, ainsi que les nôtres, d'ailleurs, car avant que le deuxième coup de timbre se fût envolé de la vieille horloge, un silence imposant, solennel, lugubre, régnait partout.

On me croira si l'on veut, mais il me sembla qu'il me manquait quelque chose.

Et je ne suis pas sûr que bon nombre de Parisiens déjà endormis dans la ville sans gaz, où les veillées n'attardaient plus personne, ne se soient réveillés, tirés, par le silence de l'atmosphère, du sommeil commencé.

Ainsi les habitants du quartier des Halles, que bercent toute la nuit les roulements des charrettes des maraîchers sur les pavés, s'éveillent en sursaut au milieu des tranquillités de la campagne.

Le lendemain, Paris sut qu'on négociait et qu'un armistice allait être signé. Quelques exaltés protestèrent, annoncèrent des résolutions désespérées, parlèrent de sortir, de se faire sauter. Personne ne sortit. Rien ne sauta. Au fond, Paris en avait assez. Il éprouvait le besoin de passer à un autre exercice.

Avant de terminer par un épisode dramatique et imprévu le récit de ces négociations, je désire raconter un détail que je passerais sous silence si le personnage qu'il concerne n'avait pas, depuis cette époque, fait une grande fortune politique et tenu une place considérable dans ce pays.

Officiellement, la question du ravitaillement primait toutes les autres ; je dis *officiellement,* parce que je suis persuadé que très peu de gens ont connu la vérité exacte au sujet des subsistances, et qu'en réalité nous étions moins à sec qu'on ne l'a dit. On avait d'abord parlé du mois de mars, comme terme extrême des vivres. Puis on déclara qu'on s'était trompé, qu'on ne pourrait aller plus loin que les premiers jours de janvier. S'était-on trompé véritablement? Je ne le pense pas. La preuve, c'est que l'abondance a régné dans Paris, avant que, mathématiquement, les trains d'approvisionnement aient pu entrer dans les gares; et que, longtemps après la paix, j'ai constaté un peu partout qu'il y avait des monceaux de farine gâtée, de pommes de terre pourries, de lard rance, etc., etc. Je ne blâme pas le gouvernement d'avoir prévenu le moment où le pain aurait réellement manqué, et, à défaut d'autres excuses, il en aurait trouvé une suffisante pour expliquer la capitulation dans la progression effrayante de la mortalité, pendant les dernières semaines du siège, et surtout de la mortalité infantile.

Donc, officiellement, la plus grosse question, la question urgente, celle qui avait amené Jules Favre à Versailles, étant celle du ravitaillement, il était naturel que les ingénieurs et directeurs de chemins de fer vinssent s'entendre avec les autorités allemandes pour les travaux de raccordement des lignes coupées, de réfection des ponts, des tunnels, pour la location d'un matériel roulant, d'ailleurs préparé d'avance par les Allemands, — qui, l'armistice une fois signé, se sont montrés absolument corrects et même prévenants.

Il était aussi naturel qu'en sa qualité de maire de Paris, M. Jules Ferry vînt à Versailles pour le ravitaillement. Il y vint plusieurs fois, et je fis la route en tiers avec lui et Jules Favre, dans ce coupé de l'Empereur qui nous rendit de si grands services.

M. Jules Ferry était bien plus élégant que M. Jules Favre. Deux Jules. D'ailleurs, les Jules ne manquaient pas dans le gouvernement : Simon s'appelait Jules, Trochu lui-même était affligé de ce prénom un peu trop banal parmi nos gouvernants, qui n'ont guère que cela de commun avec César. M. Jules Ferry portait une redingote courte et pincée, un pantalon gris clair malgré la saison, des gants gris perle. Il plastronnait.

Quoique à diverses reprises M. Jules Ferry, dans la voiture étroite, crût devoir parler bas, à l'oreille de Jules Favre, ce qui était d'une politesse douteuse à l'égard du troisième voyageur, je compris parfaitement que les principales préoccupations de ces deux honorables étaient les élections de province, qu'il fallait absolument faire aboutir dans un sens républicain ; l'attitude de Gambetta, qui ne paraissait pas enthousiasmé le moins du monde de l'armistice ; la nécessité absolue de conserver les armes à la garde nationale, — sur ce point, M. Ferry était aussi catégorique que Jules Favre ; — et enfin, et surtout, le maintien de la République.

J'avoue que j'aurais préféré les entendre un peu moins causer de leurs petites combinaisons politiques, et un peu plus du grand dilemme qu'ils semblaient avoir totalement oublié : Fallait-il faire la paix ou continuer la guerre?

Je les aurais fait rire, si je leur avais parlé de ces choses. Depuis longtemps ils pensaient, avec la majorité des Français, et avec la presque-totalité des militaires, qu'il fallait se résigner à la paix.

C'était fini; les négociations militaires étaient terminées, la convention d'armistice avait été écrite en deux exemplaires. Jules Favre emporta le double écrit par le colonel prussien, afin de le soumettre à l'acceptation définitive de ses collègues. L'autre, celui que j'avais écrit, resta entre les mains des Allemands.

Lorsque le gouvernement eut délibéré à l'Hôtel de Ville, Jules Favre rapporta la convention signée, dans sa serviette, et me chargea de la porter le lendemain, à la première heure, à M. de Bismarck. Je n'ai pas besoin de dire que, quoique le pli dont j'étais chargé fût cacheté, j'en connaissais le contenu par cœur, mot à mot, puisque ce contenu m'avait été dicté, puisque j'avais assisté à l'enfantement laborieux de chacune des phrases de la convention.

Pendant que je m'en allais tout seul à Versailles dans le coupé impérial, une idée folle me traversa l'esprit, y revint, et s'y installa bientôt avec une désespérante obstination. Il s'agissait pour moi d'entreprendre une petite négociation additionnelle, à mes risques et périls.

— Que puis-je risquer? me disais-je. Jamais M. de Bismarck ne me croira assez d'aplomb pour supposer

que les observations que je vais lui faire, les retran-
chements ou les additions que je vais lui demander,
ne me sont pas dictés par le gouvernement. Si mon
stratagème tout patriotique est percé à jour, je me
ferai désavouer, blâmer, punir, par ces messieurs de
Paris ; et ni blâme, ni désaveu, ni punition ne sauraient entrer en ligne de compte, pour moi, avec le
désir de servir ma patrie, et la gloire de lui être utile.
Or, une occasion tout exceptionnelle s'offre de satisfaire ce désir, d'acquérir cette gloire. Allons-y. On
ne me fusillera pas, peut-être. Je sais maintenant
comment on s'y prend pour disserter entre diplomates. Voilà. Il ne fallait pas me montrer le procédé.
Il ne faut jamais rien faire devant les enfants.

Après avoir mûrement pesé le pour et le contre,
après avoir bien réfléchi à ce que j'allais faire, répété
mes phrases, repassé mon rôle, en un mot, — j'arrivai
chez M. de Bismarck, absolument décidé à risquer le
paquet, comme dit le gamin de Paris.

On me fit entrer dans la salle à manger du rez-de-
chaussée, qui communiquait avec le vestibule au
moyen de quatre ou cinq marches. Le chancelier
était occupé ; on me pria de l'attendre quelques
instants.

La table était mise pour le déjeuner. Une dizaine
de couverts étaient disposés sur une nappe maculée
en plusieurs endroits, et dont les taches prouvaient,
ce que je savais par expérience, que la bière n'était
pas l'unique boisson des guerriers et des diplomates
du Nord.

La place habituelle du chef, — ainsi l'appelait son état-major pacifique,—était marquée par son couvert de campagne et sa timbale d'argent.

Souvent, dans les moments d'attente et de désœuvrement, les idées les plus étranges, les plus biscornues, vous traversent la cervelle. On dirait que l'esprit auquel on inflige un repos forcé, profite de la trêve qui lui est imposée pour divaguer et battre la campagne. Moment de folie où se retrempe la raison.

Je me dis qu'il était souverainement imprudent de faire attendre ainsi dans une salle à manger un ennemi que les malheurs de la patrie pouvaient avoir affolé, et qui pourrait fort bien laisser tomber une goutte d'acide prussique au fond de la timbale de celui qui allait arracher de nos bras l'Alsace et la Lorraine. Le colosse tomberait foudroyé. Ce grand penseur ne serait plus qu'une masse inerte, et ce serait devant un cadavre que Paris affamé plierait le genou. Il est vrai, pensai-je, que cela ne servirait à rien du tout, et que le successeur de M. de Bismarck, n'ayant point son génie, n'aurait peut-être point sa modération. Il est vrai encore que M. de Moltke se hâterait d'immoler à l'ombre irritée de son collaborateur des hécatombes dont parlerait à jamais l'histoire. Décidément, ce serait une mauvaise spéculation, en même temps que le plus lâche des attentats.

J'en étais là de mes réflexions philosophico-criminelles, lorsqu'un pas pesant fit craquer le léger escalier de Mme Jessé. La porte s'ouvrit, et M. de Bismarck vint au-devant de moi :

— Je vous attendais, monsieur le comte, me dit-il. J'espère que tout est terminé, et que vous m'apportez la convention signée, ainsi que cela était convenu.

— Je la rapporte en effet à Votre Excellence, répondis-je. Mais afin d'éviter toute perte de temps et de nouveaux voyages inutiles, je ne dois vous la remettre qu'après que Votre Excellence aura consenti à y introduire quelques légers changements. Dans le cas où Votre Excellence ne consentirait pas, je dois me retirer jusqu'à la prochaine arrivée de M. Jules Favre.

Le chancelier, qui tendait déjà la main, me montra soudain un visage animé par l'expression d'une surprise irritée.

— Qu'est-ce encore ? s'écria-t-il. Tout était convenu. M. Jules Favre veut-il donc absolument affamer sa capitale, et laisser supposer à l'Europe que c'est par notre faute?

— Monsieur le chancelier, répondis-je, M. Jules Favre n'a pas changé d'idée. Il devait soumettre la convention au gouvernement. Il l'a soumise, et j'ai l'honneur de vous apporter aujourd'hui la réponse de ce dernier.

— Voyons, voyons, dit le chancelier. Voyons quels sont ces changements, et s'il est possible de les accorder.

— Les voici : 1° Le gouvernement désire que, conformément aux vœux plusieurs fois exprimés par nos plénipotentiaires dans les nombreuses discussions qui ont eu lieu à ce sujet, vous reveniez sur votre exigence de voir jeter les canons qui sont sur les remparts de Paris, dans les fossés des fortifications. Il demande que vous consentiez à ce que ces canons soient simplement retirés de leurs affûts, et placés en arrière des remparts, sur le chemin stratégique. 2° Que vous reveniez au tracé de la ligne d'investissement autour de Paris demandé par l'état-major français, et que vous renonciez au tracé imposé, en dernier lieu, par l'état-major allemand. 3° Enfin, monsieur le chancelier, et ceci est une condition *sine qua non*, le gouvernement désire que, contrairement à ce qui a été convenu, l'armée de Paris conserve ses drapeaux.

Et je m'arrêtai, effrayé moi-même de ma propre audace, écoutant mes paroles, comme si un autre que moi les eût prononcées.

La colère de M. de Bismarck, qui montait peu à peu, éclata tout à coup, et, repoussant vivement la porte qu'il avait laissée entr'ouverte derrière lui, il me dit, en martelant ses paroles et en élevant la voix :

— Mais, ces messieurs ne comprennent donc pas que tout cela m'est imposé par notre état-major général ? que je ne puis personnellement rien faire à cet égard ? et que, comme je l'ai dit à M. Jules Favre, nos officiers répètent sans cesse : « Les militaires remportent les victoires, les diplomates se chargent de les gâter... » ?

Il se promena quelques instants en long et en large, avec une telle expression de fureur que je crus réelle-

ment être allé trop loin, et que, sans mon ardent désir
de réussir, je me serais décidé à faire amende honorable.

— Attendez, me dit-il enfin, je vais parler à l'Empereur.

Il se coiffa de sa casquette blanche à turban jaune
et, d'un pas déterminé, il sortit de la maison.

J'attendis deux heures, en proie aux plus vives inquiétudes sur les résultats de ma démarche. Le moment du déjeuner était passé depuis longtemps lorsque le chancelier, que je n'avais cessé de guetter, rentra, aussi calme cette fois qu'il était agité en s'en allant.

— Je suis bien en retard, me dit-il, mais c'est la
faute de M. de Moltke. J'avais décidé l'Empereur à
accepter. Le maréchal est intervenu et a supplié Sa
Majesté de résister. Il a fallu que l'Empereur expri-
mât formellement sa volonté. C'est donc convenu. Les
canons ne seront pas jetés dans les fossés. Nous arrê-
terons l'investissement au tracé n° 1, au tracé français, et quant aux drapeaux, l'Empereur a dit en
propres termes : « Vous ferez savoir à l'envoyé du
gouvernement français que nous avons assez de tro-
phées de nos victoires et de drapeaux pris aux armées
françaises, pour n'avoir pas besoin d'y ajouter ceux
de l'armée de Paris. »

Je pris aussitôt congé du chancelier. Je me sentais
léger comme un oiseau, et je ne fis pas même attention
à la parfaite impolitesse de ses employés groupés dans
le vestibule, dont aucun ne se dérangeait pour me
laisser passer. On me faisait expier les politesses for-

cées qui m'accueillaient quand j'étais avec le chancelier. Je haussai les épaules, et pensai seulement que Henri Heine avait vu clair quand il avait dit : « L'Allemand naît bête ; l'éducation le rend méchant », car autant le comte de Bismarck est un grand seigneur et resterait grand seigneur à quelque nationalité qu'il appartînt, autant la plupart des officiers allemands étaient distingués, — autant les fonctionnaires, qui n'appartenaient point à l'aristocratie et, par conséquent à l'armée, étaient, naturellement, grossiers et malappris.

Qui fut stupéfait, à mon retour, de la hardiesse de ma tentative et de son succès inespéré? Ce fut mon ancien chef, le général Schmitz, à qui j'allai tout d'abord conter mon aventure, et qui se chargea d'en faire part au gouvernement. L'excellent général était très ému : il m'embrassa à plusieurs reprises, et tel est le prix de l'estime de certains hommes, que je considérai cette émotion et cette accolade comme la plus douce et la plus précieuse récompense de mes efforts.

Je ne rentrais pas seul à Paris. Au moment de prendre congé de M. de Bismarck, ou plutôt au moment où il me faisait comprendre qu'il me donnait congé, avec ce grand air des souverains qui savent, à des signes perceptibles pour les initiés, apprendre aux visiteurs qu'ils ont cessé de plaire, dissimulant la joie profonde qui me remplissait l'âme, et abusant, pour la dernière fois, de la condescendance qu'il m'avait témoignée jusque-là, j'avais eu l'audace de lui adresser une requête absolument personnelle.

— Excellence, lui avais-je dit, je suis venu seul et je n'ai pas la crainte de compromettre mon ministre par le voisinage de quelques comestibles. Votre Excellence veut-elle m'autoriser à faire entrer dans Paris le premier convoi de ravitaillement, et me permettre d'attendre dans son jardin pendant que j'enverrai chercher en ville du pain, du beurre et quelques volailles?

M. de Bismarck se mit à rire.

— J'aurais dû penser, répondit-il, à vous engager depuis plusieurs jours déjà à cette démarche.

Grand Dieu! qu'on avait de choses bonnes à manger, à cette époque, à Versailles, avec cent francs intelligemment dépensés! Et quelle fortune j'aurais pu réaliser, si, au lieu d'un coupé impérial et de quelques louis, j'avais eu à ma disposition une bonne charrette et quelques billets de mille!

Que d'heureux je pus cependant faire, ce jour-là, qui étaient loin de se douter que ce que je rapportais de plus précieux de Versailles, ce n'était pas mon pain blanc, mon beurre et mes poulets!

Et maintenant, ami lecteur, persuadez-vous d'une chose, c'est que je ne vous aurais jamais raconté tout cela, sans le document signé : « Schmitz », que vous avez pu lire en manière de préface à ce petit volume, et auquel je vous prie de vous reporter immédiatement, si vous ne l'avez pas lu.

Car je me rends bien compte des sentiments que doit éveiller en vous le monsieur qui vient vous dire de but en blanc :

— Vous ne savez pas? J'ai empêché qu'on ne jetât dans les fossés les canons des remparts. J'ai préservé de l'occupation prussienne plusieurs villes françaises, et enfin j'ai épargné à l'armée de Paris la honte et le chagrin de livrer ses drapeaux au vainqueur.

Si ce monsieur-là n'a pas en mains la preuve de ce qu'il avance, il passe et doit passer pour un fou.

Je crois devoir, en terminant ce journal, où j'ai noté consciencieusement et ponctuellement les événements petits et grands auxquels j'ai assisté, *quorum pars parva fui*, en ces temps que Victor Hugo a si justement appelés l'Année terrible, — transcrire les trois dernières lettres que je reçus de Jules Favre. Elles sont destinées à prouver ce que sont les hommes, et ce que vaut leur reconnaissance.

Bien souvent, en revenant de Versailles, après ces terribles négociations dont j'étais le seul témoin, après ces batailles sans espoir dont j'étais le seul spectateur, le ministre des affaires étrangères m'avait dit :

— Vous êtes destiné à rendre de réels services au pays, et, avant de quitter le ministère, je veux me donner la satisfaction de vous placer dans un poste de combat.

Un jour, en route, Jules Favre me rappelait en riant que je venais de le tirer d'un mauvais pas. Au cours de l'entretien, le chancelier lui avait posé une de ces questions militaires assez peu techniques pour être familières à peu près à tout le monde. L'éminent

avocat n'avait su que répondre, et, comme il le faisait
assez souvent, il m'avait invité à prendre la parole en
me donnant un coup de genou sous la table.

— Voyons, me dit-il, où voulez-vous que je vous
envoie?

— Mais il me semble, répliquai-je, que la Chine
serait un poste de combat, et que je pourrais y rendre
quelques services, puisque je parle la langue du pays.

— C'est vrai, c'est vrai, dit Jules Favre, en se frappant la cuisse de la main droite. Comment n'ai-je pas
encore pensé à cela?

Plus tard, quand il eût été temps de tenir les promesses offertes et données sans que je les sollicitasse,
lorsqu'on n'eut plus besoin de mon humble concours,
l'attitude du ministre changea.

A vrai dire, dans son livre, Jules Favre a cru devoir
me remercier et mettre en lumière ma discrétion. Il
a eu raison, car, malgré tout ce que j'ai raconté, j'ai
conscience de donner encore aujourd'hui des preuves
de cette discrétion.

J'ajouterai encore que j'ai compris qu'on préférât
tenir à l'écart le témoin unique d'événements aussi
graves, de conversations aussi gênantes, et que, pour
une fois que le paon s'est paré des plumes du geai,
alors que généralement c'est le contraire qui arrive,
le roi de la basse-cour avait tout intérêt à ce que le
volatile dépouillé s'allât cacher dans la forêt.

Voici la première de ces trois lettres.

7 février 1871.

MON BIEN CHER AIDE DE CAMP,

Je ne vais pas aujourd'hui à Versailles. Peut-être sera-ce demain; je vous le ferai savoir.

Bien à vous,

JULES FAVRE.

Voici la seconde.

10 février au soir.

Je suis bien touché de toutes vos bontés, mon bien cher capitaine. Je ne voudrais pas abuser de votre complaisance et de vos fatigues. Si cependant ce n'est pas trop vous déranger, demain, à onze heures un quart, je quitterai ma maison pour aller à la gare d'Orléans, et dans tous les cas, je serai très heureux de vous serrer la main.

Merci encore et bien à vous,

JULES FAVRE.

Ce fut la dernière expédition que nous fîmes en commun.

A vrai dire, et comme il faut être franc en toute chose, j'avais la bêtise de m'imaginer que Jules Favre pensait encore à « son cher capitaine », à « son cher enfant »; je me présentai deux ou trois fois au ministère : je n'eus jamais la bonne fortune d'être reçu.

Comme, pour revenir prendre part à la guerre, j'avais brisé, en somme, une petite carrière diplomatique qui commençait; comme je n'aurais trouvé que juste et légitime de renouer,— sous les auspices de celui que je couvrais de mon corps, alors qu'il tremblait devant les postes de la garde nationale, le fil rompu de mes destinées,— j'écrivis une longue lettre où je rappelais les services rendus et les promesses spontanément faites. Je reçus le billet suivant :

Le ministre des affaires étrangères aura l'ho .neur de recevoir M. le capitaine d'Hérisson le SAMEDI 18 MARS à cinq heures.

Paris, 17 mars 1871.

Le 18 mars ! N'est-ce pas que cela à l'air d'un roman ?

Ce jour-là, Jules Favre était retourné à Versailles, mais comme les Allemands n'y étaient plus, il n'avait pas besoin de moi.

L'huissier du ministère des affaires étrangères avait négligé de signer de son nom la convocation. C'était dommage, car les deux lettres de son maître et la sienne, m'auraient fait exactement un pendant avec les billets de Metternich et la communication de l'huissier de l'ambassade d'Autriche.

Longtemps après, cependant, un hasard me replaça sur le chemin de Jules Favre, qui me dit aussitôt :

— Je pense toujours à vous, mon cher enfant. Votre tour viendra un de ces jours.

Je connaissais déjà un peu les hommes. Je savais combien il fallait compter sur eux. Heureusement, car, sans cela, il y aurait aujourd'hui quatorze années que j'attendrais mon tour.

Maintenant, ami lecteur, qui m'as suivi jusqu'ici, je veux te payer de ta peine et de ta fidélité par un bon petit conseil.

Si tu aimes ta patrie, sacrifie-toi sans hésiter pour

elle. Si elle te demande peu de chose, donne-le. Si elle te demande tout, donne-le encore.

Mais si, en dehors des patriotiques immolations, tu es un homme pratique, un citoyen qui n'aime pas qu'on le berne, un particulier qui connaît le prix de son temps et de sa peine, ne sers pas, ne sers jamais, ni les républicains, ni les bonapartistes, ni les royalistes, ni les farceurs généralement quelconques qui aspirent, disent-ils, à faire ton bonheur.

Ils ne valent guère mieux les uns que les autres.

Sers-toi d'eux, c'est légitime, car ils aspirent à se servir de toi; mais écoute bien cette parole sensée par laquelle je termine :

Ne te dévoue jamais.

FIN.

TABLE DES MATIÈRES

CHAPITRE IV. — LE 4 SEPTEMBRE

CHAPITRE V. — LE VOYAGE DE L'IMPÉRATRICE

CHAPITRE VI. — CHEZ L'IMPÉRATRICE

CHAPITRE VII. — IMPÉRATRICE ET GOUVERNEUR

CHAPITRE VIII. — PARIS BLOQUÉ

CHAPITRE IX. — UN DIPLOMATE AMATEUR

Paris. — Typ. G. Chamerot, 19, rue des Saints-Pères. — 17361.

www.ingramcontent.com/pod-product-compliance
Ingram Content Group UK Ltd.
Pitfield, Milton Keynes, MK11 3LW, UK
UKHW022055120726
13694UKWH00001B/147